Der strafrechtliche Eigentumsschutz in Spanien und Deutschland

Deutsches, europäisches und internationales Strafrecht und Strafprozessrecht

Herausgegeben von
Martin Waßmer

Band 8

PETER LANG

Wolfgang Peetz

Der strafrechtliche Eigentumsschutz in Spanien und Deutschland

PETER LANG

Bibliografische Information der Deutschen Nationalbibliothek
Die Deutsche Nationalbibliothek verzeichnet diese Publikation in der Deutschen Nationalbibliografie; detaillierte bibliografische Daten sind im Internet über http://dnb.d-nb.de abrufbar.

Zugl.: Köln, Univ., Diss., 2018

D 38
ISSN 2197-8417
ISBN 978-3-631-78991-9 (Print)
E-ISBN 978-3-631-79298-8 (E-PDF)
E-ISBN 978-3-631-79299-5 (EPUB)
E-ISBN 978-3-631-79300-8 (MOBI) DOI 10.3726/b15761

Peter Lang – Berlin · Bern · Bruxelles · New York ·
Oxford · Warszawa · Wien

Diese Publikation wurde begutachtet.

www.peterlang.com

Meinen Eltern

Danksagung

Besonders danken möchte ich zunächst meinen Eltern, welche die Erstellung dieser Arbeit überhaupt möglich gemacht haben.

Daneben danke ich meiner lieben Frau für die Unterstützung während der Erarbeitung meiner Dissertation.

Mein Dank gilt daneben meinen Doktorvätern Herrn Professor Dr. Dr. h.c. Joachim Hirsch (†) sowie Herrn Professor Dr. Martin Waßmer, welcher den Abschluss der Arbeit geduldig und zusprechend begleitet hat.

Ich danke ihm daneben sehr für die Aufnahme in die Schriftenreihe deutsches, europäisches und internationales Strafrecht und Strafprozessrecht.

Darüber hinaus gebührt mein Dank Herrn Professor Dr. Dr. h.c. José Cerezo Mir (†), zum damaligen Zeitpunkt Dekan der Rechtswissenschaftlichen Fakultät der Universidad Nacional de Educación a Distancia, der mich während der Bearbeitung meiner Dissertation in Madrid unterstützt hat.

Danken möchte ich auch Herrn Prof. Dr. Dr. h.c. Michael Kubiciel für die sehr zügige Erstellung des Zweitgutachtens.

Inhaltsverzeichnis

A. Einleitung

I. Bedeutung des Themas

Die Probleme, welche sich in der Rechtssetzung und Rechtsfortbildung stellen, sind für alle Nationen mit fortgeschrittener Industrialisierung, hoher Urbanisierung und demokratischer Verfassung weitgehend die gleichen.[1] In besonderem Maße gilt dieses für die Mitgliedstaaten der EU. Das enge Zusammenwachsen dieser Nationen und die gewährte Freizügigkeit innerhalb der EU ermöglicht es Straftätern in zuvor unbekanntem Ausmaß über Staatsgrenzen hinweg zu operieren. Die Verschiedenheit der Rechts- und Strafverfolgungssysteme der Mitgliedstaaten vereinfacht dieses zusätzlich.

Untersuchungen belegen seit langem, dass Straftaten zunehmend von organisierten Tätergruppen begangen werden und diese Täter jeweils planvoll auf die Rechtsordnung mit dem niedrigeren Schutzniveau ausweichen.[2] Die Notwendigkeit einer Vereinheitlichung des europäischen Strafrechts[3] ist folglich zwingende Voraussetzung für den gemeinsamen Markt, da unterschiedliche Strafrechtsregelungen zwangsläufig auch die Wettbewerbsbedingungen verzerren und zu einer ungleichen Behandlung der Marktteilnehmer führen.[4]

Für die Strafrechtswissenschaft entsteht daraus nach Auffassung des Verfassers die Verantwortung, Leitlinien zu suchen, die ungeachtet der derzeitigen Entwicklungen geeignet erscheinen, richtungsweisend für die Vereinheitlichung des europäischen Strafrechts zu sein.[5] Insoweit soll hier jedoch nicht einer einheitlichen gesamteuropäischen Regelung das Wort geredet werden, sondern vielmehr sollte es weiterhin jedem Mitgliedsstaat obliegen, Regelungen zu schaffen, die den eigenen Erfordernissen und Gegebenheiten des jeweiligen Landes am besten entsprechen, ohne es aber zu versäumen, der Vereinheitlichung des Schutzniveaus in allen Mitgliedstaaten Rechnung zu tragen.

Daher können zur Umsetzung einer möglichst effektiven Abwehr von Straftaten, die internationalen und insbesondere innereuropäischen Entwicklungen

---

1 Vgl. *Rheinstein*, S. 13.

2 Vgl. *Tiedemann*, Wirtschaftsstrafrecht und Wirtschaftskriminalität, 1976, S. 48 ff., 50 ff.; *Sieber/Böckel*, Logistik der Organisierten Kriminalität, 1993.

3 Zum Stand der Entwicklung vgl. *Picotti* in RDP 2004, S. 151 ff.

4 Vgl. *Tiedemann*, in: NJW 1993, 23 f. m. w. N..

5 Vgl. so bereits *Mir Puig* in Coimbra – Symposium, S. 35, zur Schaffung des Corpus Iuris. Zur Bedeutung der Rechtsvergleichung vgl. *Bacigalupo* in CPC 2004, S. 5 ff..

auch im Rahmen der nationalen Rechtsfortbildung nicht unberücksichtigt bleiben. Es ist mithin für jede Nation von größtem Interesse, wie andere Rechtsordnungen rechtliche Probleme lösen und welche gesetzlichen Regelungen sich dort bewährt haben, welche erfolglos geblieben sind. Instrument hierfür ist die moderne Rechtsvergleichung, die durch eine funktionale Methode[6] prüft, auf welche Weise die verschiedenen Rechtssysteme konkrete soziale Probleme zu lösen suchen und welcher rechtstechnischen Mittel sie sich dabei bedienen.[7]

Ziel der vorliegenden Arbeit ist es nunmehr zu untersuchen, wie der spanische Gesetzgeber Angriffen auf das Eigentum mittels des Strafrechts zu begegnen sucht und welche Ansatzpunkte sich daraus für eine Fortentwicklung des deutschen Strafrechts ergeben könnten. Die Betrachtung der spanischen Regelungen erscheint dabei aus den folgenden Gründen als besonders ergiebig.

Die strafrechtliche Rechtsvergleichung zwischen Deutschland und Spanien hat eine lange Tradition. Die Zahl der aus der Rechtsvergleichung gewonnenen Erkenntnisse und Adaptionen ist so groß, dass bereits von einer Verflechtung beziehungsweise sogar Vermählung der Strafrechtssysteme gesprochen wurde.[8]

Zudem beschloss das Plenum des *Congreso de los Disputados* am 8. November 1995 ein neues Strafgesetz, das am 24. November 1995 im staatlichen Gesetzblatt verkündet und nach einer sechsmonatigen *vacatio legis* am 24. Mai 1996 in Kraft trat. Dieser Código Penal (CP/1995)[9] war das Ergebnis langjähriger Reformarbeiten.[10] Er ersetzte den CP von 1848, an dem bis zu diesem Zeitpunkt jeweils lediglich Teilreformen vorgenommen wurden, um so ein Strafrecht zu schaffen, das auf der spanischen Verfassung vom 27. Dezember 1978 fußte und dem damals aktuellen Niveau der spanischen Strafrechtswissenschaft und modernen

---

6 Vgl. zur Methode der funktionellen Rechtsvergleichung *Rheinstein*, Rechtsvergleichung, S. 25 ff..

7 Vgl. *Rheinstein*, Rechtsvergleichung, S. 13.

8 Zur Beziehung der deutschen zur spanischen Strafrechtswissenschaft im historischen Überblick vgl. *Hünerfeld* in Deutsch – Spanisches Strafrechtskolloqium, S. 3 ff.; zum Einfluss der deutschen Rechtslehre auf das spanische Strafrecht vgl. zBsp. *Borja Jiménez* in CPC 1997, S. 595 ff.

9 Código Penal. Ley Orgánica 10/1995, de 23 de noviembre, del Código Penal. «BOE» núm. 281, de 24/11/1995. Texto original publicado el 24 noviembre 1995.

10 Die Bemühungen, ein neues Strafgesetzbuch zu schaffen begannen mit dem Entwurf (E) von 1980 und führten dann über den Vorschlag eines neuen CP von 1983, der Skizze eines neuen Allgemeinen Teils von 1990 und den E 1992, zum E 1994 der schließlich zum neuen CP wurde.

kriminalpolitischen Zielsetzungen[11] entsprach.[12] Gerade im Bereich des Eigentumsschutzes ist es dabei zu einschneidenden Änderungen gegenüber den bis dahin geltenden Regelungen gekommen. Die Eigentumsdelikte blieben auch nach der Reform von 1995 Gegenstand stetiger Änderungen, um zum einen die Neufassung der einzelnen Regelungen weiter zu präzisieren, zum anderen aber auch um auf gänzlich neue Entwicklungen zu reagieren.[13]

Nachdem das 1995 eingeführte System nunmehr fast zwanzig Jahre in der Praxis Anwendung gefunden hat, trat der aktuelle Código Penal (CP)[14] am 1. Juli 2015, ein erneut umfassend reformierter Gesetzestext, in Kraft. Insgesamt wurden hierbei wiederum über 200 Artikel des CP zum Teil grundlegend umgestaltet. Insbesondere kam es auch zu dogmatischen Veränderungen wie dem Wegfall der sogenannten Übertretungen und damit einer Abwendung von der 1995 eingeführten Trichotomie der Tathandlungen[15] oder der Einführung neuer Strafen wie der überprüfbaren lebenslangen Freiheitsstrafe (*prisión permanente revisable*). Auch im Bereich der Eigentumsdelikte kam es zu einer Vielzahl von Veränderungen. Gerade diese neuerliche Überarbeitung der Eigentumsdelikte unter Berücksichtigung der Erkenntnisse von Rechtsprechung und Lehre in Bezug auf die bis dahin geltenden Regelungen lassen daher eine Untersuchung der spanischen Rechtslage als besonderes lohnend erscheinen, um Erkenntnisse für den Eigentumsschutz in Deutschland zu gewinnen.

Ferner gilt, dass der Anteil der Eigentumsdelikte in beiden Ländern an der Gesamtkriminalität überaus hoch ist. In Deutschland bildet allein der Diebstahl nahezu die Hälfte aller registrierten Rechtsverletzungen, wobei sich dieser Anteil noch erhöhen dürfte, wenn man das Dunkelfeld berücksichtigt. Insoweit betrug allein der Straftatanteil des Diebstahls an allen Straftaten im Jahr 2017 36,3 %. Der Anteil der Sachbeschädigung an allen Straftaten betrug 9,1 %.[16] In Spanien

11 Die Intention der Reform ging wie Minister Belloch es vor dem Plenum des Congreso de los Disputados ausdrückte dahin,"*nicht perfekte Normen zu schaffen, sondern brauchbare.... Der CP ist eine Sammlung von Vorschlägen um sich mit Entschiedenheit den aktuellen strafrechtlichen Problemen in Spanien entgegen zu stellen.*" zitiert nach Código Penal y legislación complementaria , S. 28.

12 Vgl. *Cerezo Mir* in ZStW 1996, S. 857.

13 So insbesondere mit der Ley Orgánica 5/2010 vom 22. Juni 2010, welche eine Vielzahl von Änderungen im Bereich der Eigentumsdelikte umsetzte.

14 Codigo Penal. Ley Orgánica 10/1995, de 23 de noviembre, del Código Penal. «BOE» núm. 281, de 24/11/1995. Ultima modificatión 28 de abril 2015.

15 Vgl. hierzu die Ausführungen bei der Untersuchung des Diebstahls unter C. II.2.b)(4).

16 Vgl. PKS, S. 75 und 141.

betrug bei Jugendlichen unter achtzehn Jahren im Jahre 2012 allein der Anteil des Diebstahls an allen Straftaten 41,3 %.[17] Die praktische Bedeutung der Eigentumsdelikte ist folglich enorm.

II. Methodischer Ansatz der Untersuchung

Zur Erreichung obiger Zielsetzung wurde nachfolgend ein mehrstufiger Betrachtungsansatz gewählt.

Zunächst wird hierbei eine Untersuchung des Eigentumsbegriffs in beiden Rechtsordnungen vorgenommen, um so eine gemeinsame Untersuchungsgrundlage zu schaffen.

Nachfolgend wird die Struktur des Eigentumsschutzes durch Darstellung der Verortung der entsprechenden Delikte im CP nachgezeichnet. Im Anschluss werden dann die Eigentumsdelikte im Einzelnen betrachtet, um das System der Eigentumsdelikte durch Darlegung des Zusammenwirkens der einzelnen Normen darzustellen.

Hierbei bildet der Aufbau des CP die Grundlage der Untersuchungsreihenfolge. Dieses folgt aus dem Umstand, dass im CP im Wesentlichen, die einzelnen das Eigentum bzw. das Vermögen betreffenden Straftaten in einem gemeinsamen Titel vereint wurden, während den deutschen Eigentumsdelikten eine Struktur in der Form, dass die einzelnen Delikte einen bestimmten aufeinander abgestimmten Standort innerhalb des StGB innehaben, fehlt.

Die Darstellung beginnt daher mit den bedeutendsten Eigentumsdelikten, dem Diebstahl in all seinen Ausprägungen (Art. 234–236 CP), gefolgt von den Raubdelikten (Art. 237–242 CP). Die Untersuchung wird fortgeführt mit dem Unbefugten Gebrauch von Fahrzeugen (Art. 244 CP) über die Rechtsanmaßung (Art. 245–247 CP), die Widerrechtliche Zueignung, (Art. 253–254 CP), die Entziehung elektrischer Energie und entsprechende Machenschaften (Art. 255–256 CP) hin zu den Delikten der Sachbeschädigung (Art. 263–267). Abgeschlossen wird dieser Teil mit der Betrachtung allgemeiner für diese Delikte geltender Regelungen (Art. 268–269 CP).

Im Einzelnen werden jeweils der objektive sowie der subjektive Tatbestand als auch das Strafmaß untersucht. Obgleich der durchgeführten weitreichenden Reformen des CP sind die einzelnen Tatbestände nicht immer das Ergebnis eines konsistenten begrifflichen und konzeptionellen Vorgehens, sondern oftmals vielmehr das Ergebnis der historischen Entwicklung des Tatbestandes. Aus diesem

17 Vgl. Instituto Nacional de Estadística, Press Release, 19.09.2013, S. 1.

Grund war es darüber hinaus in Teilen notwendig, zum besseren Verständnis der Regelungen, auch die Entstehung einzelner Tatbestände nachzuzeichnen.

Am Ende der Arbeit finden sich dann eine Zusammenfassung der gewonnenen Erkenntnisse sowie das Ergebnis der Frage, ob eine Anpassung der Rechtsvorschriften in Deutschland oder Spanien in Bezug auf den Eigentumsschutz notwendig ist, um eine bilaterale Nivellierung des Schutzniveaus zur Stärkung der europäischen Strafverfolgung zu bewirken.

B. Allgemeine Struktur des strafrechtlichen Eigentumsschutzes in Spanien

I. Der Eigentumsbegriff im spanischen Strafrecht

Zur Ermittlung der Unterschiede in beiden Rechtsordnungen, gilt es naturgemäß zunächst eine einheitliche begriffliche Grundlage als Ausgangspunkt der Untersuchung zu schaffen. Hierzu bedarf es der Betrachtung der Inhalte des untersuchten Rechtsgutes, um zu verhindern, dass etwaige Divergenzen in den zu betrachtenden Rechtsordnungen zu Unschärfen bei der Ermittlung des gewährten Schutzumfanges führen.

So wie in Deutschland das Eigentum durch Art. 14 GG Grundrechtsrang erhält, beinhaltet auch die spanische Verfassung von 1978 im Art. 33 Constitución Española (CE)[18] einen verfassungsrechtlichen Schutz[19] des privaten Eigentums.[20] Dabei wird das Eigentumsrecht jedoch gleichfalls nicht schrankenlos gewährt, sondern es wird begrenzt von der sozialen Funktion des Eigentums und durch Gründe des Allgemeinwohls.[21]

Ein wesentlicher Unterschied besteht allerdings bei der dogmatischen Herleitung des strafrechtlichen Eigentumsbegriffes.

Während in Deutschland der strafrechtliche Eigentumsbegriff dem zivilrechtlichen folgt[22], ist dieses in Spanien zumindest bei rechtsdogmatischer Betrachtung nicht der Fall. Zwar besteht grundsätzlich auch in Deutschland ein bis heute andauernder Methodenstreit hinsichtlich der Frage, ob und inwieweit sich

---

18 Constitución Española. «BOE» núm. 311, de 29 de diciembre de 1978, páginas 29313 a 29424 (112 págs.).

19 "*Artículo 33 CE*
1. Se reconoce el derecho a la propiedad privada y a la herencia. 2. La función social de estos derechos delimitará su contenido, de acuerdo con las leyes. 3. Nadie podrá ser privado de sus bienes y derechos sino por causa justificada de utilidad pública o interés social, mediante la correspondiente indemnización y de conformidad con lo dispuesto por las leyes.".

20 Vgl. zum Stellenwert des privaten Eigentums innerhalb des verfassungsrechtlichen Systems vgl. *Torres del Moral*, S. 502.

21 Zu den verschiedenen verfassungsrechtlichen Schranken des Art. 33 CE vgl. *Font* in RDM 1979, S. 205/39; *Montes*, S. 172 ff.; *Prieto del Pino* in RDP 2003, S. 95 ff..

22 Vgl. BGHSt 6, 377 (378) = BGH NJW 1954, 1292; BGH NStZ-RR 2000, 234; *Kühl*, in: *Lackner/Kühl*, § 242, Rdnr. 4 mwN; anders *Otto*, in: JZ 1993, S. 559 ff., der einen wirtschaftlichen Eigentumsbegriff vertritt.

das Strafrecht akzessorisch zu anderen Teilrechtsordnungen verhält; für die Eigentumsdelikte kann die Akzessorietätsfrage jedoch als beantwortet angesehen werden. Es wird hier von einer streng akzessorischen Begriffsbildung ausgegangen, was in dem Sinne zu verstehen ist, dass allein das Zivilrecht für die Frage, wem eine Sache gehört, maßgebend ist. Ziel dieses Ansatzes ist es, divergierende Begriffsbildungen zu vermeiden und eine der Zweckmäßigkeit dienende Konvergenz zwischen den Teilrechtsordnungen zu schaffen.[23]

Anders in Spanien. Hier ist vielmehr die Auffassung herrschend, dass der strafrechtliche Eigentumsbegriff allein einer teleologischen Auslegung der einzelnen Straftatbestände zu entstammen habe und vom zivilistischen Begriff gänzlich unabhängig sei.[24] Aufgrund der Notwendigkeit einer Koordination der einzelnen Rechtsgebiete zum Schutz bestimmter Rechtsgüter soll die zivilrechtliche Auslegung zwar Berücksichtigung finden, jedoch kann sie nicht zwingend eine Definition auch für das Strafrecht enthalten.[25] Es sei vielmehr jeweils im Hinblick auf den einzelnen Straftatbestand zu untersuchen, ob der vom Gesetzgeber im Strafrecht gewählte Begriff mit dem zivilrechtlichen übereinstimme oder ob sich aus dem Zweck der Norm eine andere Bedeutung ergäbe.[26]

Hieraus folgt, dass obgleich der unabhängigen Stellung des strafrechtlichen Eigentumsbegriffs die Betrachtungsweise des Zivilrechts dennoch maßgeblichen Einfluss für das Strafrecht besitzt.

Das spanische Zivilrecht definiert dabei das Eigentum wie folgt:

Eigentum ist gemäß § 348 Código Civil (CC)[27] das Recht, eine Sache innerhalb der gesetzlichen Schranken zu nutzen und über sie zu verfügen.[28] Das Eigentum nach der Definition des CC ist somit im Kern inhaltsgleich mit der entsprechenden Regelung des § 903 BGB, welche das Eigentum definiert als Recht nach Belieben mit einer Sache zu verfahren und jeden anderen von Einwirkungen auszuschließen, solange nicht das Gesetz oder Rechte Dritter entgegenstehen.

---

23 Vgl. zu diesem Komplex: *Korves*, Eigentumsunfähige Sachen, S. 45, 46.

24 Vgl. *Queralt Jiménez*, 2008, S. 380; *Muñoz Conde* in NDPE, S. 567 f.; a.A. *Zugaldia*, Patrimonio, S. 15; *De la Mata Baranco*, S.211, *„Der Versuch der Schaffung eines neuen strafrechtlichen Eigentumsbegriffs sei deshalb nicht sinnvoll, da er dort zu Verwirrungen führe, wo bereits eine ausreichende Definition vorhanden sei."*.

25 Vgl. *García Arán*, S. 30; *Huerta Tocildo*, S. 24 f..

26 Vgl. *Bajo Fernández*, S. 16.

27 Código Civil. Real Decreto de 24 de julio de 1889 por el que se publica el Código Civil. «BOE» núm. 206, de 25/07/1889. Ultima actualización publicada el 29 junio 2017.

28 *„Art. 348 CC La propiedad es el derecho de gozar y disponer de una cosa, sin más limitaciónes que las que las establecidas e la ley."*.

Hier wird die ursprüngliche römische Betrachtungsweise deutlich, nach der das Eigentum als umfassendste Rechtsherrschaft dem Eigentümer eine Befugnis zur willkürlichen Einwirkung auf die Sache (durch Besitz, Benutzung und Verfügung über die Substanz) sowie zum Ausschluss jedes anderen von solcher Einwirkung gab.[29]

Auch wenn für das Eigentum selbst eine strafrechtliche Definition als maßgeblich angesehen wird, sind für die Begründung des Eigentumsverhältnisses auch im spanischen Strafrecht die zivilrechtlichen Vorschriften über den Erwerb und den Verlust des Eigentums maßgeblich.[30] Die Mechanismen sind dabei im Wesentlichen inhaltsgleich mit der deutschen Rechtslage. Aufgrund des in Deutschland herrschenden Abstraktionsprinzips, welches dem spanischen Zivilrecht fremd ist, kommt es hier zwar im Einzelfall zu Divergenzen, letztlich sind die Auswirkungen im Bereich des strafrechtlichen Eigentumsschutzes jedoch marginal, sind doch die grundsätzlichen Mechanismen des Eigentumsüberganges inhaltsgleich und lediglich die Systematisierung der zum Eigentumsübergang führenden Umstände verschieden.[31]

Zusammenfassend kann daher festgehalten werden, dass der Begriff des Eigentums in Spanien und Deutschland im Wesentlichen einheitlich verwandt wird. Auf in Einzelfällen bestehende Unterschiede sei nachfolgend bei der Betrachtung der einzelnen Delikte hingewiesen.

II. Das Eigentum als strafrechtlich geschütztes Rechtsgut

In Deutschland findet sich eine Vielzahl von Delikten, in denen das Eigentum das geschützte Rechtsgut bildet. Der Diebstahl des § 242 StGB stellt in diesem Zusammenhang das wohl bedeutendste Eigentumsdelikt dar.[32] Jedoch ist der gewährte Eigentumsschutz nicht vollumfänglich. Da § 935 BGB regelmäßig einen Eigentumswechsel im zivilrechtlichen Sinne verhindert, wird nicht das dingliche Eigentumsrecht geschützt, sondern allein das Recht, faktisch mit der Sache

29 Vgl. *Crome*, Grundzüge des Römischen Privatrechts, S. 61 f..

30 Vgl. *Gonzáles Rus*, in: *Cobo del Rosal*, S. 437, ebenso für Deutschland BGHSt, 6, 377.

31 Im spanischen Recht wird das Eigentum nicht durch eine selbständige Verfügung übertragen, sondern innerhalb des zugrundeliegenden Rechtsgrundes für den Eigentumswechsel, eine Unterscheidung zwischen Kausalgeschäft und Verfügungsgeschäft erfolgt daher nicht, vgl. zu den Möglichkeiten der Eigentumsübertragung *Capilla Roncero*, S. 179.

32 Vgl. *Wittig* in Beck'scher Online Kommentar StGB, § 242, Rdnr. 1.

nach Belieben zu verfahren und andere von jeder Einwirkung auszuschließen.[33] Erfasst ist somit das Eigentum[34] als formale Rechtsposition.[35] Einen anderen Aspekt des Eigentums erfasst dagegen die Vorschrift des § 303 StGB. Diese schützt das Eigentum gegen Tauglichkeitsminderung und Substanzeinbußen.[36] § 248b StGB stellt dagegen eine bloße Gebrauchsanmaßung (Verletzung des *furtum usus*) ohne Zueignungsabsicht, nämlich die Ingebrauchnahme von Kraftfahrzeugen oder Fahrrädern gegen den Willen des Berechtigten, unter Strafe.[37]

Wie diese Beispiele zeigen, kann die konkrete Schutzrichtung der Delikte im Bereich des Eigentumsschutzes in der deutschen Rechtsordnung durchaus variieren. Allen Regelungen ist jedoch gleich, dass es sich um den individualisierten Schutz des Eigentums handelt und das Vermögen nicht als Ganzes, sondern nur in seinen einzelnen Erscheinungsformen -als Gebrauchsrecht, als Aneigungsrecht oder dergleichen- geschützt wird.[38]

Darüber hinaus gilt, dass die Eigentumsdelikte auch nicht als Vermögensdelikte im engeren Sinne verstanden werden können, auch wenn ein Vermögensschaden regelmäßige Begleiterscheinung der Tathandlung ist.[39] Denn vielmehr schützen die deutschen Eigentumsdelikte wie § 242 StGB, Eigentum und Gewahrsam auch gänzlich unabhängig vom Wert einer Sache. Der Eintritt eines Vermögensschadens ist daher gerade keine zwingende Voraussetzung der Strafbarkeit.[40]

Dem spanischen Strafrecht ist dagegen der alleinige Schutz des Eigentums, ohne dass dieses einen bezifferbaren Wert hat, fremd. Nach der überwiegenden spanischen Doktrin schützen die den deutschen Eigentumsdelikten gegenüberstehenden Tatbestände alle gleichsam zunächst ein und dasselbe Rechtsgut: Das Vermögen.[41]

---

33 Vgl. *Eser/Bosch*, in: *Schönke/Schröder*, § 242 Rndr. 1/2 f.

34 Zum Gewahrsam als geschütztem Rechtsgut innerhalb des § 242 StGB vgl. *Lampe* GA 66, 225.

35 Vgl. BGHSt 10, 400.

36 Vgl. *Heger*, in: *Lackner/Kühl*, StGB, § 303 Rndr. 1 f..

37 Vgl. *Kühl*, in: *Lackner/Kühl*, StGB, § 248 b, Rdnr. 1.

38 Vgl. *Wittig* in Beck'scher Online Kommentar StGB, § 242, Rdnr. 2; *Wessels/Hillenkamp*, Rdnr. 2.

39 Vgl. *Wessels/Hillenkamp*, Rdnr. 1.

40 Vgl. *Wessels/Hillenkamp*, Rdnr. 2.

41 Vgl. statt aller *Muñoz Conde*, 2015, S. 323; *Huerta Tocildo*, S. 36; *Bajo Fernández*, S. 36.

Ein strafrechtlicher Schutz des Eigentums besteht nach allgemeiner Auffassung allein dann, wenn dieses einen Teil des Vermögens einer Person bildet.[42] Es handelt sich hierbei um ein allein strafrechtliches Konzept, findet doch die Fixierung auf den Schutz des Vermögens in der sonstigen Rechtsordnung keine Stütze. Denn gerade im Verfassungsrecht wird nicht das Vermögen, sondern explizit das Eigentum unter den besonderen Schutz des Staates gestellt.[43]

Die ungleiche Ausgestaltung des Eigentumsschutzes in beiden Rechtsordnungen findet ihren Ursprung vor allem in den unterschiedlichen Rechtstraditionen beider Länder. Während die hier gegenständlichen Delikte in Spanien ihren Ursprung allein in einer Weiterentwicklung des römischen Rechts finden, konkurrierten in Deutschland römisch-rechtliche und deutsch-rechtliche Einflüsse miteinander.[44]

Besonders deutlich werden die bestehenden Unterschiede beim Diebstahl.

Das römische Recht ging hinsichtlich des Diebstahls von einem Generaltatbestand aus: dem *furtum*. In der klassischen Definition[45] war hierunter jedes betrügerische (unredliche)[46] Berühren (Anfassen) der Sache zu verstehen, um die Sache selbst oder auch nur den Vorteil ihres Gebrauchs oder Besitzes zu erlangen. Die Tathandlung umfasste dabei jeden Sachgebrauch und war selbst bei Sachen möglich, die der Täter rechtmäßig in Besitz hatte, sobald er mit deliktischer Absicht handelte.[47] Taugliche Tatobjekte konnten sogar tätereigene Sachen in fremden Gebrauch oder Besitz sein.[48] Es bedurfte daneben auch immer eines „*animus lucri faciendi*", welcher gerichtet war auf einen Gewinn oder Vorteil und in einem sehr weiten Sinne verstanden wurde.[49]

In Deutschland traf dieser römisch-rechtliche Ansatz auf eine aus dem Mittelalter herrührende deutsch-rechtliche Fassung des Diebstahls, welche diesen als bewusst widerrechtliche und heimliche Wegnahme einer fremden beweglichen

---

42 Vgl. *De la Mata Barranco*, S. 201.

43 Vgl. *Mestre Delgado*, in: *Lamarca Pérez*, 2013, S. 304.

44 Vgl. hierzu *Vogel*, in: LK, Vor §§ 242 ff, Rdnr. 13.

45 Paulus (D.47,2,1,3): "*concentratio rei fraudulosa lucri faciendi gratia vel ipsus rei vel eatiam usus eius possessionisve*".

46 Im Sinne dieses weiten römisch-rechtlichen Verständnisses wurde das Delikt des *furtum possessionis* bis zur Reform des CP von 1995 auch innerhalb der Betrugstatbestände behandelt, was seit langem von Teilen der Rechtslehre bemängelt und der Legislative zur Änderung angetragen worden war; vgl. *Suarez Gonzáles*, in: Comentarios al Código Penal, S. 234; *Conde Pumpido Ferreirro*, Temas, S. 190; *Robledo Villar*, S. 44.

47 Vgl. *Mommsen*, Römisches Strafrecht, S. 735 in Fussnote 5.

48 Vgl. *Mommsen*, Römisches Strafrecht, S. 735 a.a.O..

49 Vgl. zum Inhalt dieses Vorteils *Hepp*, S. 210 f..

Sache aus fremdem Gewahrsam in der Absicht der Aneignung ansah. Unter dem Einfluss des Naturrechts setzte sich dieser wegnahmebezogene Ansatz im Ergebnis gegen die römisch-rechtlichen Strömungen durch und als Tathandlung wurde in Folge allein Zueignung oder das Handeln in Zueignungsabsicht verstanden.[50] Der römisch-rechtliche „*animus lucri faciendi*" wurde folglich zunehmend als „*animus rem sibi habendi*" angesehen. Das Delikt wandelte sich damit von einem weiten Vermögensdelikt hin zu einem Zueignungs- bzw. Eigentumsdelikt. Diese Interpretation ist bis heute prägend für das moderne deutsche Strafrecht.

Im Unterschied hierzu findet sich in Spanien nach wie vor in den entsprechenden Regelungen des CP der vermögensbezogene römisch-rechtliche Ansatz wieder. Er findet dabei seine Grundlage aber nicht allein in der bestehenden Rechtstradition, sondern auch in einer hierauf beruhenden dogmatischen Argumentation der aktuellen Rechtslehre.

Denn nach der herrschenden Meinung stellt das Eigentum lediglich eines der materiellen Rechte dar, welche es dem Inhaber erlauben, über eine Sache zu verfügen bzw. diese zu nutzen.[51] Daneben bestünde jedoch noch eine Vielzahl weiterer entsprechender Rechte mit verwandter Zielrichtung. Daher sei nicht der isolierte Schutz allein eines Rechtes, nämlich des Eigentums, vorzunehmen, sondern es gelte die Summe all dieser Rechte vor Eingriffen zu schützen. Ein solch vollumfänglicher Schutz werde aber allein durch den Schutz des gesamten Vermögens, nicht aber durch den Schutz einiger individualisierter Vermögenswerte gewährleistet.[52]

Wenn aber demnach das Tatobjekt Bestandteil des Vermögens zu sein hat, muss nach dem in Spanien herrschenden juristisch-ökonomischen Vermögensbegriff das Tatobjekt auch einen bestimmbaren wirtschaftlichen Wert besitzen.[53] Unter bestimmbarem Wert wird hierbei verstanden, dass die Sache einen Geldwert besitzt, auch wenn dieser minimal ist.[54]

---

50 Vgl. so bereits *Feuerbach*, § 314, "*Das Verbrechen der Entwendung (...) schließt den furtum usus und possessionis aus, und besteht in vorsätzlicher, rechtswidriger und eigenmächtiger Zueignung fremden beweglichen Eigentums in der Absicht eines Gewinns.*".

51 Vgl. *Queralt Jiménez*, 2008, S. 379.

52 Vgl. *Mestre Delgado*, in: *Lamarca Pérez*, 2013, S. 304.

53 Vgl. *Bajo Fernandez*, S. 166; *Bustos*, S. 161.

54 Vgl. *Gonzáles Rus*, in: *Cobo del Rosal*, S. 436. Hinsichtlich des Wertes der Sache sei angemerkt, dass im Rahmen des XIII. Titels zunächst durchweg ein Wert des Tatobjektes von mindestens 400,00 EURO als Tatbestandsmerkmal in alle Delikte eingefügt wurde. Wurde dieser Wert unterschritten, handelte es ich bis zur Reform 2015 nicht um Verbrechen, sondern allein um eine Übertretung nach den Art. 623 ff. CP.

Nach der überwiegenden Mehrheit in Lehre und Rechtsprechung sind daher in Bezug auf die hier gegenständlichen Eigentumsverletzungen zwei Elemente als untrennbar anzusehen: Zunächst verhindere eine tatbestandsmäßige Handlung die Ausübung der Sachherrschaft über eine Sache im Sinne einer Verletzung des Eigentums oder anderer Nutzungsrechte, daneben bedürfe es aber immer auch einer wertmäßigen Verringerung des Vermögens.[55]

Zwar wird auch die ausländische, insbesondere die deutsche Rechtslehre, mit Aufmerksamkeit betrachtet. Dass zum Beispiel innerhalb des Diebstahls in Deutschland eine Vermögensschädigung durch die Wegnahme nicht erfolgen muss, wird als stringente Anwendung des deutschen Gesetzeswortlautes empfunden. Jedoch sei die in Deutschland getroffene Unterscheidung nicht auf die spanische Gesetzeslage übertragbar. Dieses folge aus den gegebenen Tatbestandsvoraussetzungen innerhalb des XIII. Titels, welche in jedem Falle eine Bereicherungsabsicht des Täters in dem Sinne fordern, dass dieser sich durch die Deliktbegehung einen Vermögensvorteil verschaffen möchte, welcher einen wirtschaftlich messbaren Wert besitze.[56]

Zusammenfassend ist daher zu beachten, dass nach spanischer Auffassung alle hier zu untersuchenden Tatbestände unabhängig von ihrer Schutzfunktion für das Eigentum letztlich Vermögensdelikte im engeren Sinne darstellen. Der in Deutschland gewährte alleinige Schutz des Eigentums wird daher in Spanien nicht isoliert, sondern nur im Wege des Schutzes des Vermögens, im Sinne eines Schutzes der Summe der wirtschaftlichen Güter einer Person, über welche diese rechtliche Verfügungsmacht hat, realisiert. Tatobjekte ohne einen messbaren Wert sind folglich -anders als in Deutschland- ausgeschlossen.

III. Der Standort der Eigentumsdelikte im CP

Rechtsnormen stehen nicht unverbunden nebeneinander, sondern in vielfältigem Zusammenhang. Aus diesem Grund hat jede Auslegung einer Norm den Kontext und den systematischen Ort der Norm und ihre Funktion im Gesamtzusammenhang zu berücksichtigen.[57] Dieses gilt insbesondere bei Tatbeständen, die sich sachlich so nah sind, dass sie wie vorliegend unter einen gemeinsamen Oberbegriff gefasst werden können; hier gilt: allein die Untersuchung der

---

Nunmehr wird bei einem Tatobjekt unter 400,00 EURO ein sogenannter leichter Fall (*delitos leves*) angenommen. Vgl. hierzu unter B. V.

55 Vgl. *Huerta Tocildo*, S. 36.

56 Vgl. *Bajo Fernández*, S. 36.

57 Vgl. *Larenz/Canaris*, S. 263.

übergreifenden Zusammenhänge zwischen den einzelnen Delikten kann Rückschlüsse auf die Qualität des gesamten gewährten Schutzes liefern.[58]

Aus diesem Grunde seien nachfolgend zunächst der Standort und die Gliederung der Eigentumsdelikte innerhalb des CP dargestellt.

Der CP gliederte sich bis zum 1. Juli 2015 in drei Bücher, wobei im ersten Buch, vergleichbar mit dem Allgemeinen Teil des StGB, die allgemeinen Grundsätze zur Anwendung der einzelnen Strafvorschriften, sowie das System der Strafen den Schwerpunkt bilden. Im zweiten und dritten Buch wurden dann, ähnlich dem Besonderen Teil des StGB, die strafrechtlich erheblichen Handlungen abstrakt beschrieben und mit einer Strafandrohung verbunden, wobei im zweiten Buch die Verbrechen und im dritten Buch die sogenannten Übertretungen enthalten waren.

Mit der Reform des Jahres 2015 wurde dieser dogmatische Ansatz, welcher erst 1995 eingeführt wurde, wieder aufgegeben. Zwar besteht das dritte Buch formell weiter, die darin enthaltenen Artikel wurden aber aufgehoben und die vormals als Übertretungen behandelten Delikte nunmehr als leichte Fälle in das zweite Buch eingefügt. Für den Bereich des Eigentumsschutzes betraf dieses die Art. 623 bis Art. 626 CP.

Der Schutz des Eigentums findet daher nunmehr seinen Standort ausschließlich innerhalb des XIII. Titels des zweiten Buchs, genauer in den Art. 234 bis 304 CP als Teil der Vermögensdelikte. Dieser Titel ist eingebettet in ein Umfeld von Delikten, welche als „*Delikte gegen Personen*" bezeichnet werden, wenn auch an letzter Stelle dieser fundamentalen Schutzvorschriften.[59] Die Einordnung folgt einer hierarchischen Ordnung beginnend mit den Delikten gegen das Leben und die körperliche Integrität, über die Delikte gegen die Freiheit, Ehre und nachfolgend die familiären Beziehungen, sowie abschließend dem des Schutzes von Vermögen bzw. Eigentum.[60]

1. Der Inhalt des XIII. Titels des zweiten Buches des CP

a) Die Überschrift des XIII. Titels des zweiten Buches des CP

Um dem CP eine übersichtliche Gliederung zu geben, bildete der Gesetzgeber im Rahmen der Reform des Jahres 1995, den vorherigen Strafgesetzbüchern entsprechend, anhand des zu schützenden Rechtsguts Überschriften, um dann die jeweils inhaltlich zugehörigen Delikte hierunter zu versammeln.

---

58 Vgl. *Otto*, S. 18.

59 Vgl. *Herrero Herrero*, S. 29.

60 Vgl. *Cardona Torres*, S. 29.

Der XIII. Titel trägt seitdem die Überschrift: „*Delikte gegen das Vermögen und gegen die sozio-ökonomische Ordnung*". Hinsichtlich der Überschrift kam es damit zu einer Neuerung, denn die im XIII. Titel vereinigten Tatbestände wurden vormals traditionell, beginnend mit dem Código Penal von 1848, mit "*Delikte gegen das Eigentum*" überschrieben.

Diese Überschrift stand jedoch unter fortwährender Kritik der Lehre, denn nach deren Auffassung waren mit dem Begriff des Eigentums die dort geschützten Rechtsgüter nichtzutreffend beschrieben. Denn zum einen wurden, wie dargelegt, die enthaltenen Delikte insgesamt als Vermögensdelikte und nicht als Eigentumsdelikte angesehen, zum anderen beinhaltet der Titel auch klassisch Vermögensdelikte wie den Betrug. Daneben enthalte der XIII. Titel Tatbestände, welche auch vom Eigentümer einer Sache selbst begangen werden könnten. So schütze z. Bsp. Art. 236 CP den rechtmäßigen Besitzer einer Sache vor der Wegnahme durch den Eigentümer und Art. 238 CP enthalte eine Strafandrohung für den Eigentümer der seine Sache beschädigt, soweit diese sozialen oder kulturellen Zwecken dient. Die in der vormaligen Überschrift vorgenommene Reduzierung des geschützten Rechtsgutes auf das Eigentum führte folglich dazu, dass Inhaber des geschützten Rechtsgutes und Angreifer in derselben Person zusammenfallen konnten.[61]

In der Literatur wurde daher bereits zuvor die Überschrift des XIII. Titel nicht als „*Delikte gegen das Eigentum*", sondern als „*Delikte gegen das Vermögen*" gelesen.[62]

Dagegen gab es naturgemäß nicht zuletzt beruhend auf der langen Tradition der Terminologie auch Stimmen, welche die ursprüngliche Begrifflichkeit erhalten wollten, erfasse diese doch den verfassungsrechtlichen und ethischen Aspekt der Delikte besser. Denn es handele sich bei dem Eigentum an sich um ein natürliches und allgemein anerkanntes Schutzgut, welches von der Rechtsordnung adaptiert wurde, während der Begriff des Vermögens dagegen allein ein Produkt des Rechts selbst sei.[63]

Im Ergebnis vermochten diese Argumente den Gesetzgeber jedoch nicht zu überzeugen, so dass dieser einem rechtsdogmatischen Ansatz den Vorzug gab.

---

61 Vgl. *Queralt Jiménez*, 2002, S. 257; *Suarez Gonzáles*, in Comentarios al Código Penal, S. 674; *Conde-Pumpido Ferreiro*, Temas, S. 185.

62 Vgl. *López Hernandéz*, in: ADP 1965, S. 513; *Bustos*, S. 161; *Muñoz Conde*, S. 366 f.; *Huerta Tocildo*, S. 15; *Zugaldia*, Patrimonio, S. 11.

63 Vgl. *Rodríguez Devesa*, S. 372.

b) Abgrenzung von den Delikten gegen die Sozio-ökonomische Ordnung

Eine weitere Neuerung stellte im Rahmen der Reform von 1995 der Umstand dar, dass neben den Vermögensdelikten nunmehr auch sogenannte Delikte gegen die sozio-ökonomische Ordnung innerhalb des XIII. Titels behandelt werden. Im Gegensatz zu den als klassisch zu bezeichnenden Vermögensdelikten, waren diese durchweg neueren Ursprungs und fanden zum Teil, wie die Art. 290 bis 297 CP, erstmals mit der Reform des Jahres 1995 Eingang in den CP.[64] Diese Tatbestände sollten nach dem Willen des Gesetzgebers endlich eine effektive Waffe gegen die Wirtschaftskriminalität bilden und so leisten, was nach der damaligen Auffassung das vorherige Gesetzbuch aufgrund der knappen Tatbestände und der geringen Höhe der Strafen nicht zu leisten vermocht hatte.[65]

Hauptbegründung für eine Zusammenfassung der Vermögensdelikte und der Delikte gegen die sozio-ökonomische Ordnung war, dass es trotz der unterschiedlichen Zielsetzung wichtige Bereiche gebe, in dem sich beide Deliktstypen überschnitten oder glichen. Hieraus resultiere, dass eine theoretische Unterscheidung nicht bruchlos umzusetzen gewesen wäre. Insbesondere folge dieses aus der inhaltlichen Nähe der zu schützenden Rechtsgüter.[66]

Kritisch wurde jedoch in der Literatur angemerkt, dass ungeachtet dieser Schwierigkeiten nunmehr der Gesetzgeber selbst, im Rahmen der Rechtsanwendung des § 268 CP, eine theoretische Unterscheidung beider Deliktgruppen fordere. Denn die im § 268 CP gewährte Privilegierung sei nach ihrem Wortlaut allein auf vorhergehende Vermögensstraftaten anwendbar.[67] Es gelte daher zur Ermittlung des Anwendungsbereiches eine klare Grenzziehung zwischen beiden Delikttypen vorzunehmen.[68]

---

64 Vgl. *Mestre Delgado*, in: *Lamarca Pérez*, 2013, S. 303.

65 Vgl. *Moreno Cánoves/Ruiz Marco*, Delitos Socioeconómicos, S. 22.

66 Vgl. *Mestre Delgado*, in: *Lamarca Pérez*, 2013, S. 303.

67 “ *Art. 268 CP*

1. Están exentos de responsabilidad criminal y sujetos únicamente a la civil los cónyuges que no estuvieren separados legalmente o de hecho o en proceso judicial de separación, divorcio o nulidad de su matrimonio y los ascendientes, descendientes y hermanos por naturaleza o por adopción, así como los afines en primer grado si viviesen juntos, ***por los delitos patrimoniales*** *que se causaren entre sí, siempre que no concurra violencia o intimidación.*”(Hervorhebung durch den Verfasser).

68 Vgl. *Gonzáles Rus*, in: ADP 1995, S. 489.

Als Anknüpfungspunkt für eine solche Unterscheidung dient das beeinträchtigte Rechtsgut.[69] Sozio-ökonomische Delikte betreffen das Vermögen in einem weiteren Sinn und haben zudem eine Verknüpfung zu Elementen der Wirtschaft, wohingegen Vermögensdelikte auf den Schutz des Individualvermögens ausgerichtet und eher in einer privaten Sphäre anzusiedeln sind.[70]

Diese Unterscheidung darf aber nicht dahingehend verstanden werden, Vermögensdelikte würden ausschließlich Individualgüter und Wirtschaftsstraftaten alleinig Allgemeininteressen schützen. Vielmehr beeinträchtigen oftmals auch Wirtschaftsstraftaten das Vermögen einzelner und Vermögensdelikte reichen oft über den Schutz von Individualinteressen hinaus. Kriterium der Abgrenzung kann daher lediglich der überwiegende Verletzungsaspekt der einzelnen Tatbestände sein, soweit er sich aus dem Wortlaut und Zweck der Norm ersehen lässt.[71]

Nach dieser Unterscheidung fallen wegen ihres überwiegend vermögensbeeinträchtigenden Charakters eindeutig unter die Vermögensdelikte:

- Der Diebstahl in all seinen Formen, Art. 234–236 CP,
- die Raubdelikte, Art. 237–242 CP,
- die Erpressung, Art. 243 CP,
- die Gebrauchsanmaßung bei Fahrzeugen, Art. 244 CP,
- die Rechtsanmaßung, Art. 245–247 CP,
- die Betrügerischen Machenschaften, Art. 248–256 CP
- und letztendlich die Sachbeschädigung, Art. 263–267 CP.[72]

Dagegen besitzen die Vorschriften hinsichtlich des staatlichen Finanzwesens und das Gesundheitswesen, Art. 305 ff. CP, die Entziehung eigener Sachen von sozialem und kulturellem Nutzen, Art. 289 CP, die Art. 281 CP, Art. 282 CP, Art. 283 CP und die Art. 284 CP zweifelsohne einen supraindividuellen Charakter sowie einen wirtschaftlichen Bezug, womit sie alleinig als Wirtschaftsstraftaten angesehen werden können. Die Art. 290 bis 297 CP, die Art. 278 bis 280 CP sowie die Art. 273 bis 277 CP enthalten dagegen einen starken individuellen Einschlag, so dass man diese bei einer rein dogmatischen Betrachtung zunächst nicht als Wirtschaftsstraftat begreifen könnte. Jedoch besteht hier auch eine enge Beziehung mit den wirtschaftlichen Interessen der Allgemeinheit. Aus diesem Grunde

---

69 Vgl. statt aller *Del Rosal Blasco*, S.189; a.A. *Stampa/Bacigalupo*, S. 11 ff..

70 Vgl. *Herrero Herrero*, S. 39; *Robledo Villar*, S. 13; *Gonzáles Rus*, in: *Cobo del Rosal*, S. 431.

71 Vgl. *Conde-Pumpido Ferreiro*, S. 703.

72 Vgl. *Corcoy Bidasolo*, S. 477 ff.

wurden diese Tatbestände in allen dem CP/1995 vorausgehenden Projekten seit 1980 bereits als Wirtschaftsstraftatbestände angesehen und entsprechend in der Systematik des Gesetzes verortet.[73]

Umstritten ist die Einordnung des Art. 262 CP, der Preisänderungen bei öffentlichen Ausschreibungen und Versteigerungen behandelt, der Art. 298 bis 304 CP, des Art. 285 und 286 CP und letztlich die Art. 270 bis 272 CP, welche Straftaten im Zusammenhang mit dem geistigen und gewerblichen Eigentum enthalten. Letztlich wird jedoch überwiegend die bestehende Verbindung der Delikte zum Wirtschaftsleben als ausreichend angesehen, um diese als Wirtschaftsdelikte anzusehen.[74]

Die nachfolgende Betrachtung beschränkt sich naturgemäß auf die zuerst genannten Deliktstypen und hier auf diejenigen, welche im Wesentlichen dem Eigentumsschutz dienen.

2. Gliederung des XIII. Titels des zweiten Buches des CP

Der XIII. Titel ist gegliedert in einzelne Kapitel, in denen der Gesetzgeber wiederum Tatbestände mit ähnlicher Begehungsweise zu versammeln suchte.

Die einzelnen Kapitel sind, soweit eine Vielzahl von Delikten betroffen ist, zusätzlich in Unterabschnitte gegliedert. So setzt sich beispielsweise das Kapitel *„Betrügerische Machenschaften“* aus den Abschnitten *„Betrug“*, *„Widerrechtliche Zueignung“* sowie *„Entziehung elektrischer Energie und entsprechende Machenschaften“* zusammen.

Im Einzelnen gliedert sich der XIII. Titel wie folgt:

- Kapitel I, *Diebstahl*, Art. 234–236 CP,
- Kapitel II, *Raub*, Art. 237–242 CP,
- Kapitel III, *Erpressung*, Art. 243 CP,
- Kapitel IV, *Raub und Diebstahl des Gebrauchs von Fahrzeugen*, Art. 244 CP,
- Kapitel V, *Rechtsanmaßungen*, Art. 245 – Art. 247 CP,
- Kapitel VI, *Betrügerischen Machenschaften*,
    - Sektion 1, *Betrug*, Art. 248 – Art. 251 *bis* CP,
    - Sektion 2, *Untreue*, Art. 252 CP,
    - Sektion 2 *bis*, *Widerrechtliche Zueignung*, Art. 253 – Art. 254 CP,
    - Sektion 3, *Entziehung elektrischer Energie und entsprechende Machenschaften*, Art. 255 – Art. 256 CP,

73 Vgl. *Moreno Cánoves/Ruiz Marco*, Delitos Socioeconómicos, S. 29.

74 Vgl. *Herrero Herrero*, S. 40; *Moreno Cánoves/Ruiz Marco*, Delitos Socioeconómicos, a.a.O.; anders *Gonzáles Rus* a.a.O..

- Kapitel VII, *Vereiteln der Zwangsvollstreckung*, Art. 257 – Art. 258 *ter* CP,
- Kapitel VII *BIS*, *Strafbare Insolvenz*, Art. 259 – Art. 261 *bis* CP,
- Kapitel VIII, *Veränderung von Preisen bei Konkursen oder öffentlichen Versteigerungen*, Art. 262 CP,
- Kapitel IX, *Sachbeschädigung*, Art. 263 – Art. 267 CP,
- Kapitel X, *Gemeinsame Regelungen für die vorhergehenden Kapitel*, Art. 268 – Art. 269 CP,
- Kapitel XI, *Von den Delikten mit Bezug zu geistigem und industriellem Eigentum, dem Markt und solchen gegen Verbraucher*,
  - Sektion 1, *Delikte mit Bezug zu geistigem Eigentum*, Art. 270 – Art. 272 CP,
  - Sektion 2, *Delikte mit Bezug zu industriellem Eigentum*, Art. 273 – Art. 277 CP,
  - Sektion 3, *Delikten mit Bezug zum Markt und solchen gegen Verbraucher*, Art. 278 – Art. 286 CP,
  - Sektion 4, *Korruption in der Privatwirtschaft*, Art. 286 *bis* – Art. 286 *quater* CP,
  - Sektion 5, *Gemeinsame Vorschriften für die vorhergehenden Sektionen*, Art. 287 bis Art. 288 CP,
- Kapitel XII, *Entzug eigener Sachen von sozialem oder kulturellem Wert*, Art. 289 CP,
- Kapitel XIII, *Straftaten von Gesellschaftern*, Art. 290 – Art. 297 CP,
- Kapitel XIV, *Hehlerei und Geldwäsche*, Art. 298 – Art. 304 CP,
- Kapitel XV, *Illegale Finanzierung politischer Parteien*, Art. 304 *bis* – Art. 304 *ter* CP.

Obgleich damit der Gesetzgeber konsequent eine tatbestandsbezogene Gliederung vorgenommen hat, ist erkennbar, dass es in einem System, welches dem Schutz solch komplexer Rechtsgüter dient, zwangsläufig zu Überschneidungen in Randbereichen der einzelnen Tatbestände kommen muss. Eine friktionsfreie Trennung der Delikte war mithin trotz aller Bemühungen nicht umsetzbar. In Folge ist die jeweils im Einzelfall vorgenommene Unterteilung zwar jeweils dogmatisch nachvollziehbar, nicht aber in jedem Fall zwingendes Ergebnis der tatbestandlichen Inhalte der jeweiligen Delikte.

Auf solche Überschneidungen wird nachfolgend bei der Darstellung des Aufbaus der jeweiligen Kapitel im Rahmen der Betrachtung der einzelnen Tatbestände hingewiesen werden.

IV. Die Einführung der strafrechtlichen Verantwortung juristischer Personen

Zur Ermittlung des gewährten Schutzumfanges der einzelnen Regelungen bedarf es auch einer Betrachtung der Normadressaten. Hier hat es in Spanien mit der Reform des Jahres 2010 und der Einfügung einer Regelung bezüglich der strafrechtlichen Verantwortlichkeit juristischer Personen eine fundamentale Abkehr vom vorher vertretenen rein subjektiven Charakter der strafrechtlichen Verantwortung (*societas delinquere non potest*) gegeben.[75]

Die Strafbarkeit juristischer Personen fand ihren Standort in Art. 31 *bis* CP/2010. Dort wurde die grundsätzliche Möglichkeit der Strafbarkeit juristischer Personen eingefügt. Welche Delikte einer Strafbarkeit juristischer Personen dann im Einzelnen zugänglich sind, wurde nachfolgend im Wege einer expliziten Anwendbarkeitsregelung im Anschluss an den jeweiligen Tatbestand angezeigt.

In Bezug auf das strafbare Verhalten wurde zwischen zwei Alternativen unterschieden. Die erste Alternative, Art. 31 *bis* Nr. 1 Satz 1 CP, sah eine strafrechtliche Verantwortung für das Handeln der gesetzlichen Vertreter sowie der sonstigen für das Unternehmen berechtigt handelnden Personen vor. Die zweite Alternative erweiterte die Strafbarkeit juristischer Personen in dem Fall, dass ein sonstiger Mitarbeiter des Unternehmens die Straftat verübt hat und die unter Art. 31 *bis* Nr. 1 S.1 CP genannten Personen ihnen obliegenden Überwachungspflichten nicht nachgekommen sind.

Mit der Reform des Jahres 2015 wurde die Strafbarkeit juristischer Personen nunmehr in weiten Teilen neu gefasst. Ziel der Umgestaltung war es, bestehende Unschärfen der vorherigen Regelung zu beseitigen sowie die Einführung von Straffreiheit in den Fällen, in denen innerhalb der juristischen Person Präventionsmaßnahmen getroffen wurden. Grundlage dieser Reform waren Empfehlungen internationaler Organisationen, welche Seitens des Gesetzgebers zur Beratung eingebunden worden waren.[76] Insbesondere im Bereich der zur Straffreiheit führenden Maßnahmen sowie der als notwendig angesehenen inneren Organisation der Unternehmen kommen die Empfehlungen dieser Organisationen besonders zur Geltung. Hier wurden die Vorschläge fast vollumfänglich in den Wortlaut des Art. 31 *bis* übernommen.

---

75 Vgl. *Boldova Pasamar*, in: Estudios Penales y Criminológicos, S. 220 ff.. Die zugrunde liegende Debatte findet ihren Ursprung bereits im CP von 1884 vgl. *Morillas Cueva*, Anales de Derecho, S. 2 ff..

76 Vgl. *Molina*, Comentario, lit. II 1 f.

Als weitere Neuerung wurde nunmehr auch eine Strafbarkeit von Unternehmen der öffentlichen Hand[77] eingeführt. Zuvor waren Personen des öffentlichen Rechts sowie solche Unternehmen, in denen diese wirken, von einer Strafbarkeit ausgeschlossen.[78]

Ungewöhnlich im Zusammenhang mit der Strafbarkeit juristischer Personen erscheint, dass in dem vorliegend gegenständlichen Bereich der Vermögens-/ bzw. Eigentumsdelikte allein der Betrug, Art. 251 *bis* CP einer entsprechenden Strafbarkeit zugänglich ist. Mit Blick auf die Tatbestände des XIII. Titel liegt es nahe anzunehmen, dass auch in Bezug auf andere Delikte wie Untreue eine solche Strafbarkeit von allgemeiner Relevanz wäre. Vermögensdelikte, welche im Wesentlichen auf den Schutz des Eigentums ausgerichtet sind, werden damit gänzlich nicht erfasst, so dass eine tiefergehende Betrachtung der Strafbarkeit juristischer Personen an dieser Stelle nicht erfolgen soll.

V. Die Abkehr vom System der Übertretungen

De CP enthielt bis zur Strafrechtsreform des Jahres 2015 in seinem III. Buch (Art. 617–639 CP/1995) eine Vielzahl von Tatbeständen, welche jedoch keine Straftaten, sondern sogenannte Übertretungen kodifizierten. Im Regelfall handelte es ich hier um Tatbestände, welche inhaltsgleich auch als Straftatbestände im II. Buch enthalten waren, deren Unrechtsgehalt sich aber von diesen unterschied.

Darunter fanden sich auch Tatbestände, welche dem Eigentums- und Vermögensschutz zuzurechnen waren. So enthielten die Art. 623–628 CP/1995 unter der Überschrift *"Übertretungen gegen das Vermögen"* eine spiegelbildliche Darstellung vieler Straftatbestände des XIII. Titels des zweiten Buches.

---

77 Als öffentliche Unternehmen sind solche Unternehmen anzusehen, deren tatsächliche Kontrolle der öffentlichen Verwaltung obliegt. Es sind Gesellschaften in denen die direkte oder indirekte Beteiligung der öffentlichen Hand am Kapital der Gesellschaften höher liegt als 50 %. Art. 166.1 c de la Ley 33/2003, de 3 de noviembre, de Patrimonio las Administraciones Públicas).

78 *"Artikel 31 bis Abs. 5 CP/2010*
Las disposiciones relativas a la responsabilidad penal de las personas jurídicas no serán aplicables al Estado, a las Administraciones Públicas territoriales e institucionales, a los Organismos Reguladores, las Agencias y Entidades Públicas Empresariales, a los partidos políticos y sindicatos, a las organizaciones internacionales de derecho público, ni a aquellas otras que ejerzan potestades públicas de soberanía, administrativas o cuando se trate de Sociedades mercantiles Estatales que ejecuten políticas públicas o presten servicios de interés económico general.".

Einziges Unterscheidungsmerkmal zwischen den inhaltsgleichen Regelungen war der für eine Straftat vorausgesetzte Wert des entzogenen Gegenstandes oder eine Höhe des vom Täter verwirklichten Schadens von mindestens 400,00 EURO[79], wohingegen die Übertretungen alle Fälle erfassten, in denen diese Summe nicht erreicht wurde.

Diese Trennung von inhaltsgleichen Delikten nach der Schwere der Rechtsgutverletzung folgte einem aus dem Mittelalter stammenden System der Bestrafung. Straftaten wurden danach zu verschiedenen Zwecken, sei es nach der Schwere der Tat, nach dem angegriffenen Rechtsgut, nach der Strafwürdigkeit oder der Strafandrohung eingeteilt.[80] In Spanien herrschte wie in Deutschland[81] eine Dreiteilung der Delikte (Trichotomie), welche ihre Wurzel im französischen Naturrecht des 18. Jahrhunderts hatte.[82] Die hinter dieser Einteilung stehende philosophische Konzeption wurde in Spanien jedoch aufgrund der Schwierigkeiten hinsichtlich der Einordnung einzelner Fälle wieder aufgegeben, so dass es allein aufgrund prozessualer Gründe bei der Dreiteilung verblieb. Dieses galt bis zum Jahr 1973, in dem die Trichotomie aufgegeben wurde und dem deutschen Modell gleich eine Einteilung in zwei Kategorien erfolgte.[83]

Mit dem CP von 1995 kehrte der Gesetzgeber zur vorherigen Trichotomie zurück. Danach wurde gemäß Art. 13 CP/1995 unterschieden zwischen schweren Straftaten, weniger schweren Straftaten und Übertretungen. Die Einteilung erfolgte dabei wie in § 12 StGB nach der Höhe der Strafandrohung. Schwere Straftaten waren danach solche, die mit schwerer Strafe bedroht waren (Art. 13 Abs. 1 CP/1995), weniger schwere Straftaten solche, die mit entsprechend

---

79 So zBsp. beim unbefugten Gebrauch von Fahrzeugen, bei dem aufgrund der Natur des Delikts der nur möglicherweise entstandene Vermögensschaden nicht als Indiz für die Schwere der Tat taugt.

80 So bestand auch im älteren deutschen Recht eine Einteilung der Straftaten in causae maiores (Malefiz mit peinlichen Strafen an Hals und Hand) und causue minores (Frevel mit bürgerlichen Strafen an Haut und Haar). Später erfolgte nach der älteren italienischen Doktrin eine Dreiteilung der Delikte in delicta atrocissima (verschärfte Todesstrafe), atrocia und levia, welche dann in den Codex iuris bavarici von 1751 und in die Theresiana von 1768 überging, vgl. *Hilgendorf*, in: LK, § 12, Entstehungsgeschichte.

81 Vgl. zur Abschaffung der Trichotomie in Deutschland *Stöckl*, in: GA, S. 236 f.

82 In Deutschland herrschte bis 1975 eine Dreiteilung (Trichotomie), welche ihre Wurzel im französischen Naturrecht des 18. Jahrhunderts hatte. Diese Dreiteilung kam dann über das bayerische StGB von 1813 und über das preußische StGB in das RStGB von 1971, vgl. *Hilgendorf* a.a.O.

83 Vgl. *Landecho Velasco*, S. 189 f..

weniger schwerer Strafe (Art. 13 Abs. 2 CP/1995) und Übertretungen solche Handlungen, die mit leichter Strafe bedroht waren (Art. 13 Abs. 3 CP/1995).

Mit der Reform des CP im Jahr 2015 nahm der spanische Gesetzgeber von dieser Einteilung erneut Abstand. Gemäß Art. 13 CP unterteilen sich die Tatbestände nunmehr in schwere, weniger schwere und leichte Delikte. Das Institut der Übertretungen entfällt somit.[84]

Dies hat zur Folge, dass die Regelungen, welche zuvor Übertretungen im Bereich des Vermögensschutzes enthielten, gänzlich entfielen. Dieses gilt für den Diebstahl, sowie das *„furtum possesionis"*, den unbefugten Gebrauch von Fahrzeugen, die betrügerischen Machenschaften (alle Art. 623 CP/1995), die Verrückung von Grenzzeichen (Art. 624 CP/1995) und die Sachbeschädigung (Art. 625 CP/1995).[85]

Der Gesetzgeber hat die entsprechenden Fälle nunmehr als leichte Fälle jeweils[86] in den dazugehörigen Grundtatbestand integriert. Somit wurde zwar im Ergebnis das Institut der Übertretungen, nicht aber der Wert von 400,00 EURO als Grenzziehung verschiedener Rechtsfolgen aufgegeben.

Die Abschaffung des Systems der Übertretungen stieß in der spanischen Rechtslehre auf breite Kritik. Insbesondere wird dem Gesetzgeber entgegengehalten, er habe eine bloße Umwandlung von Tatbeständen von der Übertretung hin zum leichten Fall vorgenommen, welches zu einer deutlich höheren Strafandrohung führe, ohne aber im Einzelfall die Angemessenheit der Strafe geprüft zu haben.[87] Die Kritik ist nach Auffassung des Verfassers nicht unbegründet, kam es doch zu deutlichen Veränderungen im Strafmaß, welche allein der veränderten Systematik und nicht einem höheren Unrechtsgehalt geschuldet scheinen. Insoweit sei auf die nachfolgende Untersuchung der einzelnen Tatbestände verwiesen.

---

84 "*Art.13 CP*
1. Son delitos graves las infracciones que la Ley castiga con pena grave. 2. Son delitos menos graves las infracciones que la Ley castiga con pena menos grave. 3. Son delitos leves las infracciones que la ley castiga con pena leve.".

85 Nicht auch in Form einer Übertretung geregelt waren lediglich Delikte, welche bereits unabhängig von der Höhe des Schadens aufgrund der sonstigen bestehenden Schwere des Deliktes als Straftat einzustufen waren, wie Raub oder Erpressung.

86 Soweit dieses nicht erfolgt ist, wird dieses bei der Untersuchung der einzelnen Tatbestände dargelegt werden.

87 Vgl. *Boldova Pasamar*, La desaparición de las faltas, S. 12:20.

C. Die einzelnen Eigentumsdelikte

I. Der Deliktsaufbau in der spanischen Rechtsordnung

Das spanische Strafrecht fußt auf einem in ganz Kontinentaleuropa geltenden Verständnis hinsichtlich der Voraussetzungen der Strafbarkeit. Danach wird das Delikt gebildet aus einer typisierten Handlung, Rechtswidrigkeit und Schuld.[88] Dabei besteht hinsichtlich der dogmatischen Ausgestaltung dieser Elemente wiederum eine besondere Nähe zum deutschen Strafrecht. Dieses resultiert daraus, dass die heutige Form des allgemeinen Deliktaufbaus in Spanien zu einem Großteil der deutschen Strafrechtsdogmatik entspringt.[89] Dabei ist insbesondere der Einfluss der finalen Handlungslehre auf das spanische Schrifttum unübersehbar.[90] Aus diesem Grund ergeben sich hinsichtlich des allgemeinen Aufbaus der Tatbestände keine Unterschiede zum StGB, so dass dieser Aspekt keiner weiteren Betrachtung bedarf.

II. Vom Diebstahl, I. Kapitel des XIII. Titels des CP (Art. 234–236 CP)

1. Die Struktur des I. Kapitels des XIII. Titels

Aus systematischen Gründen beginnt der XIII. Titel des zweiten Buches des CP ähnlich dem neunzehnten Abschnitt des StGB mit den Zueignungsdelikten und innerhalb derer mit dem Diebstahl, welcher auch im spanischen Recht den Grundtatbestand der Zueignungsdelikte bildet.[91]

Inhaltlich bestehen jedoch in der Systematik der Zueignungsdelikte der Art. 234 bis 236 CP wesentliche Unterschiede gegenüber der deutschen Regelung. Lautet die Überschrift des neunzehnten Abschnitts des StGB *„Diebstahl und Unterschlagung“*, so spricht der CP allein *„Vom Diebstahl“*.

Der Überschrift folgend enthält das Kapitel auch keinen dem Tatbestand des § 246 StGB entsprechenden Artikel. Vielmehr wird dort die Unterschlagung als mit dem Betrug verwandt angesehen und folglich innerhalb der Betrugsdelikte

---

88 Vgl. *Mir Puig*, P.G., S. 145 f..

89 Vgl. zum Einfluß der deutschen Strafrechtsdogmatik in Spanien *Landecho Velasco*, S. 177.

90 So wird diese heute von der überwiegenden Mehrheit anerkannt, vgl. m.w.N *Landecho Velasco*, S. 186.

91 Vgl. *Gonzáles Rus*, in: *Cobo del Rosal*, S. 433, *Quintero Olivares*, S. 1089.

verortet. Gleiches gilt für die Entziehung elektrischer Energie und den unbefugten Gebrauch von Fahrzeugen.[92]

Auch eine dem Haus- und Familiendiebstahl entsprechende Regelung findet sich hier nicht. Dieses führt dazu, dass im Gegensatz zur Vielzahl der Regelungen des neunzehnten Abschnitts des StGB, das Kapitel über den Diebstahl in Spanien lediglich drei Artikel umfasst.

Im Einzelnen gliedert sich das erste Kapitel wie folgt:

Art. 234 CP enthält zunächst den Grundtatbestand des Diebstahls. Die Regelung hat durch die Reform des Jahres 2015 einige wesentliche Änderungen erfahren, wobei jedoch das tatbestandliche Grundkonzept der Norm erhalten blieb. Eine der Neuerungen ist zunächst die Änderung des Art. 234 Abs. 2 CP. Hier wurde der vollzogenen Abwendung vom System der Übertretungen Rechnung getragen[93], indem ein leichter Fall des Diebstahls für Fälle eingefügt wurde, in denen das Tatobjekt einen Wert von 400,00 EURO nicht erreicht. Der vormals an dieser Stelle befindliche Tatbestand, welcher eine Strafandrohung für eine wiederholte Begehung von Übertretungen vorsah, wurde aus dem Artikel gestrichen und findet seinen neuen Platz in abgewandelter Form in Art. 235 Abs. 1 Nr. 7 CP.[94] Eine weitere Folge der Reform ist die Strafzumessung des Art. 234 Abs. 3 CP. Hier hat der Gesetzgeber eine besondere Regelung für den Fall geschaffen, dass der Täter zur Tatbegehung an der Sache befindliche Sicherungsmittel überwindet.

Im Anschluss an die Regelung des Art. 234 CP finden sich in Art. 235 CP insgesamt neun Qualifikationstatbestände. Auch hier hat es im Gegensatz zur vorherigen Regelung deutliche Veränderungen gegeben. So wurde nicht nur der Wortlaut bereits vorhandener Qualifikationstatbestände in Teilen neu gefasst, sondern es wurden auch vier gänzlich neue Tatbestände eingefügt.[95]

Zuletzt findet sich eine Regelung, welche dem deutschen Strafrecht gänzlich fremd ist. Das sogenannte: „*furtum possessionis*“, also der Entzug des berechtigten Besitzes an einer Sache durch den Eigentümer oder durch einen Dritten mit Zustimmung des Eigentümers (Art. 236 CP).

---

92 Siehe hierzu unter C. IV sowie. C. VI.4.

93 Vgl. oben unter B. V.

94 Dabei wurde zunächst eine viermalige Begehung (Código Penal. Ley Orgánica 10/1995, de 23 de noviembre, del Código Penal. Modificación publicada 26. septiembre 2003), nachfolgend eine dreimalige Begehung gefordert (Código Penal. Ley Orgánica 10/1995, de 23 de noviembre, del Código Penal. Modificación publicada 22. septiembre 2006).

95 So waren die Nr. 3, 4, 7 und 9 zuvor nicht in Art. 235 CP enthalten.

2. Der Diebstahl, Art. 234 CP

Artikel 234.[96]

1. *Wer mit Bereicherungsabsicht fremde bewegliche Sachen ohne den Willen ihres Eigentümers wegnimmt, wird als Täter eines Diebstahls mit Gefängnis von sechs bis zu achtzehn Monaten bestraft, wenn der Wert des Entwendeten 400 EURO übersteigen sollte.*
2. *Eine Geldstrafe von einem bis drei Monaten soll verhängt werden, wenn der Wert des Entwendeten 400 EURO nicht übersteigen sollte, ausgenommen bei Vorliegen eines der Umstände des Artikels 235.*
3. *Die in den vorhergehenden Absätzen vorgesehene Strafe wird aus der oberen Hälfte verhängt, wenn der Täter bei Begehung der Straftat, an der entwendeten Sache befindliche Alarm- oder Sicherheitsvorrichtungen, in irgendeiner Weise, neutralisiert, zerstört oder unbrauchbar macht.*

a) Das geschützte Rechtsgut

Auch der Diebstahl des Art. 234 CP ist zunächst Vermögensdelikt im engeren Sinne. Obgleich dessen ist anerkannt, dass sich gerade im Vergleich mit anderen Delikten dieses Abschnittes ein alleiniger Verweis auf das Vermögen als geschütztem Rechtsgut als unpräzise und nicht ausreichend erweist.[97] In Präzisierung des gewährten Vermögensschutzes sieht daher die wohl herrschende Meinung als auch die Rechtsprechung das Eigentum am Tatobjekt als im speziellen geschütztes Rechtsgut an.[98] Der Schutz wird hier gleichfalls nicht als Schutz des dinglichen Rechts, sondern als Schutz der formalen Rechtsposition in einem faktischen Sinne verstanden. Hiernach verliere das Diebstahlopfer durch die Tat zwar nicht das Eigentum selbst[99], jedoch werde ihm die Möglichkeit genommen, die aus dem Eigentum resultierenden Rechte wie Besitz oder Gebrauch der Sache wahrzunehmen oder gar Früchte aus der Sache zu ziehen.[100] Geschützt

96 Die deutsche Fassung der spanischen Tatbestände wurde im Wesentlichen der zweisprachigen Fassung des Código Penal vom November 1995 nach dem Stand vom 31. Dezember 2001 von Markus Hoffmann und Manuel Cancio Meliá, Freiburg, 2002, entnommen. Soweit Änderungen der ursprünglichen Artikel durch den Gesetzgeber erfolgten, stammen die Übersetzungen dieser Teile vom Verfasser.

97 Vgl. *Goyena Huerta,* in: *Muñoz Cuesta,* S. 20 f..

98 Vgl. *Borja Jiménez,* in: *Vives Antón,* 2015, S. 339 f.; *Bajo Fernández,* S. 46; *Zugaldía Espinar,* Patrimonio, S. 41 ff.; STS 31.05.1984 (RJ 1984, 2709).

99 Das zivilrechtliche Eigentum bleibt wie im deutschen Recht unberührt, vgl. § 935 I BGB.

100 Vgl. *Goyena Huerta,* in: *Muñoz Cuesta,* S. 21.

werde demnach das Eigentum insoweit, als der Eigentümer nicht nach Belieben mit der Sache verfahren kann und folglich in seiner Verfügungsmöglichkeit eingeschränkt sei.[101]

Nach überwiegender deutscher Ansicht ist neben dem Eigentum auch der Gewahrsam selbständiges Schutzgut des Diebstahls. Folge ist, dass neben dem Eigentümer kumulativ auch der Gewahrsamsinhaber als Verletzter i.S.d. §§ 77, 247 StGB in Betracht kommt.[102] Eine solche Ausweitung des geschützten Rechtsgutes ist in Spanien umstritten, wird aber von der wohl herrschenden spanischen Rechtslehre aus mehreren Gründen abgelehnt.[103]

Zunächst sei zu beachten, dass bereits in Art. 514 Código Penal von 1973 (CP/1973)[104] bestimmt wurde, dass die Höhe der Strafe vom Wert der Sache abhängen solle. Dieser Wert sei jedoch nicht in jedem Falle deckungsgleich mit dem Wert des Gewahrsams, woraus zu folgern sei, dass allein auf das Eigentum an der Sache abzustellen sei. Im Übrigen stünde allein der Eigentümer in Bezug zum wirklichen Wert einer Sache.

Daneben gelte, dass auch in Art. 234 CP des CP/1995 der Wert der Sache zur Grenzziehung zwischen Übertretung gemäß Art. 623 Nr.1 CP und Verbrechen nach Art. 234 CP genutzt wurde. Es sei also seitens des Gesetzgebers wiederum lediglich das Eigentum, nicht aber der Gewahrsam als Schutzgut angesehen worden.[105]

Ferner sei in Art. 234 CP, als passives Subjekt allein der Eigentümer genannt, der durch sein Einverständnis die Rechtswidrigkeit der Wegnahme ausschließen kann. Für den Gewahrsamsinhaber gelte dieses nicht.[106] Darüber hinaus wäre bei einer Ausweitung des geschützten Rechtsguts auf den Besitz auch der Eigentümer selbst denkbarer Täter. Hiergegen spreche aber, dass Art. 236 CP, der den Besitzer vor einem Entzug der Sache durch den Eigentümer schützt, überflüssig wäre.[107]

---

101 Vgl. *Robledo Villar*, S. 22.

102 Vgl. RGSt 54, 282; BGHSt 10, 400; *Kühl*, in: *Lackner/Kühl*, § 242, Rdnr. 1; a.A.: *Eser/Bosch, in: Schönke/Schröder*, § 242, Rdnr. 1/2 m.w. N..

103 Vgl. statt aller *Rodríguez Devesa*, Hurto in NEJ, XI, 1963, S. 188.

104 Codigo Penal. Decreto 3096/1973, de 14 de septiembre, por el que se publica el Código Penal, Texto Refundido conforme a la Ley 44/1971, de 15 de noviembre. «BOE» de 12. diciembre 1973.

105 Vgl. *Robledo Villar* a.a.O.; *Goyena Huerta*, in: *Muñoz Cuesta*, S. 22.

106 Vgl. *De la Mata Barranco*, S. 90.

107 Vgl. *Quintano Ripollés*, Tratado de la Parte Especial, S. 157; *Borja Jiménez*, in: *Vives Antón*, 2015, S. 340.

Wenn auch in der Gesamtschau die vor allem vom Wortlaut beherrschten dogmatischen Argumente zunächst als schlüssig erscheinen, wächst doch in Spanien die Anzahl der Stimmen in der Literatur, die auch im Gewahrsam[108] ein vom Art. 234 CP geschütztes Rechtsgut erblicken.[109] Der berechtigte Besitzer habe nämlich gegenüber Dritten eine Rechtsstellung, die dem Eigentum gleichwertig sei und sei folglich ebenfalls als vom Art. 234 CP umfasst anzusehen.[110]

Es bleibt abzuwarten, inwieweit er Literatur und Rechtsprechung diesem Ansatz in Zukunft zu folgen bereit sind. Für den Augenblick gilt jedoch, dass der überwiegende Teil der spanischen Rechtslehre als auch die Rechtsprechung weiterhin das Eigentum als alleinig geschütztes Rechtsgut ansehen und ein grundsätzlicher Wandel nicht in Sicht ist.[111]

b) Das Objekt des Diebstahls

(1) Sache

Im spanischen wie im deutschen Recht muss es sich beim Objekt des Diebstahls um eine Sache handeln. Als Sachen im Sinne des § 242 StGB werden hierbei alle körperlichen Gegenstände angesehen. Zur Körperlichkeit gehört, dass der Gegenstand eine Begrenzung aufweist, ein selbständiges, individuelles Dasein führt und so aus seiner Umwelt hervortritt.[112] In welchem Aggregatzustand sich die Sache befindet, ist jedoch gleichgültig, so dass unter den Sachbegriff auch Flüssigkeiten, Gase und Dämpfe fallen, soweit sie ein gesondertes, abgrenzbares Bestehen aufweisen.[113]

Dieser strafrechtliche Sachbegriff ist insoweit inhaltsgleich mit dem spanischen, der eine Sache zunächst als einen körperlichen Gegenstand ansieht, dessen man sich bemächtigen kann.[114] Somit werden gleichfalls Gase und Flüssigkeiten erfasst, solange sie „ergreifbar" sind, wie z.Bsp. in Flaschen, und somit

---

108 Der im spanischen verwendete Begriff der „*posesión*" ist nicht inhaltsgleich mit dem Begriff des Gewahrsams, sondern er bezieht sich vielmehr auf den aus dem CC stammenden zivilrechtlichen Begriff des Besitzes, Art. 430 CC, vgl. im einzelnen *Hernandez Gil*, S. 20 ff..

109 Vgl. so bereits *Cuello Calón*, S. 839; *Muñoz Conde*, 2015, S. 329, S. 356 f.; *Huerta Tocildo*, S. 479.

110 Vgl. *Muñoz Conde*, 2015, S. 329; ähnlich *Rodríguez Ramos* in CPC 1977, S. 277.

111 Vgl. *Borja Jiménez*, in: *Vives Antón*, 2015, S. 339 f.; *Gonzáles Rus*, in: *Cobo del Rosal*, S. 434; *Queralt Jiménez*, 2002, S. 316.

112 Vgl. *Eser/Bosch*, in: Schönke/Schröder, § 242, Rdnr. 9.

113 Vgl. RGSt 11, 117;14, 121; 44, 335.

114 Vgl. *Queralt Jiménez*, 2002, S. 259; *Conde-Pumpido Fereirro*, S. 703.

eine Wegnahme ermöglichen.[115] Auch Tiere werden ebenso unproblematisch vom dortigen Sachbegriff erfasst.[116] Elektrische Energie jedoch fällt aus diesem Grunde, wie in Deutschland[117], nicht unter den Begriff der Sache, ihre Entziehung unterliegt gemäß Art. 255 CP jedoch ebenfalls einer besonderen Strafandrohung.[118]

(2) Bewegliche Sache

Beim Tatobjekt des Art. 234 CP muss es sich wie in § 242 StGB um eine bewegliche Sache handeln. Ebenso wie das deutsche Strafrecht bedient sich der CP hierbei nicht der zivilrechtlichen Definition einer beweglichen Sache, geregelt in den Art. 334, 335 CC.[119] Vielmehr ist entscheidend, dass die Sache tatsächlich von ihrem bisherigen Ort wegtransportiert werden kann.[120]

Der strafrechtliche Begriff der beweglichen Sache ist damit weiter als die Aufzählungen der Art. 334 und 335 CC und erfasst auch solche Gegenstände, die der CC explizit als nicht bewegliche Sachen ausweist.[121]

Der spanische Begriff einer beweglichen Sache ist demnach identisch mit dem in § 242 StGB verwendeten, der gleichfalls unabhängig vom bürgerlichrechtlichen Begriff alle die Gegenstände erfasst, die tatsächlich fortgeschafft werden können.[122] Demnach können auch Gegenstände gestohlen werden, die zivilrechtlich als Bestandteile einer unbeweglichen Sache gelten, wenn sie abgetrennt und weggebracht werden können.[123] In beiden Ländern wird also der

---

115 Vgl. *Gonzáles Rus*, in: *Cobo del Rosal*, S. 436.

116 Vgl. *Mestre Delgado*, in: *Lamarca Pérez*, 2013, S. 308. Zum Stand der Diskussion in Deutschland durch die Einführung des § 90 a BGB *Kühl* in *Lackner/Kühl*, § 242, Rdnr. 2. m.w.N..

117 So bereits RGSt 29, 111; 32, 165.

118 Vgl. unten unter C. VI.4.

119 Vgl. STS 04.07. 1986 (RJ 1986, 3887); genauso zur beweglichen Sache beim Raub vgl. STS 09.04. 1990 (RJ 1990, 3221); *Conde Pumpido Ferreirro*, Temas, S. 190.

120 Vgl. *Suarez Gonzáles*, in: Comentarios al Código Penal, S. 678; *Quintero Olivares*, S. 1090; *Goyena Huerta*, in: *Muñoz Cuesta*, S. 2.

121 So beispielsweise die „*Cosas inmuebles por destino o incorporación*/Immobilien aufgrund von Bestimmung oder Eingliederung“: *estatuas*/Standbilder, máquinas/Maschinen, *instrumentos y utensilios utilizados en una explotación*/Werkzeuge und Hilfsmittel eines Betriebes, *colmenas*/Bienenstöcke etc., § 334 CC.

122 Vgl. *Kühl*, in: *Lackner/Kühl*, § 242, Rdnr. 3; *Eser/Bosch, in: Schönke/Schröder*, § 242, Rdnr.11.

123 Vgl. *Kindhäuser* BT II, § 2, Rdnr. 12.

Sachbegriff geprägt durch eine natürliche Betrachtungsweise, die maßgeblich zur Praktikabilität der entsprechenden Normen beiträgt.

(3) Fremdheit der Sache

Auch im spanischen Recht muss gemäß Art. 234 CP das Diebstahlobjekt eine für den Täter fremde Sache sein. Eine Sache ist dort fremd, wenn sie der Eigentumsnahme fähig ist und nicht im Eigentum des Täters steht.[124] In wessen Eigentum eine Sache steht, bestimmt sich in beiden Rechtsordnungen im Ergebnis nach dem Zivilrecht, obgleich in Spanien die oben dargestellte rechtsdogmatische Besonderheit des Primats des Strafrechts bei der Auslegung des Eigentums gilt.[125]

Nicht der Eigentumsnahme fähig sind solche Gegenstände, die als herrenlos (*res nullius*) oder als nicht verkehrsfähig anzusehen sind (*res comunes omnium*), da sie nach zivilrechtlichen Grundsätzen in niemandes Eigentum stehen können.[126] Hierzu zählen z.Bsp. wilde Tiere oder atmosphärische Luft, Wasser im Meer.[127] Ferner gehören hierher Gegenstände, an denen das Eigentum aufgegeben wurde (*res derelictae*).[128] Hingegen sind gestohlene Sachen wie in Deutschland als fremde Sachen anzusehen.[129] Gleiches gilt für solche, die Art. 1271 CC als nicht handelbar und damit eigentumsunfähig definiert (*res extra commercium*) wie z.Bsp. Betäubungsmittel.[130] Dieses entspricht der herrschenden

---

124 Vgl. STS 25.04.1988 (RJ 1988, 2869); *Muñoz Conde*, 2015, S. 329; *Robledo Villar*, S. 25 mwN.

125 Vgl. BGHSt 6, 377, 378; *Küper* BT, Rdnr. 446, der von strenger Zivilrechtsakzessorietät spricht; *Mitsch*, BT 2, Rdnr. 21; *Kühl*, in: *Lackner/Kühl* § 242, Rdnr. 4; *Eser/Bosch*, in: *Schönke/Schröder*, § 242, Rdnr. 12; obgleich in der deutschen Literatur verschiedene Versuche unternommen wurden, die Fremdheit einer Sache allein strafrechtlich zu beurteilen (Vgl. *Baumann*, Vermögensschutz, S. 4 oder *Lampe*, Eigentumsschutz, S. 63 ff), wird solches von der Mehrheit überzeugend abgelehnt (So *Bockelmann*, BT 1; S. 11; *Cramer* Vermögensbegriff, S. 88; *Otto* Vermögensschutz, S. 143; *Wessels*/ Hillenkamp, Rdnr. 80). Für Spanien statt aller *Muñoz Conde*, 2015, S. 329 f.; STS 25.04.1988 (RJ 1988, 2869).

126 Vgl. STS 25.04.1988 a.a.O.; *Suarez Gonzáles*, in: Comentarios al Código Penal, S. 678; *García Arán*, S. 105; *Eser/Bosch*, in: *Schönke/Schröder*, § 242, Rdnr. 15 ff; *Wessels*/ Hillenkamp, Rdnr. 79.

127 Vgl. *Vogel*, in: LK, § 242, Rdnr. 5; *Goyena Huerta*, in: *Muñoz Cuesta*, S. 4.

128 Vgl. *Kindhäuser*, BT II, § 2, Rdnr. 18; STS 31.05. 1984 (RJ 1984, 2709).

129 Vgl. STS 25.02. 1991 (RJ 1991, 1432).

130 Vgl. 11.11.1993 (RJ 1993, 8663); vgl. für Deutschland *Maurach/Schröder/Maiwald*, § 32 III, Rdnr. 22.

Meinung[131] sowie der Rechtsprechung[132] in Deutschland. Auch hier spielt es für die Fremdheit der Sache keine Rolle, ob diese bemakelt ist.[133]

Unterschiedlich wird allerdings die Bestimmung der Fremdheit im Falle, dass mehrere Personen Eigentümer einer Sache sind, beurteilt. Unzweifelhaft handelt es sich bei mehreren Eigentümern um Diebstahl, wenn ein Dritter Täter ist. Problematischer gestaltet es sich, wenn der Täter selbst gleichfalls Eigentümer der Sache ist. Während in Deutschland Literatur und Rechtsprechung darin übereinstimmen, dass eine Sache für den Täter auch dann fremd ist, wenn er nur Miteigentümer oder Gesamthandeigentümer ist[134], sind die Ansichten in Spanien hierzu uneinheitlich.[135]

In der frühen Rechtsprechung wurde bei gemeinschaftlichem Eigentum jeder Form ein Diebstahl aufgrund des Fehlens der Fremdheit der Sache verneint.[136] In der Literatur dagegen wurde bereits anfangs danach unterschieden, ob es sich um eine Gesamthandsgemeinschaft oder eine Bruchteilsgemeinschaft handelt.[137] Dieser Ansatz hat sich im Laufe der Zeit weiterentwickelt. Heute unterscheidet die wohl als herrschende Meinung anzusehende Auffassung abhängig von den zivilrechtlichen Möglichkeiten des gemeinschaftlichen Eigentums.[138]

Dieses geschieht dergestalt, dass aufgrund des gemeinschaftlichen Eigentums bei der Gesamthandsgemeinschaft die Fremdheit der Sache verneint wird; eine Sache kann insofern nicht fremd sein, wenn der Täter zivilrechtlich Eigentümer der ganzen Sache ist, auch wenn es noch andere Eigentümer neben ihm gibt.[139] Bei der Bruchteilsgemeinschaft hingegen soll eine Sache auch für einen Miteigentümer fremd sein, wenn dieser über den ihm zivilrechtlich zustehenden Teil hinaus etwas an sich nimmt.[140] Die Fremdheit der Sache ergibt sich also aus

---

131 Vgl. hier zum Schutz „*deliktischen*" Besitzes *Hillenkamp* in FS-*Achenbach*, S, 189 ff.

132 Vgl. BGH in NJW 1982, S. 708 sowie 2006, S. 72; BGH StZ-RR 2009,S. 22, 23.

133 Vgl. statt aller mit weiteren Beispielen *Marcelli* in NStZ 1992, S. 20.

134 Vgl. BGH NJW 1992, S. 250; *Vogel*, in: LK, § 242, Rdnr. 18 f.; *Eser/Bosch*, in: *Schönke/Schröder*, § 242, Rdnr. 13; zu beachten ist, dass sich dieses bei der Bruchteilsgemeinschaft insoweit anders gestaltet, wenn der Täter innerhalb einer Bruchteilsgemeinschaft nur seinen Anteil entnimmt und hierzu befugt ist; RG JW 1932, S. 508; RMG 12 182.

135 Vgl. *Córdoba Roda/García Arán*, S. 633.

136 Vgl. Übersicht bei *Muñoz Conde*, S. 357.

137 Vgl. *Rodríguez Devesa*, S. 418; *Gonzáles Rus*, in: *Cobo del Rosal*, S. 438.

138 Vgl. statt aller *García Arán*, S.115 f..

139 Vgl. *Bajo Fernández*, S. 355.

140 Vgl. *Gonzáles Rus*, in: *Cobo del Rosal* S. 438.

der Überschreitung der zivilistischen Begrenzung des Eigentums auf eine festgelegte Quote.[141]

(4) Wert der Sache, Art. 234 Abs. 1 und 2 CP

Ausgehend von der dargelegten Ausformung der Delikte des XIII. Titels als Vermögensdelikte hat der Gesetzgeber einen bezifferbaren Wert der entzogenen Sache als konstitutives Tatbestandsmerkmal vorgesehen.

Hierbei wird seit der Neuregelung des Art. 234 CP im Rahmen der Strafrechtsreform von 2015 zwischen zwei Fällen unterschieden. Hat das Tatobjekt einen Wert von mindestens 400,00 EURO ist der Grundtatbestand des Diebstahls gemäß Art. 234 Abs. 1 CP erfüllt. Liegt der Wert darunter, handelt es sich um einen leichten Fall im Sinne des Art. 234 Abs. 2 CP. Bis zur Umgestaltung der Norm wurden diese Fälle von Art. 623 Abs. 1 CP/1995, welcher jedoch keinen Straftatbestand, sondern eine bloße Übertretung darstellte, erfasst.

Die starre Grenze von 400,00 EURO ist in der Literatur nicht ohne Kritik geblieben, so wird eingewandt, dass diese oftmals zu rein zufälligen Ergebnissen führe, da der Täter *a priori* den Wert der Sache oftmals nicht erkennen könne. Darüber hinaus führe die unterschiedliche Behandlung von Fällen in denen der Wert der Sache 390,00 EURO oder 450,00 EURO betrage, zu einer nicht plausiblen Bewertung des Unrechtsgehalts der Taten.[142]

Dem entgegengesetzt wird aber gerade die starre Grenze von 400,00 EURO in Teilen als Garant für Rechtssicherheit angesehen. Die Summe von 400,00 EURO, welche dem Betrag entspricht, der zuvor für die Unterscheidung von Straftaten und Übertretungen genutzt wurde, war Gegenstand mehrerer Modifikationen im Rahmen des Gesetzgebungsprozesses. Der ursprüngliche Entwurf sah hier eine Grenze von 500,00 EURO vor, welche im Gesetzgebungsverfahren erst in der *Cámara alta* wieder auf die jetzige Höhe von 400,00 EURO reduziert wurde.[143]

Nach Auffassung des Verfassers ist die erneut gewählte starre Grenze in der Tat als problematisch anzusehen, kann es doch hier, wie von den Kritikern aufgezeigt, zu nicht nachvollziehbaren Unterschieden bei der Strafzumessung bei fast identischen Tatobjekten kommen. Insoweit könnte dem Wert der Sache besser

---

141 Vgl. *Bajo Fernández* a.a.O.; nach anderer Ansicht soll eine Sache auch dann als fremd anzusehen sein, wenn der Täter lediglich auf den ihm zustehenden Teil zugreift und die Bruchteilsgemeinschaft hierdurch einen Vermögensschaden erleidet, so: *Muñoz Conde*, S. 358. Diese Meinung ist jedoch auf heftige Kritik insoweit gestoßen, als ein Vermögensschaden in Art. 234 CP nicht gefordert wird; siehe *González Rus* a.a.O..

142 Vgl. *Muñoz Conde*, 2015, S. 334.

143 Vgl. *Gonzáles Cussac*, 2015, S. 697.

durch eine fließende Wertung Rechnung getragen werden, auch wenn sich bei einem solchen Vorgehen naturgemäß oftmals wie in Deutschland bei der Feststellung, wann eine Sache geringwertig ist, feste Summen herausbilden.

c) Die Tathandlung

Die Tathandlung des einfachen Diebstahls besteht zum ersten in der Wegnahme der Sache, zum zweiten muss dieses auch, wie Art. 234 CP explizit fordert, gegen den Willen des Eigentümers geschehen.

(1) Wegnahme der Sache

Die Tathandlung des Art. 234 Abs. 1 CP wird definiert durch das spanische Verb „*tomar*". Dieses bedeutet im grammatikalischen Sinn das Ergreifen einer Sache mit der Hand und eine daraus resultierende Ortsveränderung des Objektes. Es beinhaltet demnach sowohl Handlung als auch Resultat.[144] Die rechtliche Definition hingegen ist weiter. Hier beinhaltet „*tomar*" die Überführung eines Gegenstandes vom Machtbereich des Opfers in denjenigen des Täters, ohne dass dieser die Sache selbst ergreifen muss. Wesentlich ist demnach nicht, dass der Täter selbst mit dem Diebstahlobjekt in Berührung kommt, sondern vielmehr die Veranlassung des Entzuges einer Sache aus dem Machtbereich des Geschädigten.[145]

Der faktische Entzug der Sache kann somit durch den Täter selbst, als auch durch eine nicht strafmündige Hilfsperson, ein absichtslos doloses Werkzeug, ein Tier oder auch durch sonstige mechanische oder chemische Hilfsmittel geschehen.[146]

In einem negativen Sinn beinhaltet „*tomar*" gleichzeitig, dass die Wegnahme ohne jedwede Gewaltanwendung erfolgt. Das Merkmal der Gewaltlosigkeit dient der Unterscheidung des Diebstahles vom Raub und wurde in den Vorläufern des Art. 234 CP in seiner heutigen Form noch explizit gefordert.[147] Gleichzeitig enthält das Wort „*tomar*" eine für die herrschende Meinung wesentliche Unterscheidungsmöglichkeit zwischen Diebstahl und der Unterschlagung des Art. 252 CP, da bei letzterer eine Wegnahmehandlung in Form des Gewahrsamsbruchs nicht begangen wird.

---

144 Vgl. *Quintero Olivares*, S. 1090.

145 Vgl. *Carmona Salgado*, S. 28; *Del Rosal Blasco*, S. 181; *Corcoy Bidasolo*, S. 483; dazu beim Raub vgl. STS 21.4.1988 (RJ 1988, 2834).

146 Vgl. *Gonzáles Rus*, in: *Cobo del Rosal*, S. 434.

147 Vgl. *Muñoz Conde*, S. 378.

(2) Gegen den Willen des Eigentümers

Die Wegnahme der Sache muss nach dem Wortlaut des Art. 234 CP ohne das Einverständnis des Eigentümers/Besitzers[148] geschehen. Liegt ein Einverständnis vor, so schließt dieses die Tatbestandsmäßigkeit der Handlung aus. Es handelt sich damit nicht um einen Rechtfertigungsgrund, sondern es besteht bereits keine Handlung im Sinn der Norm. Das Einverständnis muss vor der Wegnahme erklärt worden sein. Die nachträgliche Genehmigung der Handlung durch den Eigentümer bleibt hingegen für die Tatbestandsmäßigkeit ohne Folgen.[149]

Bei einem Widerspruch zwischen dem Willen des Besitzers und dem des Eigentümers bzgl. der Einwilligung ist allein auf den Willen des Eigentümers abzustellen, da dieser insoweit die stärkere Rechtsstellung innehat. Lediglich wenn das Gesetz dem Besitzer ein besonderes dem Willen des Eigentümers gegenüber eigenständiges Recht gibt, muss ausnahmsweise auf den Willen des Besitzers abgestellt werden.[150]

d) Subjektiver Tatbestand

Auf subjektiver Seite muss der Täter neben dem Vorsatz gerichtet auf die aufgeführten objektiven Tatbestandsmerkmale auch mit Bereicherungsabsicht handeln.[151] Es handelt es sich um ein zwingendes subjektives Tatbestandsmerkmal, bei dessen Fehlen eine Strafbarkeit nicht gegeben ist.[152]

Nach der Rechtsprechung liegt Bereicherungswille vor, wenn der Wille des Täters darauf gerichtet ist, durch die fremde Sache sein Vermögen zu mehren und dieses ohne rechtlichen Anspruch geschehen soll.[153] Die Absicht, das eigene Vermögen gerade durch die fremde Sache zu vermehren, schafft hierbei eine Kausalität, die gleichfalls ein eigenes subjektives Element bildet.[154]

Mit der Absicht, einen Vermögensvorteil zu erlangen, ist jedoch nicht jeder Vorteil gemeint, der dem Vermögen des Täters durch die Tathandlung entstehen kann, sondern vielmehr allein derjenige, der sich unmittelbar aus der

---

148 Der CP benutzt das Wort „*dueño*", welches weder Eigentümer noch Besitzer bedeutet. Vielmehr bedeutet „*dueño*" im rechtlichen Sinn Herrscher, was Eigentümer und Besitzer gleichermaßen erfasst.

149 Vgl. *Serrano Gómez*, S. 350.

150 Ein solches Recht gibt z.Bsp. der CC in seinem Art. 236; vgl. García *Arán*, S. 119; *Quintero Olivares*, S. 1091.

151 Vgl. *Mestre Delgado*, in: *Lamarca Pérez*, 2015, S. 328.

152 Vgl. STS 21.04.1989 (RJ 1989, 3494).

153 Vgl. STS 16.03.1990 (RJ 1990, 2538).

154 Vgl. *Robledo Villar*, S. 28.

Überführung der Sache in den eigenen Herrschaftsbereich ergibt. Als klassisches Beispiel wird häufig der Diebstahl einer Kuh angeführt. Die Absicht, einen Vermögensvorteil zu erlangen, erfasst allein die Absicht, einen Vermögensvorteil unmittelbar dadurch zu erlangen, dass der Täter sich der Kuh bemächtigt. Die Absicht, die Milch derselben zu veräußern ist dagegen nicht erfasst.[155]

Zu beachten ist jedoch, dass ein tatsächlicher objektiver Vermögensvorteil nicht vorliegen muss, sondern allein ein hierauf gerichteter Wille des Täters.[156]

Die Absicht, gerichtet auf das bloße *furtum usus* ist wie in Deutschland nicht ausreichend.[157]

In der Gesamtbetrachtung wird deutlich, dass obgleich der unterschiedlichen Ausgestaltung des subjektiven Tatbestandes in beiden Ländern im Ergebnis im Wesentlichen das gleiche Ergebnis erzielt wird. Der Hauptunterschied besteht wiederum darin, dass in Spanien der zielgerichtete Wille des Täters auf einen Vermögenszuwachs gerichtet ist, während in Deutschland allein die Zueignung unabhängig von einem tatsächlichen Vermögenszuwachs unter Strafe gestellt wird. Da der dogmatische Unterschied in der Praxis jedoch auf wenige Ausnahmefälle beschränkt sein dürfte, kann festgehalten werden, dass der subjektive Tatbestand in Deutschland und Spanien in funktionaler Hinsicht zum gleichen Ergebnis führen.

e) Die besondere Rechtfertigung des „hurto famélico“

Anders als in Deutschland wo der Umstand der materiellen Not des Täters, nur noch innerhalb der Strafzumessung eine gewisse Bedeutung zukommt[158], besteht sowohl in der spanischen Rechtslehre als auch in der Rechtsprechung Einigkeit darüber, dass der Diebstahl und auch der Raub aus materieller Notwendigkeit unter bestimmten engen Umständen eine Rechtfertigung finden kann.[159]

Dieser sogenannte *„hurto famélico“*[160] setzt voraus, dass Gegenstände aus der Not des Überlebens heraus gestohlen werden.[161] Im Einzelnen hat der Tribunal

155 Vgl. *Carmona Salgado*, S. 40.

156 Vgl. STS 15. 11. 1980 (RJ 1980, 4504).

157 Vgl. für Deutschland BGH in: NJW 85, 1564; Joerden, in: JA, S. 80; zusammenfassend *Küper*, BT, Rdnr. 826 f.; für Spanien *Queralt Jiménez*, 2008, S. 394.

158 Vgl. zur jetzigen Bedeutung des früheren *„Mundraubs“*, § 370 Abs. 1 Nr. 5 a.F.und der sog. *„Notentwendung“* nach 248 a a.F. StGB; *Eser/Bosch*, in: *Schönke/Schröder*, § 248 a, Rdnr. 1–3.

159 Vgl. *Borja Jiménez*, in: *Vives Antón*, 2015, S. 347; STS 09.12.1985 (RJ 6008).

160 *„Famélico“* bedeutet soviel wie ausgehungert sein.

161 Vgl. *García Arán*, S. 139.

Supremo die Voraussetzungen dieses Rechtfertigungsgrundes wie folgt definiert: Die Bedürftigkeit muss real sowie schwerwiegend sein und das zu erwartende Übel unmittelbar bevorstehen; es darf sich nicht um eine bloße wirtschaftliche Knappheit handeln, sondern alle vorhandenen Güter müssen verbraucht sein, so dass kein anderer Weg zur Sicherung des Überlebens verbleibt. Daneben ist vom Rechtfertigungsgrund nur die Wegnahme der Gegenstände erfasst, die nötig waren, um die akute Notlage abzuwenden.[162]

Insoweit ist festzuhalten, dass nach Auffassung des Verfassers mit Blick auf die deutsche Rechtslage, wo ein solcher Rechtfertigungsgrund nicht explizit behandelt wird, kein Handlungsbedarf besteht. Zum einen ist davon auszugehen, dass die extremen Fälle des „*hurto famélico*" durch die Regelung des § 35 StGB erfasst würden, zum anderen erscheint das Vorliegen einer Situation, in welcher der Diebstahl das einzige Mittel zum Überleben darstellt, in unserer heutigen Lebenswirklichkeit als kaum vorstellbar.

f) Strafmaß

Der Täter des Diebstahls nach Art. 234 Abs. 1 CP wird bestraft mit Gefängnis von sechs bis zu achtzehn Monaten, wenn der Wert des Entwendeten 400,00 EURO erreicht. Anderenfalls sieht Art. 234 Abs. 2 CP nunmehr vor, dass in dem leichten Fall des Diebstahls eine Geldstrafe von einem bis drei Monaten verhängt werden solle.

Während damit durch die Reform des Jahres 2015 der Strafrahmen für den Diebstahl einer Sache mit einem Wert von 400,00 EURO beibehalten wurde, hat sich die Strafandrohung für die leichten Fälle deutlich verändert. So war bis zur Reform gemäß Art. 623 CP/2010 in Fällen, in denen der Wert der Sache 400,00 EURO nicht erreichte, eine Geldstrafe von einem bis zu zwei Monaten oder Hausarrest gemäß Art. 37 Abs. 1 CP („*localización permanente*") von zwei bis zu zwölf Tagen zu verhängen. Im Falle des Hausarrestes wurde dem Täter auferlegt, sich für die bestimmte Zeit zu Hause oder an einem anderen vom Richter festgelegten Ort aufzuhalten.[163]

---

162 Vgl. STS 08.04. 1988 (RJ 2759).

163 "*Artículo 37*

1. La localización permanente tendrá una duración de hasta seis meses. Su cumplimiento obliga al penado a permanecer en su domicilio o en lugar determinado fijado por el Juez en sentencia o posteriormente en auto motivado.

No obstante, en los casos en los que la localización permanente esté prevista como pena principal, atendiendo a la reiteración en la comisión de la infracción y siempre que así lo disponga expresamente el concreto precepto aplicable, el Juez podrá acordar en

Im Falle einer wiederholten Begehung war gemäß Art. 623 Abs. 1 S.2 des Código Penal von 2010 (CP/2010)[164] in jedem Falle ein Hausarrest auszusprechen. Dabei konnte der Richter jedoch vorsehen, dass dieser an Samstagen, Sonntagen und Feiertagen in der nächstgelegenen Haftanstalt durchzuführen war, Art. 623 Abs. 1 S.3 CP/2010. Inhaltlich entsprach die Regelung damit eher dem Arrest des § 16 JGG als den Vorschriften des dritten Abschnitts des StGB.

Mit der Reform des Jahres 2015 entfiel nunmehr diese Strafandrohung. Übrig bleib allein die Geldstrafe, wobei sich hier der Höchststrafrahmen für die Tatbegehung von zwei Monaten auf drei Monate erhöht hat.

Die Geldstrafe wird in Spanien wie in Deutschland in Tagessätzen bemessen, Art. 50 Abs. 2 CP.[165] Für den Fall, dass wie in der Regelung des Art. 234 CP die Geldstrafe in Monaten bestimmt wird, gilt gemäß Art. 50 Abs. 4 S. 2 CP, dass ein Monat dreißig Tage hat.[166] Die Höhe der Tagessätze wird unter Berücksichtigung der finanziellen Situation des Täters durch das Gericht festgelegt, wobei die Mindesthöhe bei 2,00 EURO und die maximale Höhe bei 400,00 EURO liegt, Art. 50 Abs. 4 S.1 CP. Anderes gilt für juristische Personen. Hier liegt gemäß Art. 50 Abs. 4 S. 2 CP der Höchsttagessatz bei 5.000,00 EURO und der Mindestsatz bei 30,00 EURO.

Ein leichter Fall soll jedoch nicht in den Fällen angenommen werden, in denen zwar der Wert der Sache unter 400,00 EURO liegt, jedoch eine der qualifizierenden Umstände des nachfolgenden Art. 235 CP vorliegt. In diesen Fällen ist trotz des geringeren Wertes nicht die Strafe eines leichten Falles auszusprechen.[167]

Eine weitere Neuerung hinsichtlich des Strafmaßes sieht die Regelung des Art. 234 Abs. 3 CP vor. Der neu eingefügte Absatz enthält eine besondere Strafzumessungsregel für den Fall, dass der Täter bei Begehung der Straftat an der

---

sentencia que la pena de localización permanente se cumpla los sábados, domingos y días festivos en el centro penitenciario más próximo al domicilio del penado.".

164 Código Penal. Ley Orgánica 10/1995, de 23 de noviembre, del Código Penal. Modificación publicada 26. junio 2010)

165 *"Artículo 50*
2. La pena de multa se impondrá, salvo que la Ley disponga otra cosa, por el sistema de días-multa."

166 *"Artículo 50*
… 4. La cuota diaria tendrá un mínimo de dos y un máximo de 400 euros, excepto en el caso de las multas imponibles a las personas jurídicas, en las que la cuota diaria tendrá un mínimo de 30 y un máximo de 5.000 euros. A efectos de cómputo, cuando se fije la duración por meses o por años, se entenderá que los meses son de treinta días y los años de trescientos sesenta.".

167 Vgl. *Gonzáles Cussac*, 2015, S. 698.

entwendeten Sache befindliche Alarm- oder Sicherheitsvorrichtungen, in irgendeiner Weise neutralisiert, zerstört oder unbrauchbar macht. Diese Regelung zielt hauptsächlich auf das Entfernen von Warensicherungsetiketten, welche in Kaufhäusern beim Verlassen des Geschäftes ein entsprechendes Alarmsignal auslösen aber auch das Durchtrennen von Fahrradschlössern. Wesentlich ist aber, dass sich die Alarm- oder Sicherheitsvorrichtung am Tatobjekt befindet bzw. mit diesem verbunden ist. Anderenfalls ist der Fall des Raubes mittels Gewalt gegen Sachen durch das Außerkraftsetzen von Alarmanlagen oder eines anderen Sicherungsmittels gemäß Art. 238 Nr. 5 CP einschlägig, welcher mit einer Haftstrafe von einem bis zu drei Jahren bestraft wird.

3. Qualifizierte Formen des Diebstahls, Art. 235 CP

Artikel 235.

1. Der Diebstahl wird mit Gefängnis von einem Jahr bis zu drei Jahren bestraft:

1. ° wenn Sachen von künstlerischem, historischem, kulturellem oder wissenschaftlichem Wert entwendet werden;

2. ° wenn es sich um Sachen handelt, die zur Grundversorgung notwendig sind und eine Unterbrechung der Versorgung zur Folge hat;

3. ° wenn es sich um Leitungen, Kabel, Gerät oder Komponenten der Infrastruktur der Strom-, Kohlenwasserstoff- oder Telekommunikationsversorgung oder andere zu Dienstleistungen von allgemeinem Interesse gehörende Sachen handelt und ein schwerer Schaden an diesen verursacht wird;

4. ° wenn es sich um Erzeugnisse der Agrar- oder Viehwirtschaft oder um Werkzeuge oder Mittel zu deren Herstellung handelt, soweit die Tat in landwirtschaftlichen Betrieben begangen wird und ein schwerer Schaden an diesen verursacht wird;

5. ° wenn er unter Berücksichtigung des Wertes der entwendeten Dinge von besondere Schwere ist oder Schäden von besonderer Bedeutung eintreten;

6. ° wenn er das Opfer oder dessen Familie in eine schwierige wirtschaftliche Lage bringt oder unter Missbrauch der persönlichen Umstände des Opfers oder dessen Hilflosigkeit oder durch Ausnutzung eines Unfalls oder eines Risikos oder einer allgemeinen Gefahr für die Gemeinschaft, welche die Abwehr des Opfers geschwächt oder die ungestrafte Begehung der Tat vereinfacht hat;

7. ° wenn der Täter zum Zeitpunkt der Verurteilung wenigstens dreimal rechtskräftig wegen in diesem Titel enthaltener Delikte derselben Art verurteilt wurde;

8. ° wenn der Täter sich zur Tatbegehung eines Minderjährigen unter sechzehn Jahren bedient;

9. ° *wenn der Täter oder die Täter die Tat als Mitglieder einer Organisation oder kriminellen Gruppe, welche sich der Begehung von Taten dieses Titels derselben Art widmet, begehen.*
2. *Die Strafe wird aus der oberen Hälfte verhängt, wenn zwei oder mehr der vorgesehenen Umstände des vorherigen Abschnitts vorliegen.*

a) Einleitung

Neben der Strafzumessungsregelung des Art. 234 Abs. 3 CP enthält 235 CP eine Aufzählung von Qualifikationstatbeständen, welche gleichsam zu einem verschärften Strafrahmen führen. Diese Tatbestände sind als spezifizierte Subtypen des Diebstahls mit besonderer Strafandrohung ausgestaltet.[168] In dogmatischer Hinsicht unterscheiden sich damit die Qualifikationen des Art. 235 CP wesentlich von der Vorschrift des § 243 StGB. Denn während es sich im CP um abschließende Regelungen handelt, bediente sich der deutsche Gesetzgeber einer anderen Gesetzestechnik, um die unbefriedigenden Ergebnisse der früheren Tatbestandskasuistik zu vermeiden. Die Erschwerungsgründe sind in § 243 StGB nicht mehr als abschließende Qualifikation, sondern nur noch als bloße Regelbeispiele ausgestaltet, um widerlegbare Vermutungen für einen schweren Fall zu schaffen, die aber in keiner Weise abschließend sind.[169]

Ein weiterer wesentlicher Unterschied besteht auch darin, dass die Fälle des Art. 235 Abs. 1 CP nicht allein auf den Diebstahl angewendet werden können. So finden gemäß Art. 240 Abs. 2 CP die Qualifikationen des Art. 235 Abs. 1 CP auch im Rahmen des Raubes mit Gewalt gegen Sachen Anwendung. Hier jedoch mit einer höheren Strafandrohung von Gefängnis zwischen zwei und fünf Jahren, wohingegen die Strafandrohung für die Verwirklichung einer Qualifikation bei der Begehung eines Diebstahles Gefängnis zwischen einem Jahr und drei Jahren vorsieht.

Den einzelnen Qualifikationstatbeständen nachfolgend findet sich in Art. 235 Abs. 2 CP eine weitere Strafzumessungsregelung. Danach soll bei der Begehung von zwei oder mehr Qualifikationstatbeständen des Abs. 1 durch dieselbe Tat das Gericht eine Freiheitsstrafe verhängen, deren Länge die Hälfte der normierten Höchststrafe übersteigt (eineinhalb Jahre).

Inhaltlich bedarf die Anwendung des erhöhten Strafrahmens der Qualifikationstatbestände zweier Elemente: Erstens der Verwirklichung des Grundtatbestandes und zweitens, die der Tatbestandsmerkmale der Qualifikation. Beide

---

168 Vgl. *Vázques Iruzubieta*, S. 407.

169 Vgl. *Bosch/Eser*, in: *Schönke/Schröder*, § 243, Rdnr. 1–4.

Elemente müssen hierbei vollumfänglich vom Vorsatz des Täters umfasst sein. Sollte so zum Beispiel der Vorsatz bezogen auf das Hervorrufen einer ernsten Lage des Opfers fehlen, so ist lediglich eine Strafe gemäß der Regelung des Grundtatbestandes auszusprechen.[170]

Bezüglich der Verwirklichung des Grunddelikts hat es im Vergleich zu der vorherigen Regelung gleichfalls eine wesentliche Neuerung gegeben. Während vormals alle Tatbestandsmerkmale einschließlich eines Wertes der entwendeten Sache von über 400,00 Euro gegeben sein mussten[171], ist der Wert der Sache nunmehr für die Anwendung der Qualifikationstatbestände nicht mehr von Bedeutung.[172] Es kam damit also zu einer wesentlichen Strafschärfung im Bereich der leichten Fälle des Diebstahls.

Seit der Reform des Jahres 2015 enthält Art. 235 CP nunmehr statt nur fünf insgesamt neun verschiedene Qualifikationstatbestände. Neu eingefügt wurden die Regelungen des Art. 235 Abs. 1 Nr. 3, 4, 7 und 9 CP. Es kam damit zu einer deutlichen Strafschärfung im Bereich der Diebstahlsdelikte. Ziel dieser Verschärfung war es nach dem Willen des Gesetzgebers, Antworten zu finden auf die bestehenden Probleme mit Wiederholungstätern sowie die Fälle der schweren Kriminalität.[173]

Im Wesentlichen unterteilen sich die einzelnen Qualifikationstatbestände in drei Gruppen von Kriterien:

1. In solche betreffend den Gegenstand der entzogenen Sache oder den eingetretenen Schaden,
2. nach Kriterien bezogen auf das Opfer der Tat und
3. nach täterbezogenen Merkmalen.[174]

Die einzelnen Regelungen sind zum Teil geprägt durch einen sehr weiten Wortlaut. Bereits seit Inkrafttreten des CP/1995 wurde daher versucht, die weiten Begriffe der verschiedenen Fallgruppen näher zu bestimmen, woraus sich mittlerweile eine wohl von der großen Mehrheit der Rechtslehre als auch der Jurisprudenz getragene Auslegung der einzelnen Merkmale herausgebildet

170 Vgl. *Muñoz Conde,* 2015, S. 335.

171 Eine Anwendung der Qualifikationstatbestände in Verbindung mit einer Übertretung nach Art. 623 Nr.1 CP/1995 war folglich nicht möglich, vgl. *Gonzáles Rus*, in: *Cobo del Rosal*, 2000, S. 389.

172 Vgl. *Borja Jiménez*, in: *Vives Antón*, 2015, S. 350.

173 Vgl. CP Preámbulo XIV.

174 Vgl. *Borja Jiménez*, in: *Vives Antón*, 2015, S. 351.

hat.[175] Aufgrund der Unschärfe einiger Qualifikationsmerkmale wird jedoch entgegen der Intention des Gesetzgebers eine abschließende theoretische Bewertung übereinstimmend als nicht möglich erachtet und erfolgte Deutungen werden daher lediglich als allgemeine Grenzziehung angesehen.[176]

Die nachfolgende Darstellung der einzelnen Tatbestände kann mithin nicht als abschließend angesehen werden, sondern sie stellt lediglich eine Zusammenfassung der auf Basis bereits aufgetretener Sachverhalte erfolgten Auslegung der Tatbestandsmerkmale durch Lehre und Rechtsprechung zum gegenwärtigen Zeitpunkt dar.

b) Diebstahl von Sachen mit künstlerischem, historischem, kulturellem oder wissenschaftlichem Wert, Art. 235 Abs. 1 Nr. 1 CP

Der Qualifikationstatbestand des Art. 235 Abs. 1 Nr.1 CP erfuhr durch die Reform des Jahres 2015 keine Änderung. Eingeführt wurde er an dieser Stelle erstmals mit der Reform des Jahres 1995 und findet demnach seit zwanzig Jahren Anwendung in der Praxis.

Der Tatbestand findet seine Grundlage letztendlich im spanischen Verfassungsrecht. Art. 46 CE enthält die verfassungsrechtliche Vorgabe, dass es die Pflicht der öffentlichen Gewalt sei, das historische, kulturelle und künstlerische Vermögen des spanischen Volkes zu bewahren und gibt insbesondere dem Gesetzgeber auf, diese Güter zu schützen. Art. 235 Nr. 1 CP stellt die strafrechtliche Ausformung dieses verfassungsrechtlichen Gebotes dar.[177] Durch die besondere Strafandrohung bringt der Gesetzgeber die besondere Bedeutung der Tatobjekte für die Gesellschaft zum Ausdruck.[178]

Uneinigkeit herrscht in diesem Zusammenhang über das zu schützende Rechtsgut. Umstritten ist, ob der historische, kulturelle und künstlerische Wert einer Sache ein eigenes der Bewertung zugängliches Konzept darstellt oder lediglich auf das Gesetz zum Schutz des spanischen Kulturgutes vom 25. Juni 1985[179], welches eine Inventarliste des historischen Vermögens Spaniens enthält,

---

175 Vgl. *Pérez Alonso*, Teoría General, S. 375, der aufgrund des weiten Wortlauts sogar von einer teilweisen Nichtregelung der Qualifikationen spricht.

176 Vgl. *García Arán*, S. 153 f..

177 Vgl. näher zum verfassungsrechtlichen Auftrag des Schutzes des kulturellen Erbes *Renart García*, S. 111 ff..

178 Vgl. *Mestre Delgado*, in: *Lamarca Pérez*, 2015, S. 325.

179 Ley 16/1985, de 25 de junio, del Patrimonio Histórico Español; «BOE» núm. 155, de 29 de junio de 1985, páginas 20342 a 20352 (11 págs.).

verwiesen wird.[180] Gerade aus Gründen der Bestimmtheit wird vertreten, dass, um eine uferlose Ausweitung des Tatbestandes zu vermeiden, allein solche Gegenstände als tatbestandlich angesehen werden können, welche in einem offiziellen Katalog, Inventar oder Register aufgenommen wurden.[181]

Eine solche Beschränkung auf die gesetzliche Inventarliste wird aber von der überwiegenden Meinung sowie der Rechtsprechung abgelehnt.[182] Grund hierfür ist, dass Art. 1 des Gesetz 13/1985 selbst darlegt, dass die dort enthaltene Inventarliste keineswegs abschließend ist, sondern sich auf die wichtigsten Schätze des Landes beschränkt.[183] Die dortige Regelung als auch andere Kataloge könnten daher niemals als abschließend angesehen werden.[184]

Letztlich bedarf es somit in jedem Einzelfall einer Bewertung durch den Tatrichter. Dieser hat zu bestimmen, ob es sich bei den genannten Gütern um solche handelt, die des besonderen Schutzes der Norm bedürfen, um so die Anwendbarkeit der Qualifikation zu bestimmen. Dabei sind durch ihn die vorherrschenden gesellschaftlichen Betrachtungsweisen im Moment der Anwendung zugrunde zu legen.[185] Gleiches soll auch hinsichtlich der Beurteilung des wissenschaftlichen Werts eines Gegenstands erfolgen. Dabei soll jedoch eine restriktive Betrachtungsweise erfolgen, um den Wirkungsbereich der Norm nicht zu überfrachten.[186]

Der Vergleich mit der deutschen Rechtslage zeigt, dass in beiden Ländern Gegenständen, welche im Bereich der Wissenschaft, Kunst oder Geschichte besondere Bedeutung haben, auch ein besonderer strafrechtlicher Schutz zukommt. Denn seiner Schutzrichtung entspricht Art. 235 Nr. 1 CP dem § 243 Abs. 1 Nr. 5 StGB, der gleichfalls den Diebstahl von Gegenständen, die für Wissenschaft, Kunst, Geschichte oder die technische Entwicklung von Bedeutung sind, mit einer höheren Strafandrohung bewährt. Jedoch ist festzuhalten, dass die dogmatische Umsetzung dieses Schutzes in Spanien zu deutlich anderen Ergebnissen führt. Der Unterschied resultiert daraus, dass in Spanien auf das Merkmal der

---

180 Vgl. in letzterem Sinn *Bajo Fernández*, S. 91.

181 Vgl. *Cardona Torres*, S. 233.

182 Vgl. STS 12.11.1991 (RJ 1991, 8049); *Peréz Alonso*, S. 418 ff; *Mestre Delgado*, in: *Lamarca Pérez*, S. 238.

183 Vgl. *Salinero Alonso*, S. 53.

184 Vgl. *Cardona Torres*, a.a.O., welcher von einem fehlenden *numerus clausus* der Register spricht.

185 Vgl. *Vives Antón/Gonzáles Cussac*, in: *Vives Antón*, S. 418.

186 Vgl. *Vives Antón/Gonzáles Cussac*, in: *Vives Antón*, a.a.O..

öffentlichen Ausstellung des Gegenstands[187] verzichtet wird und der Diebstahl der Sache allein aufgrund der besonderen Bedeutung des Tatobjekts und nicht auch wegen der Art der Tatbegehung mit schwererer Strafe bedroht ist.

Es gilt hier für die deutsche Rechtslage zu überlegen, ob das Merkmal der erhöhten Schutzbedürftigkeit der Gegenstände infolge ihrer öffentlichen Zugänglichkeit tatsächlich kumulativ mit der besonderen Bedeutung der Sache Anwendung finden sollte. In Vergleich mit der spanischen Rechtslage wird deutlich, dass die erhöhte Schutzbedürftigkeit im Wesentlichen in der Bedeutung der gestohlenen Sache für die Allgemeinheit zu suchen ist. Das Merkmal der öffentlichen Ausstellung der Sache vermag aber diesen Wert in keiner Weise zu beeinflussen, so verliert ein Kunstgegenstand wohl seine Bedeutung nicht dadurch, dass er aus Gründen der Restaurierung vorübergehend nicht ausgestellt wird. Die tatbestandliche Verknüpfung beider Merkmale erscheint mithin im Ergebnis wenig überzeugend. Hieran vermag auch der darüber hinaus benannte verbesserte Eigentumsschutz als Anreiz für verstärkte gemeinnützige Eigentumsverwendungen[188] nichts zu ändern, handelt es sich dabei doch nicht um eine strafrechtliche Zielsetzung.

c) Diebstahl von Sachen der Grundversorgung, Art. 235 Abs. 1 Nr. 2 CP

Die Regelung besteht in dieser Form im Kern gleichfalls bereits seit 1995. Durch die Reform des Jahres 2015 erfuhr sie jedoch eine inhaltliche Änderung. Der Diebstahl von Sachen der Grundversorgung wurde zuvor gemeinsam mit dem Diebstahl von Sachen, welche der Allgemeinheit zu dienen bestimmt sind, behandelt. Die Tatbegehung im Hinblick auf solche öffentlichen Dienstleistungen[189] findet jedoch nunmehr ihren Standort in einem eigenen Absatz, nämlich im nachfolgenden Art. 235 Abs. 1 Nr. 3 CP.[190] Die Trennung der beiden Begehungsvarianten erscheint auf den ersten Blick als rechtlich unbedeutend, wurden doch die Tatbestände inhaltlich nicht verändert. Dieses ist aber nicht der Fall, denn aus der getrennten Verortung ergibt sich im Zusammenspiel mit der Regelung des Art. 235 Abs. 2 CP eine wesentliche Neuerung. Denn anders als zuvor, führt die vorgenommene Ausgestaltung der Tatbestände als jeweils eigenständige Regelung dazu, dass bei einer gemeinsamen Verwirklichung des Art. 235 Abs. 1 Nr. 2

187 Vgl. zum Merkmal der öffentlichen Ausstellung in § 243 StGB *Bosch/Eser*, in: *Schönke/Schröder*, § 243, Rdnr. 37.

188 Vgl. *Hoyer*, in: SK-StGB, § 243, Rdnr. 35.

189 *Servicio público.*

190 Siehe hierzu nachfolgend unter C. II.3.d).

CP sowie der Nr. 3 desselben Artikels gemäß Art. 235 Abs. 2 die Strafe aus der oberen Hälfte zu verhängen ist, da nunmehr zwei voneinander unabhängige Tatbestände verwirklicht wurden.[191] Dieses war zuvor nicht der Fall, so dass es auch hier zu einer deutlichen Strafschärfung kam.

Inhaltlich erfasst die Regelung den Diebstahl von Sachen der Grundversorgung. Bei diesen handelt es sich um solche Gegenstände, welche die grundlegenden Bedürfnisse der Bürger in den verschiedenen Lebensbereichen befriedigen, insbesondere Nahrungsmittel wie Mehl, Fleisch, Fisch, Obst, Gemüse, etc..[192] Über Nahrungsmittel hinaus werden aber auch weitere Sachen vom Tatbestand erfasst. So handelt es sich nach allgemeiner Auffassung auch bei Medikamenten, Kleidung, selbst bei Hygieneartikeln um Sachen, welche als tatbestandsbegründend angesehen werden.[193]

Als Anknüpfungspunkt für die höhere Strafe der Qualifikation des Art. 235 Abs. 1 Nr. 2 CP erscheint daher auch hier zunächst die besondere Schutzwürdigkeit des Tatobjekts. Bei näherer Betrachtung wird jedoch deutlich, dass die höhere Strafandrohung ihre Rechtfertigung letztlich nicht im Tatobjekt, sondern vielmehr in der Tatfolge findet.[194] Denn es ist neben der Betroffenheit von Gegenständen der Grundversorgung auch erforderlich, dass es durch den Diebstahl eines Gegenstandes der Grundversorgung zu einer Unterversorgung kommt.

So naheliegend die höhere Strafandrohung für eine solch schwerwiegende Folge der Tat zunächst erscheint, so unwahrscheinlich ist es bei genauerer Betrachtung jedoch, dass eine solche Mangelversorgung in der Realität tatsächlich entsteht. Denn eine Situation, in der es durch einen Diebstahl dazu kommt, dass es unmöglich oder zumindest extrem schwer ist, Ersatz für die entwendete Sachen zu erlangen, erscheint praktisch ausgeschlossen.[195] Dies gilt insbesondere, wenn man es als notwendig erachtet, dass es zu einer Unterversorgung zumindest einer ganzen Ortschaft kommen muss.[196] Als mögliche, aber letztlich auch sehr theoretische Beispiele werden in der Literatur der Diebstahl einer raren Medizin oder die zur Grundversorgung eines durch Schnee von der Außenwelt abgeschnittenen Bergdorfes notwendigen Sachen genannt.[197]

191 Vgl. *Quintero Olivares*, 2015, S. 474.
192 Vgl. *Vásquez Iruzubieta*, S. 407.
193 Vgl. *Carmona Salgado*, S. 51; *Conde Pumpido Ferreirro*, Temas, S. 196.
194 Vgl. *Mestre Delgado*, in: *Lamarca Pérez*, 2015, S. 325.
195 Vgl. *Mestre Delgado*, in: *Lamarca Pérez*, 2015, S. 325, 326.
196 Vgl. *Vásquez Iruzubieta*, S. 407.
197 Vgl. so im Bemühen Beispiele zu finden *Romeo Casabona*, S. 335.

Noch unwahrscheinlicher erscheint Verwirklichung des Art. 235 Abs. 1 Nr. 3 CP, wenn man die subjektive Seite des Tatbestandes mitbetrachtet. Hier muss die Herbeiführung der Unterversorgung zusätzlich noch vom Vorsatz des Täters erfasst sein.[198] Selbst *dolus eventualis* scheint hier schwer vorstellbar, ist doch der Wille des Täters regelmäßig auf die Erlangung der Sache und nicht auf die die Herbeiführung der Tatfolgen im weiteren Sinne gerichtet.

Ein dem Art. 235 Abs. 1 Nr. 2 CP entsprechender Tatbestand besteht im deutschen Strafrecht nicht. Entfernt erinnert die Regelung an den Diebstahl unter Ausnutzung fremder Notlagen, § 243 Abs. 1 S 2 Nr. 6 StGB, letztlich handelt es sich jedoch um den genau entgegengesetzten Fall, wird doch hier eine Unterversorgung durch den Diebstahl geschaffen, während in der deutschen Regelung eine bereits bestehende Notlage zur Tatbegehung ausgenutzt wird.[199]

Basierend auf dem eben dargelegten, erscheint die Aufnahme eines inhaltsgleichen bzw. derselben Funktion dienenden Regelung für das deutsche Strafrecht als nicht notwendig, ist doch der praktische Nutzen der Norm eher gering. Zwar unterstreicht der Gesetzgeber durch die Erhöhung des Strafrahmes die Bedeutung des Schutzes der Allgemeinheit vor der Entstehung solcher Notlagen, letztlich erscheint es aber, als käme der Regelung allein deklaratorischer Charakter zu, ist doch ein praktischer Anwendungsbereich für die Norm letztlich nicht vorhanden.

d) Diebstahl von Bestandteilen der Infrastruktur der Strom-, Kohlenwasserstoff- oder Telekommunikationsversorgung oder anderer zu Dienstleistungen von allgemeinem Interesse gehörender Sachen, Art. 235 Abs. 1 Nr. 3 CP

Die neu geschaffene Regelung des Art. 235 Abs. 1 Nr. 3 CP findet nach den Worten des Gesetzgebers ihre Begründung insbesondere in dem ernsten Problem des zunehmenden Diebstahls von Kupferleitungen.[200]

---

198 Vgl. *Muñoz Conde*, 2015, S. 335.

199 Vgl. *Kühl*, in: *Lackner/Kühl*, § 243, Rdnr. 22.

200 Vgl. *Exposición de Motivos*, Código Penal (BOE núm. 281 de 24 de Noviembre de 1995. Vigencia desde 24 de mayo de 1996. Esta revisión vigente desde 28 de octubre de 2015): "*Asimismo, debido al grave problema generado por la sustracción de cable de cobre de las redes de servicio público e interés general, también se ha considerado conveniente incorporar una agravación cuando los delitos de hurto o robo afecten a conducciones de suministro eléctrico o de telecomunicaciones. Esta misma agravación se prevé para las conducciones o infraestructuras de hidrocarburos.*".

Die Regelung entspricht inhaltlich der vorherigen Regelung des Art. 235 Nr. 2 CP/2010, welche den Diebstahl von Sachen, welche der Allgemeinheit zu dienen bestimmt waren (*servicio público*), unter eine besondere Strafandrohung stellte. Im Gegensatz zu dieser allgemein gefassten Regelung spezifiziert Art. 235 Abs. 1 Nr. 3 CP jedoch nunmehr auch konkrete Objekte der Tat. So werden der Diebstahl von Leitungen, Kabel, Gerät oder Komponenten der Infrastruktur der Strom-, Kohlenwasserstoff- oder Telekommunikationsversorgung nunmehr explizit genannt.

Eine ähnlich lautende Regelung fand sich bereits im Reformentwurf des Jahres 2012. Diese stieß jedoch bereits dort auf deutliche Kritik der Rechtslehre. Grund hierfür war der Umstand, dass eine explizite Aufzählung der Tatobjekte als überflüssig angesehen wurde, seien doch all diese Gegenstände bereits vom Wortlaut der allgemeinen Regelung des Diebstahls von Sachen der Grundversorgung erfasst.[201] Die Kritik hat auch nach Einführung der Norm nicht nachgelassen.[202] Letztlich handelt es sich hier jedoch um ein rein methodologisches Problem ohne Auswirkung in der Praxis, werden doch im Ergebnis aufgrund der generischen Formulierung am Ende der Regelung nach wie vor alle Fälle des vorherigen Art. 235 Nr. 2 2. Alt. CP/2010 erfasst. Dieses gilt, obgleich die Formulierung nunmehr von *servicio público* hin zu *servicios de interés general* geändert wurde.[203]

In diesem Sinne sind taugliche Tatobjekte alle Gegenstände, derer sich die Verwaltung zur Erfüllung ihrer öffentlichen Aufgaben bedient und welche von dieser zu diesem Zweck bestimmt worden sind.[204] Hinsichtlich der Gegenstände, welche für eine öffentliche Dienstleistung bestimmt sind, gilt, dass der Tatbestand eng ausgelegt wird, um das Ausufern des Anwendungsbereiches zu vermeiden. Erfasst werden hier daher nicht alle Gegenstände, welcher sich die Verwaltung bedient, sondern allein diejenigen, die unmittelbar zur Leistung an den Bürger verwendet werden.[205]Als weitere Voraussetzung muss es auch hier

---

201 Vgl. *Carpio Delgado*, in: Nueva época, S. 94 ff..

202 Vgl. *Quintero Olivares*, 2015, S. 471.

203 Vgl. *Romeo Casabona*, S. 335, 336.

204 Vgl. *Soriano Soriano*, S. 131 so noch zum Begriff des *servicio público*.

205 Vgl. *Quintero Olivares*, S. 1096; als Beispiel zur Begründung der Notwendigkeit des engen Bezuges zwischen Gegenstand und Leistung dient hier der Gebrauch einer Schreibmaschine. Insoweit wird festgestellt, dass die besondere Strafandrohung nicht in der höheren Wertigkeit von Staatseigentum ihren Ursprung hat, sondern vielmehr im Anspruch der Allgemeinheit auf die Dienste des Staates.

durch den Diebstahl zu einer schweren Beeinträchtigung der Wahrnehmung öffentlicher Aufgaben kommen.[206]

Bzgl. des Vorsatzes ist es wiederum notwendig, dass der Täter mit Wissen und Wollen hinsichtlich der Störung öffentlicher Aufgaben handelt. Hinzukommen muss ferner Bereicherungsabsicht. Kam es dem Täter dagegen allein auf die Herbeiführung der Störung und nicht auf die Zueignung an, ist nicht Art. 235 Abs. 1 Nr.3 CP, sondern Art. 560 CP[207] als spezialgesetzliche Norm vorrangig, der die Beschädigung und Beeinträchtigung entsprechender Installationen schützt.[208]

Die höhere Strafandrohung des Art. 235 Abs. 1 Nr. 3 CP liegt im Wesentlichen auch hier nicht im Tatobjekt begründet, sondern vielmehr in der eintretenden Folge, nämlich der Störung der Wahrnehmung öffentlicher Aufgaben. Daher findet diese Regelung im deutschen Strafrecht auch keine Entsprechung im Rahmen der Diebstahlsdelikte, sondern die Regelung ähnelt vielmehr denen der §§ 316b StGB, 317 StGB sowie 318 StGB. Hier werden gleichfalls lebenswichtige Betriebe/Anlagen gegen gewaltsame Eingriffe geschützt.[209] Auch der Diebstahl von Teilen kann im Rahmen dieser Norm als Veränderung bzw. Beschädigung oder Zerstörung im Sinne dieser Normen angesehen werden. Im Gegensatz zur Rechtslage in Spanien handelt es sich jedoch bei den genannten Delikten um Gefährdungsdelikte, welche die Tatobjekte ohne Rücksicht auf das Eigentum schützen.[210]

Im Vergleich mit der deutschen Rechtslage erscheint es vor dem Hintergrund des massiven Diebstahls von Metallen, welcher insbesondere die Deutsche Bahn trifft, überlegenswert, ob hier nicht in funktionaler Hinsicht eine Anpassung der deutschen Rechtslage erfolgen sollte. Hier wäre zunächst an die Einfügung eines entsprechenden Regelbeispiels innerhalb des § 243 StGB zu denken.

---

206 Vgl. *García Arán*, S. 156.

207 "*Artículo 560 CP*

1. Los que causaren daños que interrumpan, obstaculicen o destruyan líneas o instalaciones de telecomunicaciones o la correspondencia postal, serán castigados con la pena de prisión de uno a cinco años.

2. En la misma pena incurrirán los que causen daños en vías férreas u originen un grave daño para la circulación ferroviaria de alguna de las formas previstas en el artículo 382.".

208 Vgl. *Serrano Gómez*, S. 356.

209 Vgl. *Zieschang*, in: *Kindhäuser*, § 316b, Rdnr.1; *Heger*, in: *Lackner/Kühl*, § 316b, Rdnr. 1.

210 Vgl. so zu § 318 StGB, *Hecker*, in: *Schönke/Schröder*, § 318, Rdnr. 1.

e) Diebstahl im Bereich der Agrar- oder Viehwirtschaft, Art. 235 Abs. 1 Nr. 4 CP

Gänzlich neu im Katalog der Tatbestände des Art. 235 CP ist dessen Nr. 4.

Die Motive zur Reform des Jahres 2015 führen zu dieser Regelung aus, dass es notwendig sei, dem zunehmenden Problem des Diebstahls im Bereich der Agrar- und Viehwirtschaft zu begegnen. Dieses gelte insbesondere, da den Opfern in der Regel ein hoher Schaden entstünde und Abwehrmaßnahmen der Betroffenen aufgrund der tatsächlichen Gegebenheiten letztlich kaum wirksam umzusetzen seien. Hierdurch entstünde bei den Betroffenen ein Gefühl der Hilflosigkeit, dem es zu begegnen gelte.[211] Bei der vorgenommenen Umsetzung handelt es sich um eine seit langem von Agrarverbänden erhobene Forderung, welche im Rahmen der parlamentarischen Debatten von verschiedenen Seiten gleichfalls mit Vehemenz vertreten wurde.[212]

Taugliche Tatobjekte sind entsprechend des Wortlautes der Regelung Produkte der Agrar- oder Viehwirtschaft oder Werkzeuge oder Mittel zu deren Herstellung, soweit sie sich auf dem Gelände eines landwirtschaftlichen Betriebes befinden.[213]

Weitere Tatbestandsvoraussetzung ist jedoch, dass aus dem Diebstahl ein schwerer Schaden für den betroffenen landwirtschaftlichen Betrieb resultiert. Dieses Tatbestandsmerkmal wird insoweit kritisiert, als davon ausgegangen wird, dass sich zwangsläufig Schwierigkeiten bei der Interpretation des schweren Schadens ergeben werden. Es sei insoweit vorzugswürdig gewesen, objektiv bestimmbare Grundlagen wie einen vorab definierten Betrag oder einen Prozentsatz des jährlichen Umsatzes zum Maßstab zu wählen. Dem ist zuzustimmen. Durch die offene Ausgestaltung des Tatbestandes wird es letztlich den Tatrichtern obliegen, die Grundlagen für eine einheitliche Anwendung der Regelung zu schaffen. Insoweit ist besonders bis zu einer entsprechenden obergerichtlichen Klärung der Frage mit divergierenden Urteilen zu rechnen.

---

211 Vgl. *Exposición de Motivos*, Código Penal: "*También se ofrece respuesta al grave problema que plantean actualmente los delitos cometidos en explotaciones agrarias o ganaderas con causación de perjuicios relevantes a sus titulares; se trata de infracciones cometidas en explotaciones en las que difícilmente es posible adoptar medidas eficaces de protección, circunstancia que es aprovechada para la comisión de estos delitos, y que conllevan la causación a sus propietarios de un perjuicio extraordinariamente elevado, muy superior al que corresponde a la mera valoración de los productos sustraídos, y son causa de una grave sensación de desprotección e inseguridad para quienes los sufren.*".

212 Vgl. *Navaro Blasco*, in: *Quintero Olivares*, 2015, S. 475.

213 Vgl. *Muñoz Conde*, 2015, S. 337.

Auf der anderen Seite scheint jedoch die in Teilen vorgeschlagene Präzisierung des schweren Schadens durch Verwendung eines Prozentsatzes bezogen auf den Umsatz des betroffenen Betriebes gleichfalls als kritisch. Es ist zu berücksichtigen, dass sich der Täter im Regelfall hierzu zuvor keine Gedanken macht und somit die höhere Strafandrohung von einem vom Täter nicht zu beeinflussenden Umstand abhängt und mithin als allein zufällig anzusehen ist.

Eine besondere Strafandrohung für diesen Bereich fehlt in Deutschland. Der Grund hierfür ist wohl in der unterschiedlichen volkswirtschaftlichen Bedeutung der Agrarwirtschaft zu suchen. Noch heute ist Spanien einer der größten landwirtschaftlichen Produzenten in Westeuropa. Der Anteil am Bruttoinlandsprodukt im Jahre 2015 belief sich dort auf 2,51 %, während er in Deutschland lediglich 0,55 % betrug.[214] Ein weiterer Grund dürfte darin liegen, dass die Anzahl der Tatbegehungen der entsprechenden Delikte in Deutschland als gering anzusehen ist. Auch wenn in Deutschland das Phänomen des Viehdiebstahls vereinzelt wieder auftritt, ist man hier noch weit von einem Massendelikt entfernt.[215] Insoweit ergibt nach Auffassung des Verfassers die Notwendigkeit einer Adaption der Regelung für das deutsche Strafrecht nicht.

f) Besondere Schwere wegen des Werts der gestohlenen Sache oder Verursachung besonders erheblicher Schäden, Art. 235 Nr. 5 CP

Art. 235 Nr. 5 CP bestimmt als Voraussetzung der höheren Strafe, dass der Diebstahl unter Berücksichtigung des Wertes der entwendeten Dinge von besonderer Schwere ist oder Schäden von besonderer Bedeutung eintreten. Es handelt sich damit im Ergebnis um zwei zu unterscheidende Alternativen.

Die Regelung findet sich nunmehr unter der Nr. 5 des Artikels 235 CP. Zuvor war sie bis zur Reform des Jahres 2015 unter der Nr. 3 geregelt. Die Regelung war bereits im Rahmen der Reform des Jahres 1995 an dieser Stelle eingefügt worden, wobei auch hier wiederum der Gesetzgeber im Wesentlichen den vorherigen Tatbestand des Art. 516 CP/1975 übernahm. Es existiert daher eine weit zurückreichende Praxis im Umgang mit diesem Tatbestand sowohl in der Literatur als auch in der Rechtsprechung, wobei die jeweils entwickelten Grundsätze stets weiterhin Anwendung fanden.[216]

---

214 Vgl. *Statista*, Europäische Union: Anteile der Wirtschaftssektoren am Bruttoinlandsprodukt (BIP) der Mitgliedsstaaten im Jahr.

215 Vgl. *Fründt*, Auf Deutschlands Bauernhöfen verschwinden die Kühe.

216 Vgl. *Suarez Gonzáles*, in: Comentarios al Código Penal, S. 682.

Betrachtet sei zunächst die erste Tatbestandsalternative. Hier ist gefordert, dass der Diebstahl mit Blick auf den Wert der entwendeten Sache von besonderer Schwere ist. Hier stellt sich zunächst die Frage, wie dieser Wert zu bestimmen ist.

Hier gilt, dass der Wert der Sache alleinig in einem allgemeinen, objektiven wirtschaftlichen Sinn zu verstehen ist, wobei beim Opfer vorliegende, besondere persönliche Umstände außer Betracht zu bleiben haben.[217] Während bezüglich dieses allgemeinen Grundsatzes Einigkeit herrscht, wird die genaue Methode zur Bestimmung, ab welcher Höhe nun der Wert der Sache als tatbestandlich angesehen werden kann, seit Jahren kontrovers diskutiert.

Das Gesetz verzichtet seit langer Zeit bewusst auf die Festsetzung von Beträgen, bei deren Erreichen eine besondere Schwere aufgrund des Wertes der Sache vorliegen soll. Im Gegensatz hierzu wurde im Art. 515 Nr.1 CP/1973 noch die Summe von 30.000,00 spanischen Peseten (ca. 180,00 EURO) vorgegeben. Die Normierung eines Wertes wurde jedoch mit der Reform der Vorschrift im Jahre 1983 aufgegeben. Der Grund lag darin, dass man sich von den als atavistisch angesehenen Quoten lösen wollte, um den Gerichten einen größeren Entscheidungsspielraum zu geben.[218]

Konsequenz war, dass die Konkretisierung des unbestimmten Rechtsbegriffes nunmehr den Gerichten oblag, wobei von diesen die jeweils bestehende wirtschaftliche Gesamtsituation, insbesondere auch die Inflation und der tatsächliche Kaufwert, berücksichtigt wurden.[219]

Hierbei wurde durch die Rechtsprechung die Höhe des Betrages auf 500.000,00 spanische Peseten (ca. 3.000,00 EURO) beim Diebstahl und 1.000.000,00 spanische Peseten (ca. 6.000,00 EURO) beim Raub, für den über Art. 241 Abs. 1 CP der Art. 235 CP gleichfalls Anwendung findet, festgelegt.[220] Jedoch ist zu beachten, dass die Rechtsprechung diese Beträge nicht als festen Grenzwert verstand, sondern vielmehr als Richtwert. Denn eine Rückkehr zum vorherigen System der Quoten im Wege der richterlichen Rechtsfortbildung sollte gerade nicht erfolgen.[221]

---

217 Vgl. statt aller *Gonzáles Rus*, in: *Cobo del Rosal*, S. 445.

218 Vgl. *Quintero Olivares*, S. 1096.

219 Vgl. *Cardona Torres*, S. 23; so bereits ausdrücklich STS 27.11. 1987 (RJ 1987, 8619).

220 Vgl. STS 27.02. 1986 (RJ 1986, 920); STS 8.07. 1986 (RJ 1986, 4056); STS 26.05. 1989 (RJ 1989, 4263).

221 Vgl. *Muñoz Conde*, S. 386.

Dem folgend entwickelte sich der Betrag durch die Rechtsprechung seit 1995 ständig fort. So wurde zunächst ein Betrag von 6.010,00 EURO[222], dann von 12.020,00 EURO[223] als tatbestandlich angesehen. Nachfolgend lag die Grenze bei 36.060,00 EURO.[224]

Der Streit wurde durch den Umstand, dass die vorherige Regelung inhaltsgleich übernommen wurde nicht beendet. Nach Ansicht der Literatur wurde es durch den Gesetzgeber im Rahmen der Neuregelung des Jahres 2015 nun abermals versäumt, endlich das Konzept der besonderen Schwere durch Festlegung eines bestimmten Betrages zu objektivieren.[225] Im Ergebnis führt dieses dazu, dass die Festlegung der Höhe eines tatbestandlichen Wertes auch weiterhin den Gerichten obliegen wird, wobei aber darauf hinzuweisen ist, dass im Rahmen des Art. 250 Abs. 1 Nr. 5 CP, eines Qualifikationstatbestandes des Raubes, eine Summe von 50.000,00 EURO festgelegt wird. Es wird daher angenommen, dass diese Summe auch im Rahmen des Diebstahles Bedeutung erlangen wird.[226] Die weitere Entwicklung bleibt hier abzuwarten.

Die zweite Tatbestandsalternative des Art. 325 Abs. 1 Nr. 5 CP erfasst nunmehr den Fall, dass durch den Diebstahl Schäden von besonderer Bedeutung eintreten.

In der Anwendung ähnelt sie der ersten Tatbestandsalternative insoweit, als auch hier die Verursachung eines erheblichen Schadens rein wirtschaftlich auszulegen ist. Im Unterschied zur Bestimmung des Werts einer Sache nach der ersten Alternative muss aber daneben insbesondere auf die individuellen Folgen für das Opfer abgestellt werden.[227] Denn nach der Rechtsprechung des *Tribunal Supremo* ist die Regelung insbesondere in den Fällen anzuwenden, in denen der Wert der Sache anders als in der ersten Tatbestandsalternative nicht besonders hoch ist, der Entzug der Sache aber für das Opfer einen großen wirtschaftlichen Schaden verursacht.[228] Hierdurch kommt es nach Auffassung von Teilen der spanischen Lehre zu einer Vermischung von strafrechtlichem und zivilrechtlichem Schadensbegriff,[229] ist es doch im Regelfalle Aufgabe der Zivilgerichte den vom

222 Vgl. ATS 15.09.2000; SSTS 14.02.2002.
223 Vgl. STS 15.10.2002.
224 Vgl. STS 17.04.2006.
225 Vgl. *Vásquez Iruzubieta*, S. 408.
226 Vgl. *Muñoz Conde*, 2015, S. 337.
227 Vgl. *Serrano Gómez*, S. 338 f.; *García Arán*, S. 157 f..
228 Vgl. *Alastuey Dobón*, in: *Romeo Casabona*, S. 336.
229 Vgl. *Quintero Olivares* a.a.O..

Wert des Tatobjektes unabhängigen und durch die Wegnahme verursachten Schaden zu bestimmen.[230]

Abschließend sei festgehalten, dass sowohl der Eintritt eines Schadens als auch der hohe Wert der Sache für sich allein die Tatbestandlichkeit der Handlung begründen können. Es bedarf zur Tatbestandsverwirklichung nicht der Kumulation beider Alternativen.[231]

Eine explizite Strafzumessungsregelung in Abhängigkeit vom Wert des Tatobjektes oder den wirtschaftlichen Auswirkungen des Diebstahls für das Opfer fehlt dem deutschen Strafrecht. Jedoch werden diese Umstände naturgemäß im Rahmen der Strafzumessung berücksichtigt, denn gemäß § 46 StGB ist der Wert der Beute und die Schwere der Eigentums- und Gewahrsamsverletzung insbesondere für die Strafzumessung bedeutsam.[232] Aufgrund der Unterschiedlichkeit der Rechtsfolgen in beiden Rechtsordnungen ist eine Adaption in Form eines Regelbeispieles nicht möglich. Hier sei insoweit auf die nachfolgenden Ausführungen zu den Rechtsfolgen der Diebstahlsdelikte im deutschen und im spanischen Strafrecht unter 2.f) verwiesen.

g) Verursachung ernster wirtschaftlicher Verhältnisse des Opfers oder seiner Familie, Ausnutzung der persönlichen Lage des Opfers oder Ausnutzung eines Unfalls oder eines Risikos oder einer allgemeinen Gefahr für die Gemeinschaft, Art. 235 Abs. 1 Nr. 6 CP

Die dem Art. 235 Abs. 1 Nr. 6 CP vorhergehende Regelung des Art. 235 Nr. 4 CP/1995 behandelte zunächst allein zwei zu unterscheidende Fallgruppen. Zum einen wurde auf die persönliche Situation des Opfers bzw. seiner Familie abgestellt, zum anderen wurde die Opferstellung bestimmter besonders schutzbedürftiger Personen erfasst.[233] Mit der Neuregelung des Jahres 2015 wurde der Tatbestand nunmehr um die Ausnutzung eines Unfalls oder eines Risikos oder einer allgemeinen Gefahr für die Gemeinschaft bei der Begehung der Tat erweitert. Durch das Hinzufügen dieser Fälle wird deutlich, dass das Hauptmotiv der höheren Strafzumessung in dem Moment der Unterlegenheit des Opfers gegenüber dem Täter zu suchen ist.

Dieses wird insbesondere in der ersten Fallgruppe deutlich. Durch die Anknüpfung an die persönliche Situation der Betroffenen zur Bestimmung der

---

230 Vgl. *Muñoz Conde*, 2015, S. 337.

231 Vgl. *Cardona Torres*, a.a.O..

232 Vgl. *Kudlich*, in: SSW, § 242, Rdnr 65.

233 Vgl. *Conde-Punpido Ferreirro*, Temas, S. 197.

Strafhöhe schafft Art. 235 Abs. 1 Nr. 6 CP ein Kriterium, dass wie der vorherige Art. 235 Abs. 1 Nr. 5 CP abweichend vom sonst geltenden absoluten Vermögensbegriff gerade eine Würdigung der Wirkung der Tathandlung im Einzelfall vornimmt.[234] Denn zur Verwirklichung des Tatbestandes muss der Täter gerade das Opfer in eine ernste wirtschaftliche Lage bringen. Es kommt damit zu einer Subjektivierung des Tatbestandes mit Blick auf das konkrete Opfer und die für das Opfer entstehenden Folgen der Tat.[235] Es bleibt jedoch die Frage, was hierunter im Einzelfall zu verstehen ist.

Damit Verhältnisse als wirtschaftlich ernst bezeichnet werden können, muss es nicht zum völligen wirtschaftlichen Zusammenbruch kommen, es genügt, wenn durch den Diebstahl eine wesentliche Verringerung der wirtschaftlichen Möglichkeiten herbeigeführt wird.[236] Um festzustellen, ob es für das Opfer oder seine Familie durch den Diebstahl zu einer solchen Verringerung gekommen ist, müssen notwendig in jedem Einzelfall die besonderen persönlichen Umstände der Betroffenen ermittelt werden.[237] Die Feststellung bleibt daher letztlich dem Tatrichter überlassen und hat zwangsläufig jeweils im Einzelfall bezogen auf das jeweilige Opfer beantwortet zu werden. So kann der Diebstahl einer Kuh oder von landwirtschaftlichem Gerät zwar im Einzelfall von geringem monetärem Wert sein. Für eine mittelose bäuerliche Familie vermag dieses aber dennoch zu einer wirtschaftlich ernsten Situation im Sinne dieser Norm führen.[238]

Opfer der Tat können zunächst alle natürlichen Personen sein. Daneben aber, auch wenn der Wortlaut dagegen zu sprechen scheint, nimmt die herrschende Meinung an, dass unter die Betroffenen nicht nur natürliche, sondern auch juristische Personen fallen können. Jedoch soll eine Übertragung des Schutzbereiches auf juristische Personen allein mittelbar erfolgen. So soll eine Anwendung nur dann in Betracht kommen, wenn die ernste wirtschaftliche Lage der juristischen Person auf die dahinterstehenden Personen durchgreift.[239] Unmittelbaren Schutz gewährt die Norm daher im Ergebnis immer allein natürlichen Personen.

Die zweite Alternative des Art. 235 Nr. 6 CP, welche die Ausnutzung der persönlichen Lage des Opfers beinhaltet, soll dem erhöhten Unrechtsgehalt der Tat bei Vorliegen eines offensichtlichen Ungleichgewichts zwischen den Fähigkeiten des Täters und dem des Opfers im Zeitpunkt der Begehung und einer daraus

---

234 Vgl. *Muñoz Conde*, 2015, S. 337.
235 Vgl. *Muñoz Conde*, 2015, S. 338.
236 Vgl. *Gonzáles Rus*, in: *Cobo del Rosal*, S. 446.
237 Vgl. *García Arán*, S. 160.
238 Vgl. zu diesem Beispiel *Vázques Iruzubieta*, S. 408.
239 Vgl. *Ruiz Antón*, S. 1123 m.w.N..

resultierenden Überlegenheit des Täters Rechnung tragen. Auch hier wird gerade dem oben angesprochenen Ansatz des Schutzes des schwächeren Opfers Rechnung getragen. Ein Ausgangspunkt für die Bewertung der Frage, wann ein solch strafrechtlich relevantes Ungleichgewicht vorliegt, ist Art. 22 Abs. 2ª CP. Hier findet sich eine Legaldefinition für die Ausnutzung einer überlegenen Stellung. Zwar stimmen die Regelungen nicht exakt überein, jedoch bezieht sich Art. 22 Abs. 2ª CP auf ähnliche Fallgestaltungen und wird daher zur Auslegung herangezogen.[240]

Danach liegt ein Ungleichgewicht vor, wenn sich das Opfer aufgrund von Blindheit, Lähmung oder anderer körperlicher Defekte nicht ausreichend gegen einen Diebstahl zu schützen vermag. Gleiches gilt auch bei Vorliegen eines psychischen Defektes oder wenn Alter, Bildung oder Grad der kulturellen Entwicklung das Opfer in eben dieser Weise daran hindern, einen Diebstahl zu verhindern. Dabei liegt eine Qualifikation in diesem Sinn nicht bereits dann vor, wenn ein solches Ungleichgewicht zwischen Täter und Opfer objektiv besteht, sondern vielmehr muss der Täter dieses subjektiv erkennen und bewusst zur Begehung ausnutzen. Der Vorsatz hat sich folglich auch auf diese Umstände zu erstrecken.[241]

Hinsichtlich der Ausnutzung eines Unfalls oder eines Risikos oder einer allgemeinen Gefahr für die Gemeinschaft bei der Begehung der Tat gilt, dass diese Regelung weder Vorläufer im vorherigen CP noch in den vorhergehenden Entwürfen hatte. Der nunmehrigen Ausgestaltung dieser Fälle wurde seitens der Lehre entgegengehalten, dass es sich um eine nicht notwendige aufzählende Festschreibung einiger denkbaren Notlagen handele, welche bereits zuvor durch den allgemein gehaltenen Wortlaut der vorhergehenden Regelung erfasst waren.

Wichtig ist in diesem Zusammenhang, dass neben dem objektiven Vorliegen einer der geschilderten Notlagen, sei es eines Unfalles oder eben eines allgemeinen Unglücks wie ein Erdbeben, Feuer, usw. notwendig ist, dass gerade dieses Ereignis die Möglichkeit des Opfers zur Abwehr des Angriffs auf das Eigentum geschwächt hat. Darüber hinaus ist es erforderlich, dass der Vorsatz des Täters gerade darauf gerichtet war, diese geschwächte Abwehr auszunutzen.[242]

Während der erste Teil der Regelung in Deutschland zumindest tatbestandlich keine Entsprechung hat und folglich allein im Rahmen der Strafzumessung Berücksichtigung findet, entspricht der letzte Teil inhaltlich dem Regelbeispiel

---

240 Vgl. *Muñoz Conde*, S. 387.

241 Vgl. *García Arán*, S. 161.

242 Vgl. *Del Carpio Delgado*, in Diario La Ley, 2014, S. 32.

des § 243 Abs. 1 S. 2 Nr. 6 StGB. Auch dort erfassen die aufgeführten Regelbeispiele die Ausnutzung fremder Notlagen (Hilflosigkeit, Unglücksfall, gemeine Gefahr), bei denen die Selbstschutzmöglichkeiten gegen die Wegnahme erheblich reduziert sind.[243] Gleichfalls liegt dort ein Ausnutzen allein dann vor, wenn der Täter zielgerichtet die Notlagen nutzt, um die Tat zu ermöglichen oder wenigstens erheblich zu erleichtern.[244] Es besteht daher in materieller Sicht insoweit kein Unterschied in beiden Rechtsordnungen. Bemerkenswert ist insoweit allein ein Vergleich der möglichen Rechtsfolgen. Während das Regelbeispiel des § 243 Abs. 1 S. 2 Nr. 6 StGB zu einer Freiheitsstrafe in Höhe von drei Monaten bis zu 10 Jahren führen kann, beträgt die Höchststrafe in Spanien lediglich drei Jahre.[245]

h) Wiederholte Begehung von Delikten des XIII. Titels gleicher Natur, Art. 235 Abs. 1 Nr. 7 CP

Als Folge einer Diebstahlwelle in der Hauptstadt der Region Katalonien, Barcelona, welche in den Medien großes Aufsehen erregte, enthielt der CP seit der Strafrechtsreform des Jahres 2010 eine besondere Strafandrohung für die wiederholte Begehung von Diebstahlsdelikten, in denen eine Summe von 400,00 EURO nicht erreicht wurde. So sollte das Strafmaß des Grundtatbestandes des Art. 234 Abs. 1 CP/2010 auch dann Anwendung finden, wenn der Täter dreimal innerhalb eines Jahres den Tatbestand des Art. 623 Nr. 1 CP beging und die Summe der Schadenshöhe insgesamt die des Grundtatbestandes von 400,00 EURO überstieg.

Der Tatbestand des Art. 623 Nr. 1 CP/2010 entspracht zu diesem Zeitpunkt inhaltlich vollumfänglich dem Grundtatbestand des Diebstahls. Im Gegensatz zu diesem handelte es sich jedoch bei Art. 623 CP/2010 nicht um die Kodifizierung einer Straftat, sondern vielmehr um die einer sogenannten Übertretung, welche als Auffangtatbestand in dem Falle Anwendung fand, dass der Wert des Entwendeten 400,00 EURO nicht überstieg. Gesetzestechnisch wurde folglich in 234 Abs. 2 CP/2010 die mehrfache Begehung einer Übertretung auf das Niveau einer Straftat gehoben.

Der zunächst dogmatisch überzeugende Ansatz der Würdigung des einer kumulativen Begehung innewohnenden Unrechtsgehalts erwies sich jedoch in der erfolgten Umsetzung als schwierig, ergaben sich hieraus doch sowohl strafprozessuale als auch dogmatischen Schwierigkeiten.

---

243 Vgl. *Eser/Bosch*, in: *Schönke/Schröder*, § 243, Rdnr 38.

244 Vgl. *Schmitz*, in: MünchKomm, § 243, Rdnr. 55 m.w.N..

245 Vgl. hierzu im Einzelnen nachfolgend unter C. II.4.

Zunächst war problematisch, dass die Möglichkeit bestand, hinsichtlich der einzelnen Übertretung nach Art. 623 Abs.1 CP/2010 im Wege eines beschleunigten Verfahrens nach Art. 962 und 964 Abs. 2 Ley de Enjuiciamiento Criminal[246] gegen den Täter vorzugehen. Es konnte damit der Fall gegeben sein, dass es in dem Moment, in dem drei Übertretungen vorlagen, bereits zu einer strafrechtlichen Ahndung der Übertretung gekommen war. Hieraus ergab sich, dass eine solche Übertretung wegen des Grundsatzes „*ne bis in idem*" nicht erneut innerhalb des Art. 623 CP/2010 Berücksichtigung finden konnte.[247]

Ein weiteres Problem entstand dadurch, dass die Übertretungen des Art. 623 CP/2010 innerhalb eines halben Jahres verjährten. Insoweit bestand die Möglichkeit, dass von drei Übertretungen innerhalb eines Jahres, entweder eine

---

246 Vgl. Real Decreto de 14 de septiembre de 1882, aprobatorio de la Ley de Enjuiciamiento Criminal:
"*Artículo 962 1. Cuando la Policía Judicial tenga noticia de un hecho que presente los caracteres de falta tipificada en el artículo 617, en el artículo 623.1 cuando sea flagrante o en el artículo 620 del Código Penal, siempre que en este último caso el ofendido sea alguna de las personas a las que se refiere el artículo 173.2 del mismo Código, cuyo enjuiciamiento corresponda al Juzgado de Instrucción al que se debe entregar el atestado o a otro del mismo partido judicial, procederá de forma inmediata a citar ante el juzgado de guardia a los ofendidos y perjudicados, al denunciante, al denunciado y a los testigos que puedan dar razón de los hechos. Al hacer dicha citación se apercibirá a las personas citadas de las respectivas consecuencias de no comparecer ante el juzgado de guardia. Asimismo, se las apercibirá de que podrá celebrarse el juicio de faltas de forma inmediata en el juzgado de guardia, incluso aunque no comparezcan, y de que han de comparecer con los medios de prueba de que intenten valerse. Al denunciante y al ofendido o perjudicado se les informará de sus derechos en los términos previstos en los artículos 109, 110 y 967.*
Artículo 964 2. Recibido el atestado conforme a lo previsto en el párrafo anterior, y en todos aquellos casos en que el procedimiento se hubiere iniciado en virtud de denuncia presentada directamente por el ofendido ante el órgano judicial, el Juzgado de guardia celebrará de forma inmediata el juicio de faltas si, estando identificado el denunciado, fuere posible citar a todas las personas que deban ser convocadas para que comparezcan mientras dure el servicio de guardia y concurran el resto de requisitos exigidos por el artículo 963.".

247 Diese Auffassung wurde gestützt durch den Umstand, dass sich in den Motiven des Einführungsgesetzes die Anmerkung fand, dass eine Anwendung der Kumulation von Übertretungen gemäß Art. 234 Abs. 2 CP/2010 dann erfolgen solle, wenn die Übertretungen nicht bereits abgeurteilt und bestraft seien. So *Faraldo Cabana*, in: La Ley, S. 25; Exposicion de Motivos de la LO 11/2003 "*cuando los hechos infractores del Código Penal cometidos con anterioridad no hubieran sido aún juzgados y condenados.*".

oder bereits zwei Übertretungen verjährt waren. Nach übereinstimmender Auffassung durfte in diesen Fällen eine Anwendung des Art. 234 Abs. 2 CP/2010 gleichfalls nicht mehr erfolgen.[248] Eine Anwendung des Art. 234 Abs. 2 CP/2010 beschränkte sich daher im Ergebnis auf die Fälle, in denen zwischen der ersten Übertretung und der letzten nicht mehr als sechs Monate lagen.

Es wird daher mit Blick auf die Regelung des Jahres 2010 deutlich, dass der Ansatz eine Vielzahl von Übertretungen dem schärferen Schwert des Strafrechts zu unterstellen zwar konsequent, mit Blick auf die Praktikabilität der Norm jedoch nicht völlig überzeugend umgesetzt wurde.

Die Neufassung der Regelung im Jahre 2015 folgt im Grundsatz dem inhaltsgleichen Ansatz, dass die mehrfache Begehung von Delikten eine schwerere Rechtsfolge nach sich zu ziehen habe. Durch die Abschaffung des Systems der Übertretungen kommt es hier jedoch zu einer wesentlichen Strafschärfung. Während die vorherige Regelung lediglich mehrfache Übertretungen durch Kumulation des Wertes der Tatobjekte auf das Niveau einer Straftat hob, wird hier sowohl in den leichten Fällen des § 234 Abs. 1 CP als auch in den schweren Fällen des § 234 Abs. 2 CP im Falle einer Mehrfachbegehung ein Strafrahmen von mindestens drei Monaten bis zu drei Jahren Freiheitsstrafe eröffnet. Dieses erscheint im Vergleich mit der wohl vorzunehmenden Einordnung des Diebstals als Alltagsdelikt als recht scharfe Reaktion des Gesetzgebers auf das Problem der Mehrfachtäter, auch wenn das Phänomen der Häufung des wiederholten Diebstahls naturgemäß für Verunsicherung unter den Bürgern sorgt.[249]

Im Unterschied zu der vorherigen Norm sieht die Regelung des Art. 235 Abs. 1 Nr. 7 CP nunmehr explizit vor, dass der Anwendungsbereich allein in den Fällen eröffnet ist, in denen Vorstrafen nicht bereits getilgt wurden bzw. hätten getilgt werden müssen.

Die Regelung stimmt tatbestandlich im Wesentlichen mit der Regelung des Art. 66 Abs. 1 Nr. 5 CP[250] des allgemeinen Teiles überein. Auch dort wird

---

248 Vgl. statt aller *Vives Anton/Gonzales Cussac*, Delitos, S. 384.

249 Vgl. *Muñoz Conde*, 2015, S. 339.

250 "*Artículo 66*
1. En la aplicación de la pena, tratándose de delitos dolosos, los jueces o tribunales observarán, según haya o no circunstancias atenuantes o agravantes, las siguientes reglas:
…5.ª Cuando concurra la circunstancia agravante de reincidencia con la cualificación de que el culpable al delinquir hubiera sido condenado ejecutoriamente, al menos, por tres delitos comprendidos en el mismo título de este Código, siempre que sean de la

gefordert, dass der Täter zum Zeitpunkt der Verurteilung wenigstens dreimal rechtskräftig wegen in einem Titel enthaltener Delikte derselben Art verurteilt wurde. Es handelt sich hierbei jedoch um eine allgemeine Regelung der Strafzumessung und nicht wie in Art. 235 Abs. 1 Nr. 7 CP, um einen Qualifikationstatbestand mit eigener Strafandrohung.

In seiner Schutzrichtung ist Art. 235 Abs. 1 Nr. 7 CP vergleichbar mit der Regelung des § 243 Abs. 1 S. 2 Nr. 3 StGB, dem gewerbsmäßigen Diebstahl. Auch dort soll derjenige einem höheren Strafmaß zugeführt werden, der sich aus der wiederholten Begehung von Diebstählen eine fortlaufende Einnahmequelle von einigem Umfang und einer gewissen Dauer verschaffen will.[251] Jedoch wird bei genauerer Betrachtung in funktionaler Hinsicht der in Spanien beschriebene Fall nur in Teilen umfasst. Denn gemäß § 243 Abs. 2 StGB ist in den Fällen des Abs. 1 Satz 2 Nr. 1 bis 6 ein besonders schwerer Fall ausgeschlossen, wenn sich die Tat auf eine geringwertige Sache bezieht.

Ein Vergleich beider Regelungen zeigt damit, dass der spanische Ansatz insoweit als deutlich restriktiver anzusehen ist, als die deutsche Regelung der Fälle der wiederholten Tatbegehung. Während dort allein die dreimalige Begehung als ausreichend angesehen wird, bedarf es in Deutschland neben einem Wert von mehr als 50,00 EURO[252] auch noch Handlungen von einigem Umfang. Dieses scheint insoweit dem Delikt auch angemessener, handelt es sich wie gesagt doch um ein Alltagsdelikt und eine Strafhöhe von einem bis zu drei Jahren Freiheitsstrafe mithin als nicht adäquat.

i) Tatbegehung mittels eines Minderjährigen unter sechzehn Jahren, Art. 235 Abs. 1 Nr. 8 CP

Die Regelung wurde zunächst mit der Reform des Jahres 2010 eingefügt. Hintergrund war der Wunsch des Gesetzgebers der zunehmenden Fälle Herr zu werden, in denen sich der Täter eines Minderjährigen zur Tatbegehung bedient.[253]

---

misma naturaleza, podrán aplicar la pena superior en grado a la prevista por la ley para el delito de que se trate, teniendo en cuenta las condenas precedentes, así como la gravedad del nuevo delito cometido. A los efectos de esta regla no se computarán los antecedentes penales cancelados o que debieran serlo. …".

251 Vgl. BGH NStZ 1995, 85; BGH NStZ 1996, 285; OLG Hamm NStZ-RR 2004.

252 Ob Sachen geringwertig sind, bestimmt sich nach ihrem Verkehrswert vgl. NJW 77, 1460. Gegenwärtig dürfte die Grenze im Regelfall etwa bei 50 € liegen vgl. OLG Hamm NJW 03, 3145 und wistra 04, 34; Frankfurt NStZ-RR 08, 311.

253 Vgl. *Cardona Torres*, S. 235.

Die Regelung hatte verschiedene Zielrichtungen. Zum einen sollte die freie Entwicklung der Persönlichkeit des Kindes geschützt werden, zum anderen wollte der Gesetzgeber aber auch der besonders verwerflichen Gesinnung des Täters, welche aus der Verwicklung von Kindern unter 14 Jahren in kriminelle Handlungen sichtbar wird, Rechnung tragen.[254]

Daneben sollte auch dem Versuch begegnet werden, durch die Einbindung Schuldunfähiger einer Strafbarkeit zu entgehen. Dogmatisch handelt es sich daher um die Kodifizierung eines Falles der mittelbaren Täterschaft, denn entsprechend der Regelungen in Deutschland sind Kinder unter 14 Jahren auch in Spanien nicht schuldfähig.[255] Art. 19 CP sieht vor dass Jugendliche unter 18 Jahren grundsätzlich nur dann strafrechtlich für ihre Taten verantwortlich sind, wenn dieses in dem diesbezüglichen Gesetz vorgesehen ist.[256] Die Strafmündigkeit ist also in einem eigenen Gesetz, welches allerdings dem Strafrecht zuzurechnen ist, geregelt. Das sogenannte Gesetz zur Regelung der strafrechtlichen Verantwortung Minderjähriger[257] sieht in Art. 3 vor, dass Kinder unter 14 Jahren gänzlich von strafrechtlicher Verantwortung befreit sind.[258]

Mit der Reform des Jahres 2015 wurde nunmehr in Übereinstimmung mit der UN-Kinderrechtskonvention das Alter auf 16 Jahre erhöht.[259] Es stellt sich jedoch die Frage, ob hiermit im Ergebnis der insbesondere von osteuropäischen Tätergruppen praktizierten Begehungsweise wirksam begegnet werden kann. So

---

254 Vgl. *Mestre Delgado*, in: *Lamarca Pérez*, 2015, S 328.

255 Vgl. *Faraldo Cabana*; in: La Ley, S. 5.

256 Vgl. "*Artículo 19. Los menores de dieciocho años no serán responsables criminalmente con arreglo a este Código. Cuando un menor de dicha edad cometa un hecho delictivo podrá ser responsable con arreglo a lo dispuesto en la Ley que regule la responsibilidad penal del menor.*"

257 Ley organica 5/2000 , de 12 de enero, reguladora de la responsabilidad penal de los menores.

258 "*Articulo 3*
Cuando el autor de los hechos mencionados en los artículos anteriores sea menor de catorce años, no se le exigirá responsabilidad con arreglo a la presente Ley, sino que se le aplicará lo dispuesto en las normas sobre protección de menores previstas en el Código Civil y demás disposiciones vigentes. El Ministerio Fiscal deberá remitir a la entidad pública de protección de menores testimonio de los particulares que considere precisos respecto al menor, a fin de valorar su situación, y dicha entidad habrá de promover las medidas de protección adecuadas a las circunstancias de aquél conforme a lo dispuesto en la Ley Orgánica 1/1996, de 15 de enero.".

259 Vgl. *Cano Cuenca*, in: *Gonzáles Cussac*, 2015, S. 704.

ist anzunehmen, dass der Nachweis, dass ein hinter dem Kind stehender Erwachsener dieses zur Tat bestimmt hat, schwierig zu führen sein wird. Insbesondere werden die Kinder selbst darzulegen versuchen, aus eigenem Antrieb gehandelt zu haben.[260]

Der von Art. 235 Abs. 1 Nr. 8 CP erfasste Fall der Diebstahlbegehung durch einen Minderjährigen wird in Deutschland nicht durch einen eigenständigen Tatbestand erfasst. Vielmehr wird der Umstand der mittelbaren Tatbegehung in allgemeiner Form behandelt. So gilt wie in Spanien, dass auch hier Minderjährige wegen der Ausrichtung des StGB auf Erwachsene als Tatbeteiligte einer Straftat von vornherein ausscheiden. Nichtsdestoweniger können sie aber dennoch insoweit mitwirken, wenn Erwachsene Straftaten verwirklichen und die Bestrafung von Erwachsenen beeinflussen, wenn sie von diesen gezielt zur Begehung von Straftaten eingesetzt werden. Greift hier ein Erwachsener zur Verwirklichung von Straftaten auf einen Minderjährigen zurück, ist für ihn als Hintermann abzugrenzen, ob er durch den Einsatz des Minderjährigen mittelbarer Täter oder lediglich anstiftender Teilnehmer einer Straftat ist.[261] Dieser generelle Ansatz erscheint insoweit vorzugswürdiger, als neben dem Diebstahl durch Kinder auch alle weiteren Delikte sowie alle sonstigen Formen der Begehung durch Personen deren Schuldfähigkeit eingeschränkt ist, erfasst werden. Eine Adaption der spanischen Regelung erscheint daher aus dogmatischen Gründen für Deutschland als nicht sinnvoll, wenn auch die Zielsetzung des Vorgehens in Spanien nachvollziehbar ist und die Umsetzung geeignet erscheint, diese Form der Tatbegehung berechtigterweise besonders zu sanktionieren.

j) Tatbegehung als Mitglied einer kriminellen Organisation, Art. 235 Abs. 1 Nr. 9 CP

Die Regelung wurde mit der Reform des Jahres 2015 erstmalig in den CP eingeführt. Sie ist insoweit auf breite Kritik gestoßen als die Art. 570 *bis* ff. CP die Mitgliedschaft in einer kriminellen Organisation bereits unter Strafe stellen. Die zusätzliche Strafschärfung im Falle eines Diebstahls als Mitglied einer solchen Bande, wird daher als Verstoß gegen den *ne bis in idem* Grundsatz angesehen.[262] Der Widerstand gegen die Norm zeigte sich bereits in dem erfolgten Gesetzgebungsprozess, in dem die Regelung Gegenstand fortlaufender Änderungen

260 Vgl. so *Vásquesz Iruzubieta*, S. 408.

261 Vgl. zum Gesamtkomplex *Exner*, in JA, 2013 S. 107.

262 Vgl. *Muñoz Conde*, 2015, S. 340.

war.[263] Es bleibt abzuwarten, in welcher Form die Rechtsprechung dem Problem der Konkurrenz mit den Art. 570 *bis* ff. CP begegnen wird.

Bezüglich der kriminellen Organisation enthält Art. 570 *bis* Abs. 1 CP eine Legaldefinition. Danach versteht man unter einer kriminellen Organisation eine auf Dauer angelegte Vereinigung, begründet durch mehr als zwei Personen, die sich in arrangierter und organisierter Vorgehensweise verschiedene Aufgaben oder Funktionen aufteilen, um Straftaten zu begehen.[264] Weiterhin müssen Taten derselben Art begangen werden.

Der Begriff der Bande ist daher inhaltlich identisch mit der Regelung des Bandenbegriffs im deutschen Strafrecht. Auch hier wird unter Bande der Zusammenschluss von mindestens drei Personen verstanden, die sich mit dem Willen verbunden haben, künftig für eine gewisse Dauer mehrere selbstständige, im Ergebnis noch ungewisse Straftaten des im Gesetz genannten Deliktstyps zu begehen.[265] Während mithin materiell keine Differenzen bestehen, sind die Unterschiede in der Rechtsfolge beachtlich. Während in Spanien der Strafrahmen bei Gefängnis von einem Jahr bis zu drei Jahren liegt, kann in Deutschland in solchen Fällen eine Freiheitsstrafe von sechs Monaten bis zu zehn Jahren (§ 244 StGB), im Falle des schweren Bandendiebstahls gemäß § 244 a StGB sogar von mindestens einem Jahr bis zu zehn Jahren ausgesprochen werden.

k) Die Strafzumessungsregelung des Art. 235 Abs. 2 CP

Die Regelung des Art. 235 Abs. 2 CP wurde eingeführt, um die zuvor bestehenden Konkurrenzschwierigkeiten im Falle der Begehung mehrerer Tatbestände zu lösen. Danach soll nunmehr in dem Fall, dass zwei oder mehr der vorgesehenen Umstände des vorherigen Abschnitts vorliegen, die Strafe aus der oberen Hälfte verhängt werden. Dieses bedeutet, dass eine Freiheitsstrafe von mindestens zwei Jahren und einem Tag bis hin zu drei Jahren auszusprechen ist und folglich

---

263 Vgl. zur Veränderung der Norm während des Gesetzgebebungsprozesses *Quintero Olivares*, 2015, S. 478.

264 "*Artículo 570 bis Abs. 1 S.2 CP*
… A los efectos de este Código se entiende por organización criminal la agrupación formada por más de dos personas con carácter estable o por tiempo indefinido, que de manera concertada y coordinada se repartan diversas tareas o funciones con el fin de cometer delitos.".

265 Vgl BGHSt 46, 321 = BGH NJW 2001, 2266, BGH NStZ-RR 2013, 208; BGH StV 2013, 508 (509); BGH NStZ 2015, 647.

eine Aussetzung der Freiheitsstrafe zur Bewährung nicht mehr erfolgen kann.[266] Denn gemäß Art. 80 Abs. 2 Nr. 2.ª darf die zu verhängende Freiheitsstrafe nicht höher sein als zwei Jahre.[267]

Diese Rechtsfolge wird in Teilen der Lehre als nicht im Verhältnis zur Schuld stehend angesehen. Zur Verdeutlichung wird folgendes Beispiel gebildet. Ein Täter, dessen einziger tatsächlicher Tatbeitrag im dreimaligen „Schmiere stehen" besteht, ist mit einer Freiheitsstrafe von mindesten zwei Jahren zu verurteilen, falls die die Wegnahme durchführende Person 15 Jahre und 11 Monate alt ist.[268]

Und tatsächlich ist dem Beispiel zuzugeben, dass eine mindestens zweijährige Freiheitsstrafe für eine solche Tat wohl als nicht schuldangemessen erscheint. Insoweit wäre es nach Auffassung des Verfassers als vorzugswürdig anzusehen, wenn der Gesetzgeber dem Tatrichter zwar die Möglichkeit einer Freiheitsstrafe in dieser Höhe an die Hand gegeben hätte, es jedoch dem Richter überlassen bliebe, zu entscheiden, ob die Schuld im Einzelfall eine solche Strafe auch rechtfertigt. Eine Adaption der zwingenden Erhöhung des Strafrahmens im Falle der kumulativen Begehung für Deutschland ist nach Ansicht des Verfassers daher als nicht empfehlenswert anzusehen. Insoweit erscheint der derzeitige Ansatz, dass die besondere Würdigung der Umstände im Wege der Regelbeispieltechnik dem Tatrichter obliegt, als vorzugswürdig.

4. Vergleich der Rechtsfolgen der Diebstahlsdelikte

Das StGB sieht für die Begehung eines Diebstahlsdeliktes zwei verschiedene Rechtfolgen vor. So kann die Tat im Fall des § 242 StGB mit Freiheitsstrafe oder mit Geldstrafe bestraft werden. Eine Ausnahme davon gilt jedoch soweit ein besonders schwerer Fall im Sinne der Strafzumessungsregelung des § 243 StGB vorliegt. Hier ist allein eine Freiheitsstrafe auszusprechen, soweit nicht die zwingende Rückausnahme des § 243 Abs. II StGB greift und es sich bei dem Tatobjekt um eine geringwertige Sache handelt. Gleiches gilt im Falle der

---

266 Vgl. *Quintero Olivares*, 2015, S. 479.

267 "*Artículo 80*
… 2. Serán condiciones necesarias para dejar en suspenso la ejecución de la pena, las siguientes:
… 2.ª Que la pena o la suma de las impuestas no sea superior a dos años, sin incluir en tal cómputo la derivada del impago de la multa.".

268 Vgl. *Quintero Olivares*, 2015, S. 479.

Qualifikationstatbestände der §§ 244 und 244a StGB, in denen gleichfalls allein eine Freiheitsstrafe auszusprechen ist.

Der Strafrahmen für die Freiheitsstrafe bewegt sich dabei von bis zu fünf Jahren in Fällen des § 242 StGB, über eine Mindestfreiheitsstrafe von drei Monaten bis zu 10 Jahren, soweit ein besonders schwerer Fall im Sinne der Strafzumessungsnorm des § 243 StGB vorliegt, über eine Mindestfreiheitsstrafe von sechs Monaten bis zu zehn Jahren bei Begehung einer Tat nach § 244 StGB bis hin zu einer Mindestfreiheitsstrafe von einem Jahr bis zu zehn Jahren, soweit die Qualifikation des § 244a StGB gegeben ist.

Die gesetzlichen Vorgaben eröffnen daher dem Tatrichter einen weiten Rahmen, der diesem die notwendige Flexibilität zur Strafzumessung im Einzelfall verschafft. Dieses gelang insbesondere durch die Neugestaltung des § 243 StGB nach der Regelbeispielmethode. Diese auf dem 1. StrRG[269] beruhende Gestaltung des § 243 hat die kriminalpolitisch unbefriedigende Kasuistik der Tatbestände des schweren Diebstahls beseitigt und durch eine elastischere Lösung ersetzt, die – von § 244 StGB abgesehen – keine qualifizierten Tatbestände, sondern nur die Bildung einer erhöhten Strafrahmenstufe in besonders schweren Fällen vorsieht.[270]

Das System der Rechtsfolgen in Spanien wirkt hiergegen durch die eng gesetzten Vorgaben als äußerst statisch. Gemäß Art. 234 Abs. 1 CP gilt zunächst, dass der Täter im Falle, dass das Tatobjekt einen Wert über 400,00 EURO besitzt, die Aussprache einer Geldstrafe zunächst nicht mehr möglich ist. Stattdessen ist eine Freiheitsstrafe von sechs bis zu 18 Monaten auszusprechen. Lediglich bei einem Wert von unter 400,00 EURO kann auch eine Geldstrafe ausgesprochen werden. Eine Freiheitsstrafe kann dagegen in diesen Fällen nicht vorgesehen werden. Dieses gilt zumindest dann, wenn keiner der Qualifikationstatbestände des Art. 235 CP vorliegt. In den Fällen des Art. 235 CP ist dann eine Freiheitsstrafe von einem bis zu drei Jahren auszusprechen.

Wie daraus sichtbar wird, sind die möglichen Rechtsfolgen in beiden Ländern sehr verschieden. Besonders sticht hier der Umstand heraus, dass die mögliche Höchstfreiheitstrafe in Spanien allein drei Jahre und in Deutschland aber zehn Jahre beträgt. Zusammenfassend erscheint die in Deutschland im § 243 StGB eingeführte Regelbeispielmethode gegenüber dem starren System der Qualifikationen innerhalb des CP als deutlich vorzugswürdig. Eine Adaption der

---

269 Erstes Gesetz zur Reform des Strafrechts vom 25. Juni 1969 in Bundesgesetzblatt Teil I 1969 Nr. 52 vom 30.06.1969.

270 Vgl. *Kühl*, in: *Lackner/Kühl*, StGB, § 243 Rdnr. 1.

spanischen Rechtslage erscheint daher als nicht angezeigt, würde diese doch erneut zu der erst überwundenen fehlenden Flexibilität im Rahmen der Strafzumessung führen.

5. „Furtum possesionis", Art. 236 CP

Artikel 236.

1. *Mit Geldstrafe von drei bis zu zwölf Monaten wird bestraft, wer als Eigentümer einer beweglichen Sache oder mit Einverständnis des Eigentümers diese Sache dem rechtmäßigen Besitzer zu dessen Nachteil oder zum Nachteil eines Dritten entwendet.*
2. *Sofern der Wert der entwendeten Sache 400,00 EURO nicht übersteigt, wird eine Geldstrafe von einem bis drei Monate verhängt.*

a) Das geschützte Rechtsgut

Dem Diebstahl nachfolgend enthält der CP mit Art. 236 CP eine Regelung, welche im deutschen Strafrecht innerhalb der Diebstahlsdelikte keine Entsprechung findet und dem deutschen Betrachter zunächst ungewöhnlich anmutet: Das sogenannte „*Furtum possesionis*".

Die Tathandlung besteht in der Wegnahme einer beweglichen Sache zum Nachteil des rechtmäßigen Besitzers durch den Eigentümer oder durch einen Dritten mit Einverständnis des Eigentümers.

Auch wenn ein entsprechendes Delikt dem aktuellen deutschen Strafrecht zumindest im Bereich des Diebstahls fremd ist, handelt es sich dennoch um einen traditionellen kontinentaleuropäischen Tatbestand, dessen Wurzeln bis ins römischen Recht reichen.[271]

Inhaltlich ist die Regelung des Art. 236 CP und damit auch das geschützte Rechtsgut im Verbund mit dem Diebstahl zu sehen. Während wie ausgeführt das Eigentum den Kern des Schutzgutes innerhalb des Diebstahls in Spanien bildet, ist der berechtigte Besitz der Sache vom Diebstahl nicht erfasst. Daher kann der Eigentümer nie Täter dieses Deliktes[272], zum anderen der berechtigte Besitzer nicht Opfer sein.

Um die hier empfundene Regelungslücke zu schließen und dem berechtigten Besitzer strafrechtlichen Schutz vor dem Entzug des berechtigten Besitzes durch den Eigentümer zu gewähren, regelt nunmehr Art. 236 CP den „Diebstahl" des

---

271 Vgl. Paulus, (D. 47,2,14,1).

272 Anders im Fall des gemeinschaftlichen Eigentums.

Besitzes, dass sogenannte *„furtum possesionis"*.[9] Wobei anzumerken ist, dass allein der berechtigte Besitz geschützt wird, wohingegen der unrechtmäßige Besitz vom Regelungszweck nicht erfasst ist.[273]

b) Der objektive Tatbestand

Der wesentliche Unterschied zum Diebstahl innerhalb des objektiven Tatbestandes ist zunächst das Tatobjekt. Zwar muss es sich auch im Rahmen des Art. 236 CP um eine bewegliche Sache handeln, diese Sache muss jedoch nicht fremd sein.[274] Vielmehr ist gerade bei der ersten Tatbestandsalternative das Tatobjekt zwingend eine tätereigene Sache.

Fremd ist die Sache dagegen für den Täter in der zweiten Alternative. Hier handelt es sich um die Wegnahme durch einen Dritten. Aber auch hier wird die Tatbestandsmäßigkeit an die Zustimmung des Eigentümers der Sache gebunden, so dass die Fremdheit zwar für den Täter vorliegt, tatbestandlich aber naturgemäß keine Bedeutung erlangt, handelt der Täter letztlich doch im Einvernehmen mit dem Eigentümer.[275] Hier gilt, dass zwar ein Dritter Täter ist, der Eigentümer aber regelmäßig durch die Zustimmung Mittäter oder Teilnehmer des Delikts wird, Art. 28, 29 CP.[276] Festzuhalten bleibt noch, dass die Zustimmung des Eigentümers in jedem Fall ausdrücklich erteilt werden muss.

Auch der Miteigentümer einer Sache kann sowohl Täter als auch Zustimmung gebender Mittäter sein, falls der berechtigte Besitz den anderen Miteigentümern entzogen wird.[277]

Die Tathandlung besteht in der Wegnahme der Sache. Aufgrund des eben dargelegten zu schützenden Rechtsgutes ist hierunter auch eine Wegnahme im eigentlichen Sinne zu verstehen. Inhaltlich besteht daher im Kern kein Unterschied zu der oben gefundenen Beschreibung der Wegnahme unter Art. 234 CP. Es kann daher an dieser Stelle auf die obigen Ausführungen verwiesen werden.[278]

Das Fehlen einer entsprechenden Regelung für den Fall, dass die Wegnahme mit Gewalt oder durch Drohung erfolgt, wird seitens der Literatur kritisiert, da

---

273 Vgl. *Borja Jiménez*, in: *Vives Antón*, 2015, S. 350; *Conde Pumpido Ferreirro*, Temas, S. 197.

274 Vgl. *Robledo Villar*, S. 44.

275 Vgl. *Cáceres*, S. 90, 91.

276 Vgl. *Robledo Villar*, S. 44; *García Arán* a.a.O..

277 Vgl. *García Arán*, S. 164.

278 Vgl. oben unter C. II.2.c).

somit die Behandlung solcher Fälle im rechtlich Unklaren bleibe. Es wird angenommen, dass in der ersten Alternative des Art. 236 CP der Täter, welcher Eigentümer der Sache ist, gemäß Art. 455 CP zu bestrafen ist. Gemäß Art. 455 CP wird derjenige mit einer Geldstrafe von sechs bis zwölf Monaten bestraft, der die Durchsetzung eines bestehenden eigenen Rechtes außerhalb der rechtlichen Möglichkeiten durch Gewalt, Drohung oder Gewalt an Sachen durchsetzt.[279] Für die zweite Alternative des Art. 236 CP, in der der Täter lediglich mit dem Einverständnis des Eigentümers handelt, soll dagegen gelten, dass die verwirklichten Handlungen im Wege der Konkurrenz nach Art. 77 Abs. 3 CP zu lösen seien, wobei die jeweils begangene Gewaltanwendung, Drohung, etc. und die Handlung des Art. 236 einzubeziehen sind.[280]

Eine entsprechende Anwendung für den Fall, dass die Wegnahme des Besitzes durch Täuschung erfolgt, besteht indes nicht. Nutzt der Täter eine Täuschung, so liegt ein Fall des Betruges vor.[281]

Durch die Entziehung der Sache muss es ferner zu einem Vermögensschaden entweder am Vermögen des berechtigten Besitzers oder am Vermögen eines Dritten kommen.[282] Der Schaden wir hierbei ähnlich der Annahme der Bereicherungsabsicht innerhalb des Grundtatbestandes des Diebstahls nach Art. 234 CP zunächst indiziert. Es obliegt dem Beschuldigten zu beweisen, dass der Entzug der Sache zu keinem Schaden beim Opfer der Tat oder einem Dritten führt.[283]

c) *Der subjektive Tatbestand*

In Bezug auf den subjektiven Tatbestand bestehen bei Art. 236 CP keine Besonderheiten. Im Einzelnen kann hier auf die entsprechenden Ausführungen zum Grundtatbestand des Diebstahls Bezug genommen werden.

---

279 *"CAPÍTULO IV De la realización arbitraria del propio derecho*
Artículo 455.
1. El que, para realizar un derecho propio, actuando fuera de las vías legales, empleare violencia, intimidación o fuerza en las cosas, será castigado con la pena de multa de seis a doce meses.
2. Se impondrá la pena superior en grado si para la intimidación o violencia se hiciera uso de armas u objetos peligrosos.".

280 Vgl. so *Mestre Delgado*, in: *Lamarca Pérez*, 2013, S. 320.

281 Vgl. *Muñoz Conde*, S. 388.

282 Vgl. *Vives Antón/Gonzáles Cussac*, in: *Vives Antóñ*, S. 422.

283 Vgl. *Vásquez Iruzubieta*, S. 409.

d) *Strafrahmen*

Art. 236 CP sieht als Rechtsfolge lediglich Geldstrafe vor. Dieses erscheint auch angemessen, handelt es sich doch um eine Handlung mit eher geringem Unrechtsgehalt. Entsprechend wurde Art. 236 CP auch hinter der Qualifikation des Art. 235 CP eingefügt. Aus dieser systematischen Einordnung folgt, dass eine Anwendung der Qualifikationen innerhalb des Art. 236 CP nicht möglich ist, so dass es bei der Rechtsfolge der Geldstrafe verbleibt.[284] Die strafrechtliche Verurteilung hat entsprechend der Regelungen der Art. 109[285] und 110[286] CP daneben keinen Einfluss auf die zivilrechtlichen Schadenersatzforderungen des Besitzers.[287]

Mit Blick auf die Rechtsfolge fällt auch hier auf, dass verglichen mit der Ahndung des einzig vergleichbaren Falles der Pfandkehr der Strafrahmen in Spanien erneut als sehr moderat anzusehen ist. Hier steht die Geldstrafe nach spanischem Recht einer Verurteilung zu einer Freiheitsstrafe von bis zu drei Jahren nach dem StGB gegenüber. Nach Auffassung des Verfassers erscheint hier der gemäßigte Eingriff des Strafrechts in einen letztlich im Wesentlichen vom Zivilrecht überlagerten Bereich als durchaus vorzugswürdig. Der Entzug einer Sache, welcher die Ausschöpfung des Höchststrafrahmens von drei Jahren Freiheitsstrafe rechtfertigt, scheint praktisch kaum vorstellbar.

e) *Vergleich*

In der Regelung des Art. 236 CP kommt erneut deutlich die bereits oben unter B. II dargelegte unterschiedliche Rechtstradition beider Länder zu tragen. So erfasste der römisch rechtliche Ansatz des „*furtum*“ als weitgefasster Generaltatbestand auch die Wegnahme tätereigener Sachen in fremden Gebrauch oder

---

284 Vgl. statt aller *Robledo Villar*, S. 40; a.A.: *García Arán*: Der Art. 235 CP spreche explizit von einer Anwendung beim Diebstahl und sowohl Art. 234 CP als auch Art. 236 CP seien solche Diebstähle.

285 “ *Artículo 109*
1. La ejecución de un hecho descrito por la ley como delito obliga a reparar, en los términos previstos en las leyes, los daños y perjuicios por él causados.”

286 “*Artículo 110*
La responsabilidad establecida en el artículo anterior comprende:
1.º La restitución.
2.º La reparación del daño.
3.º La indemnización de perjuicios materiales y morales.”.

287 Vgl. *Cardona Torres*, S. 237.

Besitz.[288] In Deutschland dagegen, wo wie gezeigt eine von der Aneignung dominierte Auslegung des Diebstahls vorherrscht, waren dagegen bereits seit dem Mittelalter mangels Aneignungsabsicht Gebrauchsanmaßungen und Besitzrechtsverletzungen straflos.[289]

Ein dem Art. 236 CP vergleichbares Delikt findet sich daher auch innerhalb der Diebstahlsdelikte in Deutschland nicht.

Eine Entsprechung findet die Regelung allein in der Pfandkehr des § 289 StGB. Wie bei Art. 236 CP handelt es sich bei § 289 StGB, welcher im Kern nahezu unverändert seit 1871 gilt, gleichfalls nicht um ein Eigentumsdelikt im engeren Sinne, sondern, da die dort bestimmten Sicherungs- oder Nutzungsrechte für den Inhaber einen Vermögenswert haben, ist die Pfandkehr wie der Art. 236 CP vielmehr als Vermögensdelikt einzuordnen.[290] Ein Unterschied besteht jedoch mit Blick auf die Ausgestaltung der Regelung. Denn das StGB unterscheidet gänzlich anders als in Spanien nicht zwischen besitzlosem oder Besitzpfandrecht.

Dieses führt jedoch in Deutschland zwangsläufig zu entsprechenden Schwierigkeiten bei der „Wegnahme" der Sache im Falle eines besitzlosen Pfandrechts, dem in Deutschland durch eine unterschiedliche Interpretation des Begriffs der Wegnahme in Diebstahl und Pfandkehr begegnet wird.[291] In Spanien dagegen macht die Reduzierung des Rechtsgutes auf den Besitz die in Deutschland notwendige „Hilfsbrücke" der unterschiedlichen Auslegung und der daraus resultierenden fehlenden Konvergenz des Wegnahmebegriffs innerhalb des StGB obsolet. Dieses erscheint mit Blick auf die dogmatische Ausgestaltung des Art. 236 CP auch als überzeugend.

III. Vom Raub, Art. 237 bis 242 CP

1. Inhalt der Raubdelikte

Bei erster Betrachtung der Art. 237 bis 242 CP erscheint die Ausgestaltung des Raubdeliktes in Spanien mit der Rechtslage in Deutschland nur wenig gemein zu haben.

Im Gegensatz zum Raub des § 249 StGB, der allein die Drohung mit gegenwärtiger Gefahr für Leib und Leben und die Anwendung von Gewalt gegen

---

288 Vgl. *Mommsen*, Römische Rechtsgeschichte, S. 735, Fn. 5.

289 Vgl. *Vogel*, in: LK, Vor §§ 242 ff, Rdnr. 15.

290 Vgl. *Maier*, in: MünchKomm, § 289, Rdnr. 1.

291 Vgl. zum Ganzen BayObLGSt 1981, 50.

Personen zur Wegnahme des Tatobjekts als Tathandlung vorsieht, enthält der CP daneben noch eine weitere Begehungsform. Bei dieser Begehungsform wird gleichfalls Gewalt zur Wegnahme des Tatobjekts angewandt, es handelt sich aber nicht um Gewalt gegen Personen, sondern um Gewalt, welche bei der Tatbegehung oder präziser zur Tatbegehung, gegenüber Sachen angewandt wird.

Der Raub erhält dadurch im Gegensatz zum deutschen Modell eine Ausdehnung auf Tathandlungen, die nach unserer Rechtsordnung als besondere Formen des Diebstahls gelten und deren Zuordnung zu den Raubdelikten von weiten Teilen der spanischen Lehre auch als übermäßig erachtet wird, sei doch eine solche Tatbegehung lediglich eine Form des Diebstahls, erschwert durch die besondere Art der Ausführung.[292]

Dass die vorliegende Systematik entgegen aller Bestrebungen in der Literatur bis heute im CP erhalten blieb, hat letztlich allein historische Gründe. Die Einteilung in Gewalt gegen Sachen auf der einen und der Gewalt gegen Personen auf der anderen Seite hat ihren Ursprung bereits im germanischen Recht und wurde aus dem in Spanien zur damaligen Zeit geltenden französischen CP in den spanischen CP von 1822 übernommen und durchzog dann alle folgenden Gesetzbücher.[293] So ist es nicht verwunderlich, dass sie auch im Rahmen der tiefgreifenden Reform des CP im Jahre 1995 unverändert weitergeführt wurde, ist sie doch die klassische spanische Einteilung der entsprechenden Delikte.[294]

Anzumerken ist jedoch, dass obgleich des grundsätzlichen Festhaltens an dieser klassischen Einteilung der Raub durch die Reform des Jahres 1995 eine leicht modifizierte Form gefunden hat. Dieses betrifft die Systematik der Delikte. Während in früheren Fassungen der Raub mittels Gewalt oder Drohung gegen Personen vor denjenigen mittels Gewalt gegen Sachen geregelt wurde, hat der Gesetzgeber die Kritik der Lehre berücksichtigt und die einfacheren Formen vor die schwereren Straftaten gestellt.[295] Dieser Ansatz hat sich auch in der Reform des Jahres 2015 erhalten.

---

292 Vgl. so z.B. *Gómez Benitez*, in Revista de la Universidad Complutense 1983, S. 331 ff., insbesondere wurde dabei von der Lehre auf die entsprechende Rechtsgestaltung in Deutschland und Italien hingewiesen, vgl. *De Vicente Martínez*, S. 18.

293 Vgl. zur genauen historischen Entwicklung dieser Einteilung, *Mata y Martín*, S. 31 ff., insbesondere S. 41 f..

294 Vgl. *Fernández Rodríguez*, S. 89; *Rodríguez Ramos*, in: La Ley,1996, S.2.

295 Vgl. *Suarez Gonzáles*, in: Comentarios al Código Penal, S. 684; *De Vicente Martínez*, S. 19.

2. Struktur der Raubdelikte

Der Raub wird im 2. Kapitel des XIII. Titels des CP unter der Überschrift „*Vom Raub*“ behandelt. Es finden sich hier insgesamt sechs Artikel, welche ausschließlich den Raub nach spanischem Model behandeln.

Zunächst enthält Art. 237 CP eine Definition des allgemeinen Tatbestands. Die Unterscheidung, um welche Form des Raubes es sich handelt, wird dann nachfolgend anhand der folgenden Artikel und den dortigen Voraussetzungen getroffen.

Hierzu wird in den sich anschließenden Art. 238 bis 241 CP zunächst der Raub mittels Gewalt gegen Sachen näher bestimmt. So enthält Art. 238 CP zunächst eine Aufzählung von Legaldefinitionen, in denen festgelegt wird, was als Gewalt gegen Sachen im Sinne des Art. 237 CP anzusehen ist. Der nachfolgende Art. 239 CP enthält gleichfalls Legaldefinitionen, welche das im Art. 238 Nr. 4 CP aufgeführte Benutzen von falschen Schlüsseln betreffen. Schlussendlich regeln die Art. 240 CP und Art. 241 CP dann die Strafzumessung, wobei Art. 241 CP höhere Strafzumessungen für besondere Begehungsweisen enthält.

Der Raub mittels Gewalt oder Drohung gegen Personen wird im abschließenden Art. 242 behandelt, wobei die zu verhängende Strafe festgelegt und eine spezielle Regelung bzgl. der Konkurrenzen getroffen wird.

3. Der Grundtatbestand des Raubes, Art. 237 CP

237. *Einen Raub begeht, wer mit Bereicherungsabsicht fremde bewegliche Sachen unter Anwendung von Gewalt gegen Sachen, um an den Ort zu gelangen, an dem diese sich befinden oder um diesen zu verlassen, oder durch Gewalt gegen Personen oder durch Einschüchterung, sei es bei der Begehung des Deliktes, um die Flucht zu ermöglichen, oder bei Anwendung gegen solche, welche dem Opfer zur Hilfe kommen oder den Täter verfolgen, an sich bringt.*

Art. 237 CP stellt in seiner Ausgestaltung einen Grundtatbestand für alle Formen des Raubes dar. Er hat damit Geltung sowohl für die Raubdelikte mittels Gewalt gegen Sachen, als auch für diejenigen mittels Gewalt oder Drohung gegen eine Person. Im Ergebnis haben daher die nachfolgenden Voraussetzungen des Art. 237 CP in allen Raubkonstellationen vorzuliegen.

Bis 2015 war demnach Räuber, wer mit Bereicherungsabsicht eine fremde bewegliche Sache wegnimmt und hierbei Gewalt gegen Sachen anwendet, um an den Ort zu gelangen, an dem sich die zu raubende Sache befindet oder derjenige, der sich zur Wegnahme Gewalt oder einer Drohung gegen Personen bedient. Mit der Reform des Jahres 2015 wurde diese Definition um zwei Aspekte ergänzt. Zunächst wurde eingefügt, dass auch die Anwendung von Gewalt gegen Sachen, um den Ort, an dem sich die Sache befindet, zu verlassen, als tatbestandsmäßig anzusehen ist.[296] Daneben wurde aufgenommen, dass die Ausübung von Gewalt oder Drohung bei der Begehung des Deliktes zur Ermöglichung der Flucht oder gegen diejenigen, welche dem Opfer zur Hilfe kommen oder den Täter verfolgen, gleichfalls zur Tatbestandsverwirklichung führen.[297]

Es wird bei dieser näheren Betrachtung der Tatbestandsmerkmale folgendes deutlich:

Sowohl der Tatbestand des Raubes mittels Gewalt gegen Sachen als auch des Raubes mittels Drohung oder Gewalt gegen Personen fußen letztlich im Kern auf einer identischen tatbestandlichen Grundlage, nämlich der „*Wegnahme einer fremden beweglichen Sache mit Bereicherungsabsicht*" des Diebstahls nach Art. 234 CP.[298]

Völlige Identität besteht zunächst hinsichtlich des Tatobjekts, der fremden beweglichen Sache, so dass an dieser Stelle vollumfänglich auf die entsprechenden obigen Ausführungen zum Diebstahl verwiesen werden kann.[299] Zweites verbindendes Element stellt die Wegnahme der Sache dar. Zwar ist der Wortlaut des Art. 237 CP verschieden von dem des Art. 234 CP, da im ersteren von „*apoderarse*" gesprochen wird, während der Diebstahl das Wort „*tomar*" benutzt, es besteht aber in Lehre und Rechtsprechung einheitlich die Auffassung, dass aus dieser begrifflichen Differenz kein rechtlicher Unterschied resultiert.[300] Es handelt sich folglich um dieselbe Tathandlung wie im Diebstahl, so dass auch hier oben ausgeführtes gilt.[301] Gleiches gilt für die Bereicherungsabsicht.[302]

Die Übereinstimmung wesentlicher Tatbestandsmerkmale bei Raub und Diebstahl findet ihren Spiegel in der deutschen Rechtslage. Auch hier gilt, dass nach der herrschenden Meinung der Raub, auch hinsichtlich der geschützten Rechtsgüter, als eigenständige Kombination von Diebstahl und Nötigung angesehen wird. Es muss deshalb bei der Tatbegehung der volle äußere und innere

---

296 " *... o abandonar el lugar donde éstas se encuentran...* ".

297 " *... o violencia o intimidación en las personas, sea al cometer el delito, para proteger la huida, o sobre los que acudiesen en auxilio de la víctima o que le persiguieren.*".

298 Vgl. *Del Rosal Blasco*, S. 183; *Suarez Gonzáles*, in: Comentarios al Código Penal, S. 687; *Conde-Pumpido Ferreiro*, Temas, S. 197 f..

299 Vgl. oben unter C. II.2.b).

300 Vgl. STS 27.12.1993 (RJ 1993, 9801); SSTS 15.10.1994 (RJ 1994, 10573); 14.12.1994 (RJ 1994, 9760); 1.03. 1995 (RJ 1995, 1905); statt aller *Vásquez Iruzubieta*, S. 410.

301 Vgl. oben unter C. II.2.c).

302 Vgl. oben unter C. II.2.d).

Tatbestand des § 242 StGB erfüllt werden, wobei hinzukommt, dass zur Verwirklichung Gewalt oder Drohung als Mittel zur Wegnahme eingesetzt werden.[303]

Der Tatbestand des Diebstahls ist somit sowohl in Deutschland als auch in Spanien zur Gänze in allen Raubdelikten enthalten und ist folglich in Spanien wiederum als Grunddelikt im Verhältnis zum Grundtatbestand des Raubes (Art. 237 CP) zu behandeln.

Neben den Gemeinsamkeiten zwischen Raub und Diebstahl bestehen in Spanien jedoch Tatbestandsmerkmale, welche allein dem Raub eigentümlich sind und sich stark von der deutschen Ausformung der Raubdelikte unterscheiden. Diese gilt es nachfolgend zu betrachten.

4. Der Raub mittels Gewalt gegen Sachen

a) Die Struktur des Raubes mittels Gewalt gegen Sachen

Der CP enthält keine zusammenhängende Definition des Raubes mittels Gewalt gegen Sachen. Vielmehr erschließt sich der Tatbestand aus einer Gesamtschau des Art. 237 CP, der die Grundlage des Raubes bildet und des Art. 238 CP, in dem eine Aufzählung von Legaldefinitionen abschließend anordnet, welche zusätzlichen Erfordernisse bestehen.

Eine zusammenhängende Definition des Raubes mittels Gewalt gegen Sachen müsste danach wie folgt lauten: *"Einen Raub mittels Gewalt gegen Sachen begeht, wer mit Bereicherungsabsicht eine fremde bewegliche Sache wegnimmt und sich, um an den Ort wo sich die Sache befindet zu gelangen oder um diesen zu verlassen, einer in Art. 238 CP genannten Begehungsformen bedient.*"[304]

Der Raub mittels Gewalt gegen Sachen definiert sich damit bis auf die in Art. 237 CP enthaltenen Tatbestandsmerkmale, welche für sich allein betrachtet, das Delikt des Diebstahls bilden, über die Aufzählung der verschiedenen Begehungsweisen des Art. 238 CP. Diese Aufzählung ist hierbei nicht beispielhaft und von der Rechtsprechung auf ähnliche Fälle erweiterbar, sondern die genannten Begehungsformen sind abschließend und keiner Ausdehnung zugänglich.[305] Es handelt sich folglich um die abschließende Beschreibung von Handlungen, denen im Vergleich zum Diebstahl des Art. 234 CP ein höherer Unrechtsgehalt zugestanden wird, da der Täter entweder in die Privatsphäre des Opfers eindringt

---

303 Vgl. *Kühl*, in: *Lackner/Kühl*, StGB, § 249, Rdnr. 1, mit Verweis auf NStZ-RR 98, 103.

304 Vgl. so bereits zur vorhergehenden Rechtslage *Gonzáles Rus*, in: *Cobo del Rosal*, S. 451.

305 Vgl. *De Vicente Martínez*, S. 46; *Conde-Pumpido Ferreiro*, S. 254.

oder Beschädigungen an dessen Eigentum vornimmt. Hieraus resultiert das höhere Strafmaß.[306]

Die dogmatische Vorgehensweise ist somit gänzlich verschieden von der Regelbeispieltechnik des § 243 StGB und wirft dementsprechend wie nachfolgend zu zeigen sein wird, Probleme bei der Definition der Tatumstände auf.

b) Die Begehungsformen des Art.238 CP

238. *Einen Raub mit Gewalt gegen Sachen begeht, wer die Tat unter einem der folgenden Umstände ausführt:*

1.° Einsteigen;
2.° Durchbrechen einer Wand, einer Decke oder eines Bodens oder Aufbrechen einer Tür oder eines Fensters;
3.° Aufbrechen von Schränken, Truhen oder einer anderen Art von verschlossenen oder versiegelten Behältnissen oder Gegenständen oder Aufbrechen ihrer Schlösser oder Ausspähen ihrer Codes zum Zweck des Entwendens ihres Inhalts, sei es am Ort des Raubes oder anderswo;
4.° Gebrauch falscher Schlüssel;
5.° Unbrauchbarmachen besonderer Alarm- oder Schutzvorrichtungen.

239. *Als falsche Schlüssel werden angesehen:*

1.° Dietriche oder entsprechende Werkzeuge;
2.° die rechtmäßigen Schlüssel, die der Eigentümer verloren hat oder die auf eine Weise erlangt wurden, die eine strafbare Handlung darstellt;
3.° alle anderen Schlüssel, die vom Eigentümer nicht zum Öffnen des durch den Täter aufgebrochenen Schlosses bestimmt wurden.
Im Sinne dieses Artikels gelten Magnet- oder Lochkarten und Öffnungsfernbedienungen oder -Vorrichtungen als Schlüssel sowie jedwedes andere technische Hilfsmittel mit gleicher Wirkung.

(1) Das Erklettern, Art. 238 Nr. 1 CP

Als erste Form der Tatbegehung nennt Art. 238 Nr. 1 CP das sogenannte „*escalamiento*". Hier wird besonders deutlich, dass es sich bei den hier gegenständlichen Regelungen nicht um eine Form der Gewalt im eigentlichen Sinn handelt, sondern dass die Grundlage für die Einordnung der Tat als Raubdelikt allein

306 Vgl. *Gonzáles Rus*, in: *Cobo del Rosal*, S. 452.

der bereits erwähnte höhere Unrechtsgehalt ist, welcher dieser Begehungsform beigemessen wird.[307]

Der CP selbst enthält keine Definition für „*escalamiento*". In einem strengen grammatikalischen Sinn bedeutet es das Gelangen an einen höheren Ort mittels einer Leiter. Im allgemeinen Sprachgebrauch wird es auch als Synonym für das Klettern verwendet.[308] Eine erste juristische Definition enthielt der CP von 1848, indem er es als Gelangen an einen Ort auf einem nicht dafür vorgesehenen Weg beschrieb.[309] Erfasst wurde hiervon das Einsteigen durch Dachluken, über Balkone, durch Fenster, Kamine, etc..[310] Diese Definition wurde im CP von 1932 übernommen und durchzog alle nachfolgenden Fassungen.

Die Rechtsprechung legte die vorhandene Legaldefinition des „*escalamiento*" in grenzwertigen Fällen weit aus.[311] So wurde nicht nur das Hineingelangen auf beschriebenem Weg, sondern auch das Verlassen eines Ortes in dieser Form als Fall des Art. 238 Nr. 1 CP angesehen oder wenn der Täter durch ein offenes ebenerdiges Fenster in den Raum gelangte.[312]

Die bis dahin geltende Definition ist seit der Reform des Jahres 1995 nicht mehr im CP enthalten. Dennoch bediente sich die Rechtsprechung zunächst der ehemaligen Regelung als auch der dazu entwickelten weiten Auslegung.[313] So wurden unter anderem das Hineinspringen in ein Cabriolet als auch das Nutzen einer Angel, um an im Fenster trocknende Wurstwaren zu gelangen, als Raub im Sinne dieser Regelung angesehen.

Die exzessive Auslegung unter Festhalten an der Definition des CP von 1848 geriet jedoch zunehmend unter Kritik.[314] Ihr wurde entgegengehalten, wäre die vormalig geltende Definition weiterhin anzuwenden, hätte für den Gesetzgeber kein Grund bestanden, im heutigen CP auf sie zu verzichten. Weiter sei das bloße Ergreifen einer Sache durch ein offenes Fenster oder ein Sprung aus

307 Vgl. STS 7.02. 1986 (RJ 1986, 578); *Valmaña Ochaita*, S. 32; *Fernández Rodríguez*, Llaves falsas y delincuencia patrimonial S. 139 ff.; *Fernández Rodríguez*, Robo con escalamiento, S. 271 ff..

308 Vgl. *Gonzáles Cussac*, in: *Vives Antón*, 1999, S. 390 f..

309 „Hay *escalamiento cuando se entra en el lugar del robo por una vía no destinada al efecto*", zitiert nach *Robledo Villar*, S. 50.

310 Vgl. *De Vicente Martínez*, S. 53 f..

311 Vgl. STS 20.03.1990 (RJ 1990, 2566).

312 Vgl. STS 2.11. 1984 (RJ 1984, 5426); STS 18.02. 1989 (RJ 1989, 1601); STS 22.05. 1989 (RJ 1989, 4232); STS 3.11. 1989 (RJ 1989, 8543); STS 28. 12. 1998 (RJ 1998,10401).

313 Vgl. STS 28. 12. 1998 (RJ 1998,10401).

314 Vgl. *Fernández Rodriguez*, S. 282; *Mata y Martín*, S. 259; *Quintero Olivares*, S. 1105.

einem Fenster zur Ermöglichung der Flucht mit dem eigentlichen Wortsinn nicht in Einklang zu bringen.[315] Statt sich der überkommenen Definition zu bedienen, sei vielmehr im Einzelfall darauf abzustellen, ob der Täter bei der Tatbegehung das Eigentum schützende Hindernisse in einer Weise überwindet, die eine höhere Strafandrohung im Verhältnis zum einfachen Diebstahl begründen.[316]

In Folge begann der *Tribunal Supremo* mit einer restriktiveren Auslegung der Regelung. Danach liegt *„escalamiento"* allein noch in solchen Fällen vor, in denen die Wegnahme der Sache im Wege einer Überwindung der Schwerkraft mittels einiger physischer Anstrengung begangen wird, indem der Täter auf hierfür nicht vorgesehenem Wege zum Tatobjekt gelangt (mittels einer Leiter, eines Seils, unter Nutzung eines Baumes, etc.).[317] Besonders deutlich wird dieser restriktivere Ansatz in einer Entscheidung des *Tribunal Supremo* in der unter Hinweis auf die eigene Rechtsprechung folgendes ausgeführt wird:

„Es ist daher das „escalamiento" auf solche Fälle zu begrenzen, in denen der Beschuldigte durch die Anwendung seiner Fähigkeiten oder die Anstrengungen, welche er unternimmt, um an den Tatort zu gelangen, eine besondere kriminelle Energie zeigt, welche den Raub mittels Gewalt gegen Sachen charakterisiert oder anders gesagt, welche einer gewalttätigen Überwindung von Hindernissen entspricht, die üblicherweise zum Schutz des Eigentums vorgesehen sind. Hierdurch wurden solche Fälle vom Tatbestand ausgeschlossen, bei denen der Zutritt zum Tatort durch ein offenes Fenster im Erdgeschoß[318] *oder auf Straßenniveau*[319] *erfolgte, soweit nicht eine besondere Höhe oder eine Fensterlaibung gegeben ist, welche dem Täter besondere Fähigkeiten oder Anstrengungen abverlangt*[320]*."*[321]

---

315 Vgl. *Quintero Olivares*, S. 1105.

316 Vgl. *Vives Antón/Gonzáles Cussac*, in: *Vives Antón*, S. 428, welcher der Rechtsprechung eine Verletzung des Legalitätsprinzips durch Anwendung einer Analogie zu Lasten des Täters vorwirft.

317 Vgl. *Borja Jiménez*, in: *Vives Antón*, 2015, S. 358.

318 Vgl. STS 20.04. 1999.

319 Vgl. STS 18.01. 1999.

320 Vgl. STS 10.03. 2000.

321 Vgl. STS 7.02. 2001: "*Se trata, en definitiva, de limitar el escalamiento a supuestos en los que el acusado exterioriza, mediante el empleo de habilitad o esfuerzo o para ascender al lugar por donde efectúa el acceso, una energía criminal equiparable a la que caracteriza la fuerza en las cosas, es decir que sea similar a la superación violenta de obstáculos normalmente predispuestos para la defensa de la propiedad. Con ello se han excluido de la tipificación legal como robo con escalo, los casos de entrada a través de una ventana abierta sita en la planta baja o a nivel de calle, cuando no conste una*

Mit der Reform des Jahres 2015 kam es im Rahmen des Tatbestandes des Art. 237 CP zu einer weiteren Neuerung im Bereich des Raubes mittels Gewalt gegen Sachen, welche dazu dienen sollte, ein weiteres Problemfeld innerhalb des Tatbestandes des „*escalamiento*" aufzulösen. Bis dahin war umstritten, wie Fälle zu behandeln sind, in denen der Täter sich des „*escalamiento*" nicht bediente, um an den Tatort zu gelangen, sondern lediglich um seine Flucht zu ermöglichen. Während die Rechtsprechung in weiter Auslegung des Begriffes diese Fälle zunächst als tatbestandlich ansah, stieß eine solche Ausweitung bzw. die quasi analoge Anwendung in der Literatur auf große dogmatische Bedenken.[322] Diesen Bedenken hat sich beginnend in den späten achtziger Jahren gleichfalls die Rechtsprechung angeschlossen.[323] Diesbezüglich regelt Art. 237 CP nunmehr explizit, dass nicht allein solche Fälle als Raub anzusehen sind, in denen der Täter Gewalt gegen Sachen ausübt, um an den Ort zu gelangen, an dem diese sich befinden, sondern auch, wenn er dieses unternimmt, um den Tatort zu verlassen. Es bleibt jedoch abzuwarten, ob durch die Änderung des Art. 237 CP der Problemkreis auch tatsächlich abschließend aufgelöst wurde.

(2) Die „fractura exterior", *Art. 238 Nr. 2 CP*

Als zweite Form des Raubes mittels Gewalt gegen Sachen nennt Art. 238 Nr. 2 CP die Beschädigung von Wänden, Decken oder Böden oder das Aufbrechen von Türen oder Fenstern. Diese Begehungsart wird allgemein als „*fractura exterior*" bezeichnet, um sie begrifflich von der Regelung des Art. 238 Nr. 3 CP zu unterscheiden, die, wie anschließend dargestellt wird, gleichfalls Beschädigungen, jedoch an Möbeln wie Schränken oder Truhen erfasst und dementsprechend als „*fractura interior*" bezeichnet wird.[324]

Zum Teil ist diese Unterscheidung auf Kritik gestoßen, gehe es doch immer um eine äußerliche Beschädigung mittels derer der Täter sich Zugang zu etwas Verschlossenem verschafft. Dementsprechend handelt es sich in beiden Fällen um einen Vorgang der vom Begriff „*fractura exterior*" erfasst werde.[325] Treffender

---

especial altura de la misma en relación al suelo o una forma concreta con la que el acusado haya logrado auparse hasta el alfeizar que revelen la especial habilidad o esfuerzo propios del escalamiento.".

322 Vgl. *Gonzáles Rus*, in: *Cobo del Rosal*, S. 453.

323 Vgl. STS 23.05.1987 (RJ 1987, 3122); STS 22.04.1999 (RJ 1999, 3317).

324 Vgl. so *De Vicente Martínez*, S. 56.

325 Vgl. *Robledo Villar*, S. 52; *Gonzáles Cussac*, in: *Vives Antón*, 1999, S. 392.

sei die Unterscheidung zwischen *„fractura inmobiliaria"* und *„fractura mobiliaria"*, welche Art und Objekt der Beschädigung richtig bezeichne.[326]

Als Beschädigung im Sinn des Art. 238 Nr. 2 CP bezeichnet man jedes physische Einwirken auf ein Objekt, welches eine Substanzveränderung zur Folge hat.[327] Die Zahl der tauglichen Objekte ist hierbei nicht auf die Genannten beschränkt, sondern es werden alle Sicherheits- und Schließmechanismen erfasst, die zum Schutze des Tatobjekts angebracht wurden.[328] Dies gilt für Riegel, Vorhängeschlösser und alle weiteren Schließmechanismen, gleichgültig ob diese mechanisch, elektrisch oder elektronisch betrieben werden.[329]

Nach Ansicht der Rechtsprechung ist auch dann von einer Beschädigung auszugehen, wenn lediglich Fenster ausgebaut werden, um sich Zugang zu verschaffen, aber keine eigentliche Substanzverletzung vorliegt.[330] Daher wird teilweise von einer Vergeistigung des Gewaltbegriffes innerhalb des Raubes gesprochen; die Gewalt liege nicht mehr in der eigentlichen physischen Beschädigung, sondern vielmehr im Überwinden von Hindernissen, die dem Schutz der Gegenstände dienen sollen, wobei ein minimaler Kraftaufwand genügt.[331] Diese weite Interpretation ist nicht ohne Kritik geblieben.[332] Der Rechtsprechung wird insoweit vorgehalten, den abschließenden Charakter der Reglungen des Art. 238 CP und das geltende Analogieverbot zu missachten, indem auf das Element der gewalttätigen Überwindung von physischen Hindernissen verzichtet wird.[333]

Die Beschädigung muss in allen Fällen vom finalen Willen des Täters gerichtet auf die Ermöglichung des Raubes getragen sein.[334] Aus diesem Grund wurde bis zur Reform des Jahres 2015 auch in dieser Fallgruppe die Beschädigung einer Sache lediglich zum Verlassen des Tatortes zumindest vom Großteil des Schrifttums nicht als Fall des Art. 238 Nr. 2 CP angesehen.[335] Auch hier bleibt abzuwarten, in welche Richtung sich die Diskussion entwickeln wird.

---

326 Vgl. *Fernández Rodríguez*, S. 93.
327 Vgl. STS 22.07. 1998 (RJ 1998, 5857).
328 Vgl. STS 7.02. 1986 (RJ 1986, 578) ; *De Vicente Martínez*, S. 56 f..
329 Vgl. STS 17.11. 1982 (RJ 1982, 7150); STS 2.02. 1983 (RJ 1983, 715).
330 Vgl. STS 15.02. 1983 (RJ 1983, 1681); STS 13.07. 1984 (RJ 1984, 4046).
331 Vgl. *Fernández Rodríguez*, S. 94.
332 Vgl. z.Bsp. *Vives Antón/Gonzáles Cussac*, in: *Vives Antón*, S. 428
333 Vgl. *Borja Jiménez*, in: *Vives Antón*, 2015, S. 359.
334 Vgl. STS 17.04. 1991 (RJ 1991, 2803).
335 Vgl. *Gonzáles Rus*, in: *Cobo del Rosal*, S. 454.

(3) Die „fractura interior", Art. 238 Nr. 3 CP

Gleich der vorhergehenden Tatbestandsalternative behandelt Art. 238 Nr. 3 CP die Beschädigung von Objekten, welche den Gegenstand der Wegnahme umgeben. Explizit benannt werden Schränke, Geldtruhen oder -schränke sowie sonstige Möbel oder Objekte, die zum Verschluss des Tatobjektes dienen. Daneben fällt auch das gewaltsame Öffnen ihrer Schlösser, als auch das Öffnen mittels eines ausgespähten „*Schlüssels*" unter die Strafandrohung des Art. 238 Nr. 3 CP.

Die Regelung des Art. 238 Nr. 3 CP gilt im Kern unverändert bereits seit mehr als 150 Jahren. Inhaltlich erfuhr der Tatbestand auch im Rahmen der Reform des Jahres 2015 keinerlei Änderung gegenüber vorhergehenden Regelungen. Abermals erfolgte wie bei der Reform von 1995 eine bloße Übernahme der zuvor in fast identischer Form[336] im Art. 504 Nr. 3 CP/1973 enthaltenen Regelung, welche wiederum ihren Ursprung bereits im CP von 1848 hatte.[337]

Auch bei der Anwendung dieser Norm wurde der Wortlaut durch Lehre und Rechtsprechung jeweils weit interpretiert. Als geeignetes Tatobjekt wurde jegliches Behältnis angesehen, welches dazu dient, Gegenstände aufzubewahren und zu umschließen. Die Aufzählung des Art. 238 Nr. 3 CP wird folglich von der Rechtsprechung lediglich als beispielhaft und nicht abschließend angesehen.[338]

Der Begriff der Beschädigung ist inhaltsgleich mit dem des Art. 238 Nr. 2 CP. Auch hier werden selbst der Ausbau von Türen sowie entsprechende Handlungen, welche keine Substanzverletzungen im eigentlichen Sinn zur Folge haben, als Gewalt im Sinne der Norm angesehen. Wesentlich ist aber bei jeder Beschädigung, dass sich diese allein gegen das Behältnis und nicht gegen das Objekt des Raubs selbst richtet.[339]

Zu einem Wandel in der Rechtsprechung und einer Zurücknahme der weiten Auslegung kam es jedoch hinsichtlich einer in der Praxis bedeutenden Tathandlung. Wurde früher der Fall, dass ein durch eine Kette gesichertes Zweirad in der Weise entwendet wurde, dass der Täter die Sicherung durchtrennte, als Fall des Art. 238 Nr. 3 bzw. des vorherigen inhaltsgleichen Art. 504 Nr. 3 CP/1973

336 Ein Unterschied besteht lediglich darin, dass Art. 504 Nr. 3 CP/1973 die Mitnahme der Behältnisse, mit dem Ziel sie später gewaltsam zu öffnen, durch einen anderen Wortlaut erfaßte: „ *...o de sus cerraduras, o su sustración para fracturarlos o violentarlos furea del lugar del robo.*".

337 Vgl. *Mata y Martin*, S. 285.

338 So fallen hierunter z.Bsp. eine Ledertasche die mit einem Schloss gesichert ist, ein Koffer, eine Kommode, eine Truhe etc., vgl. m.w.N. *De Vicente Martínez*, S. 58.

339 Vgl. *Córdoba Roda/Garcia Arán*, S. 666.

angesehen[340], ist dieses seit den neunziger Jahren nicht mehr der Fall. Begründung hierfür ist, dass sich die Beschädigung nicht gegen ein Objekt richtet, welches eine Sache enthält.[341]

Diskutiert wird weiterhin der Umstand, dass das Gesetz vorsieht, dass das Aufbrechen am Ort des Raubes, aber auch anderswo erfolgen kann. Hier wird vorgetragen, dass es einer einschränkenden Auslegung dieses Tatbestandsmerkmales insoweit bedürfe, dass die aufzubrechenden Sachen, wie Schränke oder Tresore, sich zunächst in einem geschlossenen oder umschlossenen Raum befinden müssten. Anderenfalls würden Fälle als Raub bestraft, welche offenkundig nicht vom Tatbestand erfasst sein sollen, wie der Fall, dass der Täter einen unbeaufsichtigten Koffer am Bahnhof an sich nimmt, um später an einem anderen Ort in Ruhe dessen Schloss zu öffnen. Hier sei die Anwendung des erhöhten Strafrahmens nicht mit dem Unrechtsgehalt der Tat vereinbar. Vielmehr seien allein solche Fälle zu berücksichtigen, in denen sich das Tatobjekt zunächst in einem nicht öffentlichen Bereich befände, da neben dem Eingriff in das Eigentum auch die Privatsphäre des Opfers sowie der Umstand, dass es zu einer Konfrontation zwischen Opfer und Täter kommen kann, als Grund für die höhere Strafandrohung anzusehen seien.[342]

Als Neuerung enthält der Art. 238 Nr. 3 CP seit der Reform des Jahres 1995 im Gegensatz zu seinen Vorläufern das „Ausspähen von Schlüsseln" (*descubrimiento*) zum Öffnen eines Behältnisses. Unter Schlüssel sind nicht lediglich Schlüssel im herkömmlichen Sinn zu verstehen, sondern alle Mittel, die dazu bestimmt sind, ein Schloss zu öffnen. Hierzu gehören Zahlencodes, Geräusche, elektromagnetische Impulse, etc. unabhängig davon, ob diese mechanischer, elektrischer oder elektronischer Natur sind.[343]

Als solches Ausspähen, ist jede Form der unberechtigten Ansichnahme oder Kenntnisnahme eines der gerade genannten Mittel anzusehen. Kein Fall des Ausspähens liegt folglich dann vor, wenn der Täter im berechtigten Besitz des Schlüssels ist, diesen aber unberechtigt gebraucht.[344]

Auch bei dieser Tathandlung handelt es sich daher im eigentlichen Sinn nicht um eine Form der Gewalt, sondern gleichfalls um das Überwinden von Hindernissen ohne Substanzverletzung, dem ein höherer Unrechtsgehalt beigemessen und deshalb als Raub und nicht als Diebstahl angesehen wird.

---

340 Vgl. STS 03.01.1990 (RJ 1990, 261).

341 Vgl. STS 06.04.1992 (RJ 1992, 2765); STS 22.05.1992 (RJ 1992, 4261).

342 Vgl. *Borja Jiménez*, in: *Vives Antón*, 2015, S. 360.

343 Vgl. *Quintero Olivares*, S. 1106.

344 Vgl. *De Vicente Martínez*, S. 60.

(4) Der Gebrauch falscher Schlüssel, Art. 238 Nr. 4 CP

Art. 238 Nr. 4 CP, der den Gebrauch falscher Schlüssel zu einem Raubdelikt erhebt, ist in engem Zusammenhang mit der Regelung der Art. 239 CP zu sehen, welcher eine Legaldefinition der falschen Schlüssel enthält.

So sind als falsche Schlüssel im Einzelnen anzusehen der Dietrich oder ähnliche Instrumente zum Öffnen von Schlössern (Art. 239 Nr. 1 CP), die rechtmäßigen Schlüssel, welche dem Eigentümer verloren gingen oder die auf einem Wege erlangt wurden, welcher einen Verstoß gegen das Strafrecht darstellt (Art. 239 Nr. 2 CP) und letztens jeder andere Schlüssel, welcher vom Eigentümer nicht zum Öffnen des Schlosses bestimmt wurde (Art. 239 Nr. 3 CP). Zu letzterem gehören vor allem vom Original angefertigte Duplikate.

Als Schlüssel gelten nach der Schlussbestimmung des Art. 239 CP auch Karten, gleichgültig ob Magnet- oder Lochkarten, und Fernbedienungen oder andere Mittel, die zum Öffnen von Schlössern auf Distanz dienen. Erfasst werden auch Karten zum Abheben von Geld, wie EC- oder Kreditkarten, die auf eine der genannten Weisen erlangt wurden.[345] Der CP bedient sich daher seit der Reform des Jahres von 1995 eines modernen, angepassten Begriffs des Schlüssels, welcher alle technisch möglichen Öffnungsmechanismen zu erfassen sucht.[346]

Eine weitere Modernisierung wurde im Jahre 2010 vorgenommen. Hier wurde die Definition des Schlüssels um „*jedwedes andere technische Hilfsmittel mit gleicher Wirkung*" erweitert. Der Gesetzgeber wollte durch diese Erweiterung vermeiden, dass durch das Fortschreiten der Technik eine Strafbarkeitslücke entsteht. Auch wenn es bis zum Zeitpunkt der Tatbestandserweiterung keinen solchen Fall gab[347], erscheint es dennoch sinnvoll, den Tatbestand durch eine offenere Gestaltung auch für zukünftige Technologien anwendbar zu machen.

Die Bewertung eines Schlüssels als falsch findet sich dagegen schon im CP von 1870 und hat ihren Ursprung bereits im CP von 1822.[348] Ein Unterschied zu den vorherigen Regelungen ergibt sich aber insofern, als früher alle Schlüssel als falsch angesehen wurden, welche gegen den Willen des Eigentümers benutzt wurden.[349] Dieser weiten Auslegung stand eine restriktivere gegenüber, die allein diejenigen Schlüssel als falsch bewertete, die durch eine strafbare Handlung

---

345 Vgl. STS 25.04.1996 (RJ 1996, 2995); STS 29.04.1999 (RJ 1999, 4127).

346 Vgl. *Serrano Gómez*, S. 368.

347 So wurde die Erweiterung des Tatbestandes von Teilen der Lehre kritisiert, da in der Rechtsprechung kein einziger Fall bekannt ist, in dem ein neuer Öffnungsmechanismus zu einer Strafbarkeitslücke geführt hätte; vgl. *Pérez-Fajardo*, S. 181.

348 Vgl. *Mata y Martín*, S. 298 f.

349 Vgl. *Marchena Gómez*, S. 25.

erlangt wurden.[350] Dieser Auffassung ist der Gesetzgeber gefolgt, indem er Art. 239 Nr. 2 CP in seinem Wortlaut dementsprechend umgestaltete, dass nicht mehr allein von Entziehen des Schlüssels gesprochen wird, sondern der Verstoß gegen das Strafrecht explizit gefordert wird.[351]

Zusammenfassend lässt sich damit festhalten, dass der bedeutende Aspekt des gewählten normativen Konzepts für die Interpretation des falschen Schlüssels der Umstand ist, dass dieser genutzt wird, um sich auf rechtswidrige Weise Zugang zu dem geschützten Raum, in dem sich die Sache befindet, zu verschaffen.[352]

Wie zum Tatbestand der *„fractura interior"* in Art. 238 Nr. 2 CP wird in Teilen der Literatur vertreten, dass die Nutzung der falschen Schlüssel erfolgen muss, um an den Ort der Tatbegehung zu gelangen und nicht aber, um auf das Tatobjekt selbst zugreifen zu können. So sei die Wegnahme von Autoschlüsseln, um mit diesen ein Auto zu öffnen, um es sich anzueignen, kein Fall des Raubes, sondern des Diebstahls.[353] Zu einem von der Rechtsprechung verschiedenen Ergebnis führt diese Auffassung insbesondere im Fall von entwendeten EC-Karten, welche dem Opfer gemeinsam mit der Geheimzahl weggenommen wurden, um damit Abhebungen vorzunehmen. Die Rechtsprechung sieht in diesen Fällen den Fall des Raubes mittels Gewalt gegen Sachen gemäß Art. 237, 238 Nr. 4 CP als unzweifelhaft gegeben an, werde doch ein falscher Schlüssel zur Wegnahme der Sache genutzt.[354]

Hingegen soll nach dem beschriebenen Ansatz ein Raub allein dann gegeben sein, wenn die Karte genutzt wird, um eine Tür zu öffnen, um an den Ort zu gelangen an dem sich der Geldautomaten befindet.[355] Hier sei kurz angemerkt, dass das Argument der Nichtöffentlichkeit des Tatortes, welches im Falle des Art. 238 Nr. 3 CP bereits sehr konstruiert wirkt, hier alle Überzeugungskraft verliert. So kann die Bemessung des Unrechtsgehalts der Tat doch schwerlich daran geknüpft werden, ob der Täter zufällig einen von der Straße aus zugänglichen Geldautomaten nutzt oder ob dieser mit der Karte die Tür zum Foyer der Bank öffnet, um sich so Zugang zum Geldautomaten zu verschaffen.

---

350 Vgl. STS 16.02.1988 (RJ 1988, 1088); STS 17.02.1989 (RJ 1989, 1587); STS 25.05.1990 (RJ 1990, 4451); STS 14.09.1990 (RJ 1990, 6931); STS 14.05.1992 (RJ 1992, 4073).

351 Im Art. 504 CP/1973 war dagegen der Wortlaut noch zweideutig, indem lediglich gefordert wurde, dass der Täter dem Eigentümer die Schlüssel entzogen haben musste: *„claves sustraídas"*.

352 Vgl. *Lamarca Pérez*, 2015, S. 337.

353 Vgl. *Borja Jiménez*, in: *Vives Antón*, 2015, S. 361.

354 Vgl. STS 22.01.2004; STS 21.04.1993.

355 Vgl. *Borja Jiménez* a.a.O..

Abschließend sei hier festgehalten, dass auch im Art. 238 Nr. 4 CP ein Fall tatsächlicher Gewaltanwendung nicht vorliegt und die Verwendung des Gewaltbegriffs rein normativ zu bewerten ist.[356]

(5) Das Außerkraftsetzen von Alarmanlagen oder eines anderen Sicherungsmittels, Art. 238 Nr. 5 CP

Als letzten Tatbestand des Raubes mittels Gewalt gegen Sachen sieht Art. 238 Nr. 5 CP das Außerkraftsetzen von Alarmanlagen oder eines anderen Sicherungsmittels zur Tatbegehung vor. Hierbei handelt es sich um eine Neuerung gegenüber dem CP/1973, welche gleichfalls erst mit der Reform des Jahres 1995 Eingang in den CP fand. Hier handelt es sich wiederum um die Verwendung eines lediglich normativen Gewaltbegriffs.[357]

Während sich alle Arten von Alarmanlagen, Lichtschranken und dergleichen, welche zur Sicherung einer Immobilie oder eines Fahrzeuges dienen, ohne Schwierigkeiten unter die Vorschrift fassen lassen, herrschte innerhalb des praktisch besonders bedeutenden Bereichs der Sicherungsetiketten seit der Reform des Jahres 1995 Uneinigkeit bezüglich der Einordnung.[358] Die wohl herrschende Meinung ging allerdings davon aus, dass es sich im Fall der Überwindung von Sicherungsetiketten und vergleichbaren Mitteln zur Sicherung von Ware in Kaufhäusern oder anderen Geschäften nicht um einen Fall des Art. 238 Nr. 5 CP handelte.[359]

Hierbei wurde vor allem auf die vormalige Regelung des Art. 237 CP Bezug genommen, welche bestimmte, dass die Gewalt gegen Sachen zu dem Zweck angewandt werden muss, um an den Ort zu gelangen, an dem sich die Gegenstände befinden. Im Falle der Sicherungsetiketten dienen diese aber lediglich dazu, den Täter beim Durchschreiten des Kassenbereiches leichter überführen zu können, nicht aber um den Zugang zur Sache selbst zu verhindern. Die Finalität der Gewalt, die im Entfernen oder Zerstören eines Sicherungsetiketts liegt, sei folglich eine andere als die in Art. 237 CP geforderte. Da aber die Art. 237 und 238 CP im Zusammenhang zu sehen seien, wäre ein Fall des Raubes nicht gegeben.[360] Diesem Argument wurde mit der Neugestaltung des Art. 237 CP, bei der auch

356 So auch STS 05.05. 1983 (RJ 1983, 2643).

357 Vgl. enmienda núm. 740, Boletín Oficial de las Cortes Generales, Congreso de los Disputados, V Legislatura, 6 03. 1995.

358 Vgl. Übersicht bei *De Vicente Martínez*, S. 72 ff..

359 Vgl. mit Hinweis auf die Mitteilung n° 13/1997 der Generalstaatsanwaltschaft vom 14.11.1997, *Mestre Delgado*, in: *Lamarca Pérez*, 2015, S. 337.

360 Vgl. so statt aller *Marchena Gómez*, S. 26 ff..

das „sich entfernen" vom Tatort miteinbezogen wurde, ein Teil seiner Grundlage entzogen. Um eine Änderung der Rechtslage in Bezug auf die Einordnung des Unbrauchbarmachens von Sicherungsetiketten zu verhindern, wurde die Tatbegehungsweise nunmehr im Rahmen der besonderen Strafzumessungsregelung des Art. 234 Abs. 3 CP explizit als Fall des Diebstahls vorgesehen.[361]

Unter Außerkraftsetzen fällt nicht nur das völlige unbrauchbar machen eines Sicherungsmittels, sondern auch schon die Störung eines solchen, um die Tat zu ermöglichen, sei sie auch nur vorübergehend und ohne eine Beschädigung begangen.[362] In jedem Fall müssen die Sicherungsmittel zum Zeitpunkt der Tat auch aktiviert sein.[363] Daneben handelt es sich bei bloßen Attrappen ohne eine tatsächliche Sicherungsfunktion, welche allein dem Zweck dienen den Täter abzuschrecken, nicht um Sicherungsmittel im Sinne der Vorschrift.[364]

Gleichfalls sollen alle Arten von Sicherungen, die nicht alarmierenden, sondern offensiven Charakter haben, wie Selbstschussanlagen, Elektrozäune und dergleichen, nicht unter die Bestimmung des Art. 238 Nr. 5 CP fallen. Umstritten ist, ob Wachhunde als Sicherungsmittel in diesem Sinn zu behandeln sind.[365] Der Fall scheint jedoch in der Praxis wenig Bedeutung zu haben, fehlt es doch an einer entsprechenden Entscheidung der Rechtsprechung.

c) Die Regelung des Art. 240 CP

240. 1. *Der Täter eines Raubes mit Gewalt gegen Sachen wird mit Gefängnis von einem Jahr bis zu drei Jahren bestraft.*
2. *Gefängnisstrafe von zwei bis zu fünf Jahren wird verhängt, wenn einer der in Art. 235 vorgesehenen Umstände vorliegt.*

Nachdem der Grundtatbestand des Art. 237 CP die Grundlage des Raubes darlegt und Art. 238 CP die Einordung der Tat als Raub mittels Gewalt gegen Sachen beinhaltet, regelt Art. 240 CP nunmehr die Strafzumessung im Falle der Begehung eines Raubes mittels Gewalt gegen Sachen. Systematisch hat der Gesetzgeber damit einen vom Diebstahl abweichenden Weg beschritten, finden sich

---

361 Vgl. hierzu oben unter C. II.2.f).
362 Vgl. *De Vicente Martínez*, S. 71; *Suárez Gonzáles*, in: *Rodríguez Mourullo*, 1997, S. 691.
363 Vgl. *Vásquez Iruzubieta*, S. 415.
364 Vgl. *Cardona Torres*, S. 242.
365 Vgl. *Gonzáles Rus*, in: *Cobo del Rosal*, S. 457 f.; *Muñoz Conde*, 2015, S. 346, welche Hunde als aktiven Schutz des Eigentums und damit für nicht von Art. 238 Nr. 5 CP erfaßt ansehen; a.A: *Serrano Gómez*, S. 369.

doch dort die entsprechenden Strafzumessungsregelungen bereits im Rahmen des Grundtatbestandes.

Im Gegensatz zu der vorhergehenden Norm des Art. 240 CP kam es insoweit zu einer Änderung, als der Artikel zuvor lediglich den Strafrahmen für den einfachen Fall des Raubes mittels Gewalt gegen Sachen vorsah. Die nunmehr unter Art. 240 Abs. 2 CP enthaltene Regelung, welche einen höheren Strafrahmen vorsieht, falls eine der Begehungsformen des Art. 235 CP verwirklicht wird, fand dagegen Platz in der nachfolgenden Norm des Art. 241 CP. Dieses erschien im Ergebnis überzeugender als der nunmehr gewählte Ansatz. Denn zu berücksichtigen ist, dass der Gesetzgeber letztlich im Rahmen des Diebstahls zwischen zwei verschiedenen erschwerenden Subtypen des Raubes mittels Gewalt gegen Sachen unterscheidet. Dieses sind zum einen die Subtypen in denen eine der Begehungsweisen des Art. 235 verwirklicht wird, zum anderen die des nunmehrigen Art. 241 CP, in denen der Täter sich Zutritt zu einem der dort genannten Gebäude verschafft.[366]

Es wäre daher konsequenter gewesen, von einer Aufteilung der normativ auf der gleichen Stufe stehenden Regelungen abzusehen und alle diese Typen mit der Strafzumessungsregelung des Art. 240 Abs. 1 CP in einem Artikel zu vereinen. Die stattdessen vorgenommene rein thematische Gliederung überzeugt daher nicht.

Mit Blick auf die Strafhöhe kann festgestellt werden, dass diese beim Grundtatbestand mit einer Gefängnisstrafe von einem bis zu drei Jahren exakt derjenigen des Diebstahls nach Art. 235 CP entspricht. Dieses unterstreicht das Argument der Gegner einer Beibehaltung des Raubes mittels Gewalt gegen Sachen, dass es sich hier letztlich allein um eine Form des Diebstahls erschwert durch die besondere Art der Ausführung handelt.[367] Jedoch wurde im Abs. 2 der Regelung im Wege eines Verweises auf die Begehungsarten des Art. 235 CP eine höhere Starfandrohung von zwei bis zu fünf Jahren eingefügt.

Im Vergleich mit den einschlägigen deutschen Regelungen, welche die Tathandlungen als Diebstahl einordnen, kann erneut festgehalten werden, dass der Höchststrafrahmen deutlich geringer ist. Dieses überrascht, lässt doch die Einstufung als Raub, aufgrund des anzunehmenden schwereren Unrechtsgehalts, eine höhere Strafzumessung erwarten.

---

366 Vgl. *Mestre Delgado*, in: *Lamarca Pérez*, 2015, S. 338.

367 Vgl. wie bereits oben dargelegt so z.B. *Gómez Benitez*, in: Revista de la Universidad Complutense 1983, S. 331 ff., insbesondere wurde dabei von der Lehre auf die entsprechende Rechtsgestaltung in Deutschland und Italien hingewiesen, vgl. *De Vicente Martínez*, S. 18.

d) Die Qualifikationen des Art. 241 CP

241. *1. Falls der Raub in einem bewohnten Haus, einem öffentlich zugänglichen Gebäude oder Raum oder in irgendeinem der Nebenräume begangen wurde, ist eine Freiheitsstrafe von zwei bis zu fünf Jahren zu verhängen. Sollte der Raub in einer öffentlich zugänglichen Stätte oder in irgendeinem ihrer Nebenräume, außerhalb der Öffnungszeiten begangen worden sein, ist eine Freiheitsstrafe von einem bis zu fünf Jahren zu verhängen.*

2. Als bewohntes Haus wird jede Unterkunft angesehen, welche die Wohnung einer oder mehrerer Personen darstellt, auch wenn diese vorübergehend abwesend sind, wenn der Raub stattfindet.

3. Als Nebenräume eines bewohnten Hauses, öffentlich zugänglichen Gebäudes oder Raumes werden deren Höfe, Garagen und die übrigen eingefriedeten und an das Gebäude angrenzenden Räume und Grundstücke angesehen, die mit ihm eine innere Verbindung haben und mit dem sie eine körperliche Einheit bilden.

Wie oben dargelegt, erfuhren die Regelungen der Art. 240 sowie 241 CP insoweit eine Änderung, als der erste Absatz der vormaligen Regelung des Art. 241 CP nunmehr den Abs. 2 der Regelung des Art. 240 CP bildet. Daneben wurde die Regelung des Art. 240 CP in dem verbleibenden Teil auch sprachlich neu gefasst. Weiter wurde erstmalig ein Abs. 4 eingefügt, welcher nochmals eine besondere Strafzumessungsregelung in Abhängigkeit von der besonderen Schwere der Tat enthält.

Gemäß Art. 240 Abs. 1 CP ist eine Freiheitstrafe von zwei bis fünf Jahren auszusprechen, wenn der Raub innerhalb eines bewohnten Hauses, eines Büros oder in einem dem Publikum zugänglichen Gebäude oder Raum oder in einem hierzu gehörenden Nebengebäude begangen wird. Auch wenn das Hausrecht und die damit im Zusammenhang stehende Privatsphäre selbst bereits ein geschütztes Rechtsgut darstellt[368], erachtete es demnach der Gesetzgeber für notwendig, eine besondere Strafandrohung für den Fall zu schaffen, dass der Täter in ein Haus oder einen der anderen genannten Orte eindringt, um eine Sache wegzunehmen. Grund hierfür ist die besondere Gefährlichkeit, die besteht, wenn der Täter bei Begehung der Tat auf eine Person trifft, dennoch nicht von seinem Vorhaben ablässt und es zur Gewaltanwendung kommt.[369] Es handelt sich damit um die Erweiterung des Schutzgutes auf das Leben, die körperliche Unversehrtheit des

---

368 Der Hausfriedensbruch ist geregelt in den Art. 202–204 CP.

369 Vgl. *Muñoz Conde*, 2015, S. 349.

Opfers bzw. der potentiellen Opfer.[370] Der mit verwirklichte Hausfriedensbruch wird hierbei durch den Art. 241 CP konsumiert.[371]

Als bewohntes Haus definiert Art. 241 Abs. 2 CP jede Herberge, welche als Aufenthaltsort für eine oder mehrere Personen dient, auch wenn diese zum Zeitpunkt der Tat zufälligerweise abwesend sein sollten. Es handelt sich hier um eine klassische Definition des spanischen Strafrechts, so enthielt bereits der Art. 508 CP/1973 eine im Wesentlichen gleich lautende Definition des bewohnten Hauses.[372] Der Umstand, dass es nicht darauf ankomme, ob die Bewohner zum Tatzeitpunkt anwesend sind, wurde von der Rechtsprechung immer wieder hervorgehoben.[373] Dieses resultiert daraus, dass der Täter in einen privaten Bereich eindringt, dessen Intimität auch bei Abwesenheit bestehe.[374] Deshalb sei auch dann von einem bewohnten Haus zu sprechen, wenn ein Ort nur für bestimmte Zeiten wie den Ferien oder am Wochenende genutzt werde.[375]

Als Nebengebäude im Sinne des Art. 241 Abs. 3 CP werden alle Ställe, Garagen oder sonstigen Teile oder Orte, die an das Hauptgebäude angrenzen und im Inneren mit diesem verbunden sind und so eine physische Einheit bilden, definiert.

Die obigen Legaldefinitionen werden von der Lehre als zu weit angesehen. Dem Gesetzgeber wird vorgeworfen, statt eine kurze klare Begriffsbestimmung zu geben, habe man sich zu weitläufigen Definitionen verstiegen, die wenig hilfreich seien, da es an Bestimmtheit mangele.[376]

Neben dem bewohnten Haus werden in Art. 241 Abs. 1 CP auch noch öffentlich zugängliche Gebäude oder Räume genannt. Im Gegensatz zum

---

370 Vgl. *Mestre Delgado*, in: *Lamarca Pérez*, 2015, S. 339.

371 Vgl. STS 16.02. 1999 (RJ 1999, 862).

372 "*Artículo 508 CP/1973*
Se considera casa habitada todo albergue que constituyere la morada de una o más personas, aunque se encontraren accidentalmente ausentes de ella cuando el robo tuviere lugar."

373 Vgl. STS 16.02. 1991 (RJ 1991, 1127); STS 27.02. 1992 (RJ 1992, 1387)

374 Vgl. STS 22.07. 1991 (RJ 1991, 6003).

375 Vgl. STS 19.07. 1993 (RJ 1993, 6153); STS 25.02. 1991 (RJ 1991, 1421); STS 19.06. 1992 (RJ 1992, 5797); gleiches gilt auch für ein nur kurz bewohntes Hotelzimmer, so STS 30.10. 1992 (RJ 1992, 8554); a.A.: *Muñoz Conde*, 2015, S. 349, Zweck der Norm sei der Schutz anwesender Personen. Wenn aber eine Gefahr für diese in keinem Fall gegeben ist, wie z.Bsp. beim Eindringen in ein zu dieser Zeit nicht genutztes Sommerhaus, bestehe auch kein Grund für eine besondere Strafandrohung. Insofern handele es sich um eine Analogie zu Lasten des Täters.

376 Vgl. *Fernández Rodríguez*, S. 136.

bewohnten Haus bleiben diese aber ohne jede gesetzliche Interpretation. Es handelt sich insoweit um eine tatbestandliche Ausweitung, welche mit der Reform des Jahres 1995 erfolgte, da die vorhergehende Regelung des CP/1973 lediglich den Raub in einem öffentlichen Gebäude und seinen Nebengebäuden erfasste.[377]

Das Merkmal *„öffentliches Gebäude"* wurde dabei restriktiv ausgelegt, so dass lediglich staatliche Gebäude oder Verwaltungsstellen als tatbestandlich angesehen wurden. Daher kamen nur solche Örtlichkeiten in Betracht, welche einen öffentlichen, militärischen oder zivilen Dienst versahen und eine Einrichtung des Staates, der Provinzen, Gemeinden oder autonomen Gebiete waren.[378] Indem der Wortlaut seit 1995 lediglich verlangt, dass die Gebäude öffentlich zugänglich sind, bedarf es dieser Eigenschaft nunmehr nicht mehr. Vielmehr fallen nun auch private Gebäude oder Räume in den Anwendungsbereich der Vorschrift, soweit sie öffentlich zugänglich sind.[379]

Zu beachten ist aber, dass die Strafschärfung nach Art. 241 Abs. 1 Satz 1 CP nur dann erfolgen sollte, wenn die Einrichtung zum Zeitpunkt der Tat für das Publikum geöffnet war. Sollte dieses nicht der Fall sein, unterlag die Begehung bis zur Reform des Jahres 2015 keiner besonderen Strafandrohung.

Grund hierfür war zum einen, dass strafschärfend berücksichtigt werden sollte, dass der Täter sich gerade die Zutrittsmöglichkeit zunutze machte, um den Raub zu begehen. Ferner besteht zu diesem Zeitpunkt eine höhere Gefahr für anwesende Personen, sollte der Täter seinen Tatplan ändernd auch Gewalt gegen Personen anwenden. Der Täter dringt ferner nicht in die Privatsphäre einer Person ein, wie es bei dem bewohnten Haus der Fall ist, so dass eine Strafschärfung allein aus dem Umstand der Tatausübung in einem Gebäude, unabhängig von der Anwesenheit von Personen, ebenfalls nicht berechtigt erschien.[380]

Mit der Einfügung des Art. 241 Abs. 1 Satz 2 CP wurde nunmehr dieser Fall gleichfalls straferhöhend berücksichtigt. Jedoch ist die Mindeststrafe des Art. 241 Abs. 1 Satz 2 CP mit einem Jahr gegenüber zwei Jahren in Art. 241 Abs. 1 Satz 1 CP etwas geringer. Mit Blick auf die obigen Ausführungen erscheint dieses als wenig überzeugend, bleibt doch unklar, woraus der viel höhere Unrechtsgehalt, welcher eine Verurteilung zu einer Freiheitsstrafe von bis zu fünf Jahren,

377 Art.506 Nr. 5 CP/1973: *„Cuando se verifique en edificio público o alguno de sus dependencias"*.

378 Vgl. STS 05.12.1984 (RJ 1984, 6242).

379 Vgl. *Fernández Rodríguez*, S. 143.

380 Vgl. *Córdoba Roda/García Arán*, S. 677 f. m.w.N..

im Gegensatz zum einfachen Fall, bei dem eine Höchststrafe von drei Jahre vorgesehen ist, resultieren soll.

e) Die Strafzumessungsregelung des Art. 241 Abs. 4 CP

241. …

4. Eine Gefängnisstrafe von zwei bis zu sechs Jahren ist zu verhängen, wenn die Umstände, unter denen die Tat nach einer der vorhergehenden Absätze begangen wurde, besondere Schwere aufweisen, wobei die Begehungsweise oder die verursachten Schäden zu berücksichtigen sind oder wenn eine der Begehungsweisen des Artikels 235 vorliegt.

Wie bereits erwähnt, erfolgte eine weitere Neuerung innerhalb des Art. 241 CP durch die Einführung des Abs. 4. Hier ist nunmehr vorgesehen, dass eine Gefängnisstrafe von zwei bis zu sechs Jahren zu verhängen ist, wenn die Umstände, unter denen die Tat nach einer der vorhergehenden Absätze begangen wurde, besondere Schwere aufweisen oder wenn eine der Begehungsweisen des Artikels 235 CP vorliegt.

Es kommt damit letztlich zu einer additiven Methode der Strafzumessung. Im Fall des einfachen Raubes mittels Gewalt gegen Sachen beträgt die Strafe Freiheitsstrafe von einem bis zu drei Jahren. Sollte der Raub mittels einer der Begehungsweisen des Art. 235 CP begangen werden, erhöht sich der anzuwendende Strafrahmen auf eine Freiheitsstrafe von zwei bis zu fünf Jahren. Wenn nunmehr der Grundtatbestand mittels einer der Begehungsweisen des Art. 235 CP in einem bewohnten Haus oder einem der weiteren genannten Gebäude begangen werden, erhöht sich der Strafrahmen noch einmal auf eine Freiheitsstrafe von zwei bis zu sechs Jahren. Gleiches gilt, wenn der in einem bewohnten Gebäude begangene Raub auf andere Weise eine besondere Schwere aufweist.

5. Der Raub mittels Gewalt oder Drohung gegen Personen, Art. 242 CP

242. *1. Der Täter eines Raubes mittels Gewalt gegen oder Einschüchterung von Personen wird mit einer Gefängnisstrafe von zwei bis zu fünf Jahren bestraft, unbeschadet der Strafe, welche aus der Begehung der körperlichen Gewalt folgt.*

2. Falls der Raub in einem bewohnten Haus, einem öffentlich zugänglichen Gebäude oder Raum oder in irgendeinem der Nebenräume begangen wurde, ist eine Freiheitsstrafe von drei Jahren und sechs Monaten bis zu fünf Jahren zu verhängen.

3. *Die in den Absätzen zuvor vorgesehene Strafe ist aus der oberen Hälfte zu verhängen, wenn der Täter hierbei Waffen oder andere gleicherweise gefährliche Mittel benutzt, um an den Ort zu gelangen, an dem diese sich befinden oder um seine Flucht zu ermöglichen oder bei einem Angriff auf solche, welche dem Opfer zur Hilfe kommen oder den Täter verfolgen.*
4. *Unter Beachtung des geringen Grades der ausgeübten Gewalt oder Einschüchterung, unter Berücksichtigung der sonstigen verbleibenden Umstände der Tat, kann eine Strafe geringeren Grades als die in den vorhergehenden Absätzen vorgesehene, ausgesprochen werden.*

Wie bereits ausgeführt, handelt es sich bei den soeben beschriebenen Tatbeständen des Raubes mittels Gewalt gegen Sachen nicht um Raubdelikte im Sinne des deutschen Strafrechts. Ein solches Raubdelikt, welches in funktionaler Hinsicht dem deutschen Pendant entspricht, findet sich erst in der Verbindung des Grundtatbestandes des Art. 237 CP mit dem Art. 242 CP.

Danach ist Räuber, wer mit Bereicherungsabsicht mittels Gewalt oder Drohung[381] gegen eine Person, eine fremde bewegliche Sache wegnimmt. Die Regelung entspricht daher im Kern dem § 249 StGB, nach dem Räuber ist, wer mit Gewalt gegen eine Person oder unter Anwendung von Drohungen mit gegenwärtiger Gefahr für Leib oder Leben eine fremde bewegliche Sache einem anderen in der Absicht wegnimmt, die Sache sich oder einem Dritten rechtswidrig zuzueignen.

Trotz der zunächst im Wesentlichen gleichlautenden Regelung ergeben sich, wie zu zeigen sein wird, deutliche Unterschiede im Hinblick auf die Struktur des Delikts.

a) Allgemeine Struktur des Raubs mittels Gewalt gegen Personen und Drohung

Der CP regelt den tatbestandlichen Inhalt des Raubes mittels Gewalt gegen Personen und Drohung ähnlich wie beim Raub mittels Gewalt gegen Sachen in zwei Artikeln. Zum einen durch eine Definition der Tathandlung im Art. 237 CP, zum anderen durch die Bestimmung des Strafmaßes in Art. 242 CP.

---

381 Das in den Art. 237 und 242 CP gebrauchte Begriff „*Intimidación*" bedeutet im eigentlichen Wortsinn nicht Drohung sondern Einschüchterung. Letztlich stehen sich jedoch beide Begriffe korrespondierend gegenüber beschreibt doch Drohung vorrangig das aktive Handeln des Täters und Einschüchterung mehr die Wirkung auf das Opfer. Hinsichtlich der zu beschreibenden Tathandlung herrscht damit Übereinstimmung. Entsprechend wird hier der Einfachheit halber der Begriff der Drohung gebraucht.

Die nunmehrige im Art. 237 CP enthaltene Definition der Raubhandlung, welche im Rahmen der Reform von 1995 eingefügt wurde, stellte dabei eine wichtige strukturelle Neuerung im Vergleich zu den vorherigen Art. 500, 501 CP/1973 dar. Dort wurde die Strafbarkeit des Raubes noch im Wege einzelner, komplexer Tatbestände geregelt.

Hierbei stellte Art. 500 CP/1973 zunächst ebenfalls fest, dass Räuber ist, wer eine fremde bewegliche Sache mit Bereicherungsabsicht einer Person durch Gewalt oder Drohung wegnahm. Danach führte aber Art. 501 CP/1973 verschiedene Strafbarkeiten für eine Vielzahl unterschiedlicher Begehungsweisen und Tatfolgen auf. So enthielt der Art. 501 CP/1973 den Raub in Verbindung mit Totschlag, Raub in Verbindung mit Körperverletzungen und Geiselnahme, jeweils in Verbindung mit verschiedenen Qualifikationen. Es handelte sich folglich um ein verschachteltes und durch die gegebene Komplexität immens umständliches System.

Dieser Ansatz wurde daher zugunsten eines einfacheren und übersichtlicheren Systems aufgegeben. Dieses System findet seinen Nukleus in Art. 242 Abs. 1 CP a.E.. Hierin wird bestimmt, dass die Bestrafung des Täters wegen eines Raubes mittels Gewalt oder Drohung ungeachtet der Strafe erfolgt, welche den Täter aufgrund anderer, durch die Anwendung physischer Gewalt begangener Delikte trifft. Anders also als in den vorhergehenden Regelungen war nunmehr der Raub nicht mehr ein komplexer Tatbestand, welcher den Schutz einer Vielzahl betroffenen Rechtsgüter (*z.B.: Leben, Gesundheit, Freiheit, sexuelle Freiheit, etc.*) gleichfalls abschließend zu erfassen suchte, sondern vielmehr wird das Verhältnis des Raubes zu mit verwirklichten Delikten seitdem im Wege der Konkurrenz gelöst.[382]

Die vollzogene Umgestaltung des Raubes ist in der Rechtslehre auf breite Zustimmung gestoßen, wurde doch durch sie ein kompliziertes und in der Ermittlung des Strafmaßes kaum noch zu überschauendes System durch eine einfach zu handhabende Regelung ersetzt, welche den gleichen Schutzumfang hat.[383] Es ist hier anzumerken, dass der gewählte Ansatz sich auch in der Praxis der letzten zwanzig Jahre vollumfänglich bewährt und zu einer deutlichen Vereinfachung der Handhabung des Deliktes geführt hat, so dass der Artikel auch im Rahmen der weitgehenden Reform des Jahres 2015 nicht verändert wurde.

---

382 Diese Neuregelung war so durchgreifend, dass von einer „*Kopernikanischen Wende*" gesprochen wurde, so *Muñoz Conde*, S. 365.

383 Vgl. statt aller *Queralt Jiménez*, 2008, S. 415.

b) Die Tathandlung des Raubes mittels Gewalt gegen Personen oder Drohung

Wie zuvor der Raub mittels Gewalt gegen Sachen entspricht auch der Raub mittels Gewalt oder Drohung gegen Personen inhaltlich im Kern dem Diebstahl.[384] Der Unterschied zwischen Raub und Diebstahl besteht wie in Deutschland allein im Mittel der Wegnahme. Es handelt sich um ein Delikt, welches dominiert wird vom Angriff auf das Eigentum, wobei die Art und Weise des Angriffs aber so bedeutend ist, dass aufgrund des höheren Unrechtsgehaltes auch in der Neufassung, aus kriminologischer wie rechtlicher Sicht, der Unterschied zum Diebstahl so bedeutend ist, dass diese sich als unterschiedliche Delikte darstellen.[385]

Im Einzelnen existieren zwei Formen des Angriffs. Art. 237 CP bestimmt als Form der Tatbegehung zum einen Gewalt, zum anderen Drohung gegen eine Person. Hierbei handelt es sich im Prinzip um eine Aufteilung nach der klassischen Unterscheidung in *vis absoluta* und *vis compulsiva*.[386]

(1) Gewalt gegen Personen

Als Gewalt gegen Personen im Sinne des Art. 237 CP ist lediglich die Gewalt anzusehen, welche in einem direkten physischen Angriff auf eine Person besteht.[387] Art. 242 Nr. 1 CP macht dieses besonders deutlich. Dort wird explizit von Akten physischer Gewalt gesprochen.[388] Unter den Gewaltbegriff des Art. 237 CP fallen demnach nur solche Angriffe, bei denen es zu einem direkt gegen eine Person gerichteten Kraftaufwand kommt; nicht hierunter fallen dagegen Handlungen, bei denen lediglich auf die wegzunehmende Sache eingewirkt wird.[389]

Gleichfalls lassen sich Mittel, welche zwar zur Ermöglichung oder Vereinfachung der Wegnahme verwendet werden, jedoch keine direkte physische Kraft zur Wegnahme der Sache entfalten, wie das Verabreichen von Schlafmitteln, Drogen etc., nicht unter den Gewaltbegriff fassen.[390]

---

384 Der Raub ist auch in Deutschland eine aus Diebstahl und qualifizierter Nötigung zusammengesetzte Straftat, vgl. *Vogel*, in: LK, § 249, Rdnr. 1.

385 Vgl. *Gonzáles Rus*, in: *Cobo del Rosal*, S. 460; *Muñoz Clares*, S. 180; vgl. zur Doppelnatur des Raubs im StGB *Vogel* a.a.O..

386 Vgl. *Conde-Pumpido Ferreirro*, Temas, S. 203; *Muñoz Conde*, 2015, S. 352.

387 Vgl. *Conde-Pumpido Ferreirro*, Temas, S. 203.

388 Art. 242. „*…a los actos de violencia física que realizase.*".

389 Vgl. *Gonzáles Rus*, in: *Cobo del Rosal*, S.462.

390 Vgl. *Robledo Villar*, S. 85.

Dem tatbestandlichen Gewaltbegriff wohnt inne, dass die Gewalt gerade zur Ermöglichung oder Vereinfachung der Wegnahme ausgeführt wird; sollte es hieran fehlen, kann die Handlung nicht als Raub gemäß Art. 237 CP angesehen werden.[391] Gleichgültig ist es, ob die Gewalt gegen das Opfer des Raubes oder gegen Dritte, welche dem Opfer beistehen wollen, gerichtet ist.[392] Die Regelung ist diesbezüglich deckungsgleich mit der des § 249 StGB, welche gleichfalls dahingehend verstanden wird, dass die Gewalt sich auch gegen Begleiter des Gewahrsamsinhabers oder eine, auch nur vermeintlich zur Hilfe verpflichtete oder bereite Person richtet.[393]

Entscheidend ist auch nicht der Zeitpunkt der Gewaltanwendung. Die Gewalt kann vor, während oder auch nach der Wegnahme erfolgen, soweit sie nur zur Ermöglichung derselben begangen wird, wozu aber auch die Sicherung der Flucht gezählt werden soll.[394] Insoweit besteht ein deutlicher Unterschied zur deutschen Regelung des § 249 StGB. Unbedingte Voraussetzung ist es zwar auch hier, dass der Täter die Nötigungsmittel final zur Erzwingung der Wegnahme einsetzt, es besteht allerdings keine Kausalität, wenn Gewalt oder Drohung erst nach der Wegnahme zur Sicherung der Beute eingesetzt werden.

In solchen Fällen ist in Deutschland § 252 StGB einschlägig.[395] Dieses gilt ungeachtet der Streitfrage, ob die Sicherung der Beute unmittelbar nach der Vollendung der Wegnahme noch als deren Bestandteil verstanden werden kann.[396] Das qualifizierte Raubunrecht kann in Deutschland nur dann zureichend begründet werden, wenn der Zwang Mittel der Gewahrsamsverschiebung und nicht lediglich der für die Vollendung unerheblichen Gewahrsamssicherung war.[397] Aufgrund der Rechtsfolge des § 252 StGB, welcher bestimmt, dass gleich einem Räuber zu bestrafen ist, kommt es aber durch die unterschiedliche Bewertung

---

391 Vgl. STS 19.07. 1991 (RJ 1991, 5964); STS 18.10. 1994 (RJ 1994, 8022).

392 Vgl. STS 23.09. 1991 (RJ 1991, 6534).

393 Vgl. so bereits RGSt 69, 327, 330.

394 Vgl. STS 21.02. 1990 (RJ 1591) wo auch die zur Fluchtermöglichung begangene Gewalt, als tatbestandlich angesehen wurde.

395 Vgl. BGHSt 8,162; *Dallinger* MDR 72, 17; *Kühl*, in: *Lackner/Kühl*, § 252 Rdnr. 1; *Geppert* in Jura 90, 554 mwN.

396 So die wohl h.M., welche die Annahme zugrundelegt, dass auch Handlungen nach Vollendung, die als solche kein Tatbestandsmerkmal mehr erfüllen, zur Begehung der Tat gehören können vgl. BGHSt 4,132; 8,390; 19,323; 20,194; 21,377; 28,224229; NJW 87, 2687; JZ 89, 759; Stratenwerth in JZ 61,95; Furtner in JR 66,169; dagegen Isenbeck in NJW 65, 2326; Gössel in ZStW 85, 591, 644; Hruschka in JZ 83, 217; Rudolphi in Jecheck-FS, S. 559; Bitzilekis in ZStw 99, 723.

397 Vgl. *Kühl*, in: *Lackner*, § 252, Rdnr. 3.

der Sicherung der Beute letztlich nicht zu einem Unterschied im gewährten Schutzumfang.

In der Gesamtschau wird damit offenkundig, dass bis auf den Fall, dass Gewalt oder Drohung zur Sicherung der Beute angewandt werden, insoweit Identität zwischen spanischer und deutscher Rechtslage besteht. Bei funktionaler Betrachtung ergibt sich jedoch, dass im Ergebnis auch hier kein Unterschied besteht, wird doch der in Spanien als Teil des Raubes angesehene Fall der Sicherung der Beute durch Gewalt oder Drohung in Deutschland durch § 252 StGB, in gleicher Weise geregelt.

(2) Drohung gegen Personen

Der Tribunal Supremo definiert Drohung ausgehend von Art. 1267 CC[398] als Ankündigung eines unmittelbaren möglichen Übels, welches in dem Betroffenen ein Gefühl der Angst, angesichts der Möglichkeit eines realen oder eingebildeten Schadens, weckt oder erhält.[399] Der Begriff der Ankündigung wird dabei weit ausgelegt, so dass neben der verbalen Drohung auch konkludentes Verhalten als ausreichend angesehen wird.[400]

Inhaltlich entspricht daher die Definition dem deutschen Ansatz des § 240 StGB bzw. § 249 StGB. Danach ist Drohung das ausdrückliche oder schlüssige In-Aussicht-Stellen eines Übels, dessen Eintritt davon abhängen soll, dass der Bedrohte sich nicht dem Willen des Drohenden beugt.[401]

Hinsichtlich Bedeutung und Gewicht des angedrohten Übels wird in Spanien auf die Wirkung abgestellt, welche die Ankündigung auf einen durchschnittlichen Menschen gehabt hätte.[402]

---

398 "*Artículo 1267*
Hay violencia cuando para arrancar el consentimiento se emplea una fuerza irresistible. Hay intimidación cuando se inspira a uno de los contratantes el temor racional y fundado de sufrir un mal inminente y grave en su persona o bienes, o en la persona o bienes de su cónyuge, descendientes o ascendientes. Para calificar la intimidación debe atenderse a la edad y a la condición de la persona. El temor de desagradar a las personas a quienes se debe sumisión y respeto no anulará el contrato." Artículo 1267 redactado por Ley 11/1990, 15 octubre («B.O.E.» 18 octubre), de reforma del Código Civil, en aplicación del principio de no discriminación por razón de sexo.

399 Vgl. STS 24.09.1986 (RJ 1986, 4825).

400 Vgl. STS 20.10.2000.

401 Vgl. *Kühl*, in: *Lackner*, § 242, Rdnr.12.

402 Vgl. *Muñoz Clares*, S. 227.

Die Definition des Gewaltbegriffs in Deutschland als „*vis compusliva*“ und „*vis absoluta*“ und die vorgenommene Trennung des Gewaltbegriffs von der Drohung mit einem empfindlichen Übel findet in Spanien in dieser strikten Form keine Entsprechung.[403] So wird in Teilen angenommen, dass es sich auch bei der Drohung um einen Angriff auf die Willensfreiheit des Opfers handelt, indem der Täter auf psychische Weise versucht, Einfluss auf dessen Handeln zu nehmen.[404] Die Drohung sei folglich als „*vis compulsiva*“ zu charakterisieren, da durch das Inaussichtstellen des Übels der Wille des Bedrohten dem Willen des Drohenden unterworfen wird.[405]

Anders als in Deutschland wird daher nicht dahingehend unterschieden, dass die Drohung im Gegensatz zur Gewalt einen rein psychisch vermittelten Zwang hervorruft, während Gewalt zumindest nach Auffassung der Gerichte in Deutschland[406] in jedem Fall irgendeine Form der Körperlichkeit bedarf.

Fallen daher in Spanien Gewalt und Drohung im Verhalten des Täters zusammen, so wird die Drohung durch die Anwendung der Gewalt konsumiert.[407]

Zu beachten ist aber, dass lediglich das Inaussichtstellen eines ausreichend gewichtigen Übels gefordert wird, um Angst zu erzeugen, nicht aber die tatsächliche Eignung des angedrohten Verhaltens zur Schädigung.[408] Dieses entspricht wiederum dem Ansatz des StGB nach dem unerheblich ist, ob der Täter die Drohung verwirklichen will oder kann, solange die Drohung aus der Täterperspektive nur den Anschein der Ernstlichkeit erwecken und vom Bedrohten ernst genommen werden soll.[409]

Diesem folgend hat die spanische Rechtsprechung auch die Drohung mit sogenannten Scheinwaffen als Drohung im Sinn des Art. 237 CP angesehen.[410] Die Drohung kann demnach nicht allein mittels einer tatsächlichen Waffe, sondern auch mittels anderer gefährlicher Mittel und Objekte geschehen, solange diese

---

403 Vgl. zum Gesamtkomplex statt aller m.w.N. *Sinn*, in: MünchKommStGB, § 240, Rdnr. 63.

404 Vgl. *Fernández Rodríguez*, S.48.

405 Vgl. statt aller *Quintero Olivares*, S. 1101.

406 Vgl. BVerfGE 92, 1 (sogenannte Sitzblockadenentscheidung).

407 Vgl. *Fernández Rodríguez*, S. 49.

408 Vgl. *Fernández Rodríguez*, S. 48.

409 Vgl. BGH NStZ-RR 2016, 45.

410 Vgl. insbesondere auch STS 29.06. 1991 (RJ 1991, 5044), wo der Täter lediglich behauptete eine Waffe unter der Kleidung zu tragen.

zur Begehung der Tat, zur Sicherung der Flucht oder im Hinblick auf das Opfer oder auf Dritte verwandt werden, welche dem Opfer beistehen wollen.[411]

c) Strafzumessung, Qualifikation und Privilegierung des Art. 242 CP

Art. 242 CP regelt die Strafzumessung für den Raub mittels Gewalt gegen Personen oder durch Drohung. Dabei gliedert sich der Artikel in vier Absätze mit dem Inhalt einer Strafschärfung bzw. Strafpriviligierung.

Art. 242 Abs. 1 CP beinhaltet zunächst die Strafzumessung für den Raub mittels Gewalt gegen Personen oder Drohung im Allgemeinen.

Nachfolgend enthält Art. 242 Abs. 2 CP eine der Regelung des Art. 241 CP entsprechende Erhöhung der Strafandrohung, falls die Tat in einem bewohnten Haus begangen wird, sowie in Art. 242 Abs. 3 CP eine weitere Regelung für den Fall, dass der Täter bei der Begehung der Tat oder um seine Flucht zu ermöglichen von Waffen oder anderen, gleichermaßen gefährlichen Mitteln, die er mit sich führte, Gebrauch gemacht hat oder wenn er diejenigen angreift, die dem Opfer zur Hilfe eilen oder ihn verfolgen.

Der abschließende Art. 242 Abs. 4 CP sieht dagegen eine Strafmilderung bei geringer Bedeutung der ausgeübten Gewalt oder Einschüchterung unter Berücksichtigung der übrigen Umstände der Tat vor.

Nachfolgend seien die wesentlichen Inhalte der Regelungen kurz dargestellt.

(1) Allgemeiner Strafrahmen des Raubes mittels Gewalt gegen Personen oder Drohung, Art. 242 Abs. 1 CP

Entsprechend Art. 242 Abs. 1 CP ist der Täter des Grunddelikts mit Gefängnis von zwei bis zu fünf Jahren zu bestrafen.[412] Verglichen mit der Regelung des § 249 StGB fällt zunächst auf, dass die Mindeststrafe in Spanien diejenige in Deutschland um das doppelte übersteigt, denn gemäß der dortigen Regelung ist die Strafe für Raub Freiheitsstrafe nicht unter einem Jahr. Diese Strafhöhe ist auch nicht erst das Resultat der letzten Reform, welche es sich zum Ziel gesetzt hatte, die Strafen insgesamt deutlich anzuheben, sondern war bereits zuvor im CP enthalten.

Besonders deutlich wird der Unterschied, wenn man die deutsche Regelung des § 249 Abs. 2 StGB mitbetrachtet. Danach liegt die Mindeststrafe in minder

---

411 Vgl. *Robledo Villar*, S. 88.

412 Vgl. zur Neuregelung über die Konkurrenz mit den Delikten der Körperverletzung oben unter C, II, 4).

schweren Fällen bei einer Freiheitsstrafe von lediglich sechs Monaten. Auf der anderen Seit ist jedoch die mögliche Höchststrafe in Spanien auf fünf Jahre beschränkt. Ein Höchststrafmaß von fünf Jahren ist dagegen in Deutschland allein in den minderschweren Fällen anwendbar, § 249 Abs. 2 StGB. Ansonsten kann eine weit höhere Strafe ausgesprochen werden. Es besteht daher hier ein offenkundiger Unterschied in der Strafzumessung, wobei in Bezug auf die Mindeststrafe die spanische diejenige in Deutschland deutlich übersteigt und andererseits in der zu verhängenden Höchststrafe, bei der wiederum die deutsche Gesetzgebung weit höhere Strafen vorsieht.

(2) Die Qualifikation des Art. 242 Abs. 2 CP, Raub mittels Gewalt oder Drohung in einem bewohnten Haus oder dessen Nebengebäuden,

Im Rahmen der Reform des Jahres 2010 wurde eine besondere Strafandrohung für den Fall eingefügt, das der Täter die Tat in einem bewohnten Haus oder in einem der Nebengebäude verübt. Die Definition des bewohnten Hauses ist insoweit inhaltsgleich mit der Regelung des Art. 241 CP.[413] Es kann daher an dieser Stelle auf die hierzu gemachten Ausführungen verwiesen werden.[414]

Die Höhe der Strafandrohung beträgt hier Freiheitsstrafe von drei Jahren und sechs Monaten bis zu fünf Jahren. Sie ist daher entsprechend des höheren Unrechtsgehalts, welcher sich in dem Eindringen in eine fremde Privatsphäre widerspiegelt, in der Mindeststrafe erhöht, jedoch bei der höchstmöglichen Strafzumessung identisch.

Eine Entsprechung gibt es in der deutschen Rechtslage nicht. Anders als in Spanien ist ein vergleichbarer Inhalt allein in dem Regelbeispiel des § 243 Abs. 1 Nr. 1 StGB enthalten, welcher sich dort aber lediglich auf den Diebstahl und nicht auf den Raub bezieht. Insoweit verdrängt aber der Raub des § 249 StGB die §§ 242, 244, 244a StGB im Wege der Gesetzeskonkurrenz.[415] Eine Verknüpfung des im Raub enthaltenen Eigentumsschutzes sowie der Freiheit der Willensbildung und Willensbetätigung[416] mit dem Schutz vor Friedensstörungen bzw. des Hausrechts[417] im Sinne des § 123 StGB erfolgt daher dort nicht.

---

413 Vgl. *Muñoz Conde*, 2015, S. 356.

414 Vgl. oben unter C. III.4.d).

415 Vgl. *Eser/Bosch*, in: *Schönke/Schröder*, § 249, Rdnr. 249.

416 So zum enthaltenen Nötigungstatbestand BVerfGE 73, 206, 237; BGHSt 37, 350, 353.

417 Vgl. zum geschützten Rechtsgut in § 123 StGB *Heger*, in: *Lackner/Kühl*, § 123, Rdnr. 1.

(3) Die Qualifikation des Art. 242 Abs. 3 CP, Gebrauch von Waffen oder gleichermaßen gefährlichen Mitteln

Bereits Art. 501 CP/1973 sah eine besondere Strafandrohung für die Begehung des Raubs mittels Waffen vor. Der Gesetzgeber hat bei der Reform 1995 im Art. 242 Abs. 3 CP diese Regelung als einzige der vorherigen besonderen Begehungsformen übernommen. Grund dafür war, dass der Unrechtsgehalt des Gebrauchs von Waffen, anders als der der anderen vorherigen erschwerenden Begehungsformen, nicht aufgrund der nun fehlenden abschließenden Wirkung des Raubes von anderen Tatbeständen erfasst wird.[418] Es hat daher einer expliziten Regelung für diese Tatmodalität bedurft, welche sich bis heute im Art. 242 Abs. 3 CP erhalten hat.

Hinsichtlich der Natur der Regelung herrscht zwischen Rechtsprechung und Literatur Uneinigkeit. Während die Rechtsprechung die Vorschrift als verselbständigte Abwandlung des Art. 237 CP ansieht[419], nimmt die Literatur an, es handele sich lediglich um einen benannten straferhöhenden Tatumstand im Sinne eines Regelbeispiels.[420]

Gleichfalls umstritten ist der Grund für die besondere Strafzumessung. Die Rechtsprechung sieht die Ursache in der besonderen Verderbtheit des Täters, dem höheren Schrecken der Opfer und letztlich in der besonderen Gefährlichkeit, welche jedem Gebrauch von Waffen innewohnt.[421] Teile der Literatur halten dagegen allein das aus dem Waffengebrauch resultierende Risiko für die Basis der erhöhten Strafzumessung, besteht doch immer die Gefahr, dass der Täter diese anwendet, um das gesetzte Ziel zu erreichen oder um die Flucht zu ermöglichen.[422] Letztlich sind diese Unterschiede aber in der Praxis ohne Auswirkungen.

---

418 Zwar kommt es bei einem Raub mit Waffen regelmäßig auch zur Verwirklichung eines Delikts wegen unerlaubten Waffenbesitzes, welches gleichfalls nicht im Wege der Konkurrenz entfällt. Beide Delikte schützen jedoch unterschiedliche Rechtsgüter, vgl. *De Vicente Martínez*, S. 108.

419 Vgl. statt aller STS 12.05. 1986 (RJ 2451).

420 Vgl. *Vives Antón/Gonzáles Cussac*, in: *Vives Antón*, S. 445.

421 Insoweit stellt auch die Entscheidung STS 22.04.1999 keine Abkehr hiervon dar, auch wenn hier gleichfalls die besondere Gefährlichkeit als Grund der höheren Strafzumessung betont wird.

422 Vgl. *Cuerda Arnau*, in: *Vives Antón*, 2015, S. 372; dieses entspricht auch dem Grund der Strafschärfung in Deutschland, vgl. *Wessels/Hillenkamp*, Rdnr. 269 ff..

Der Begriff der Waffe wird von der Rechtsprechung weit ausgelegt.[423] Nach der Rechtsprechung ist der Begriff der Waffe in Art. 242 CP nicht identisch mit dem Waffenbegriff des Waffengesetzes.[424] Der waffenrechtliche Begriff dient aber als Ausgangspunkt, um mittels einer soziologischen Betrachtung eine Definition von Waffe zu ermitteln. Danach sind Waffen alle Instrumente, welche in der Lage sind, Projektile auszustoßen, die in der Lage sind, Verletzungen hervorzurufen.[425] Unter den Begriff der Waffe fallen mithin zunächst alle Feuerwaffen, bei denen der Abschuss des Projektils mittels Schwarzpulvers erfolgt[426], aber auch Gegenstände, die sich anderer Systeme bedienen, wie Luftdruckwaffen oder Bögen.[427] Notwendig ist aber, dass die Waffe sich in einem funktionstüchtigen Zustand befindet, was der deutschen Rechtslage entspricht.[428] Gleichfalls als Waffen im Sinne des Art. 242 Abs. 3 CP werden alle Arten von Blankwaffen angesehen.[429]

Als *„gleichermaßen gefährliche Mittel“* ordnet die Rechtsprechung Gegenstände ein, die nach ihrer Natur oder der Art der möglichen Verwendung eine große Gefahr für das Opfer bieten.[430] Präzisierend hat der Tribunal Supremo festgestellt, dass gefährliche Mittel solche darstellen, die in der Lage sind, hinsichtlich des Lebens oder der Gesundheit ein Übel hervorzurufen. Hierdurch können auch solche Gegenstände gefährliche Mittel sein, die bei bestimmungsgemäßem Gebrauch nicht als solche anzusehen sind, wie Gabeln, Backsteine, Schraubenzieher, etc..[431]

Das *„gleichermaßen gefährliche Mittel“* entspricht daher der Definition des gefährlichen Werkzeuges im StGB als körperlichem Gegenstand, der nach seiner objektiven Beschaffenheit und der Art der Verwendung im konkreten Fall geeignet ist, erhebliche Verletzungen herbeizuführen.[432]

Gemäß Art. 242 Abs. 3 CP muss die Waffe oder das gleichermaßen gefährliche Mittel bei der Begehung der Straftat oder zur Ermöglichung der Flucht gebraucht

---

423 Vgl. Rechtssprechungsübersicht bei *Rodríguez Morullo*, in: Comentarios al Código Penal, S. 696.

424 Vgl. Art. 3 del Reglamento de Armas 137/1993.

425 Vgl. STS 08.02. 2000 (RJ 309).

426 Vgl. STS 10.04. 1996.

427 Vgl. *Vives Antón/Gonzáles Cussac*, in: *Vives Antón*, S. 446.

428 Vgl. STS 04.02. 2000; *De Vicente Martínez*, S. 86; dementsprechend BGHSt 44, 103; NJW 98, 3131; StV 98, 487.

429 Vgl. *Alonso Pérez*, S. 123.

430 Vgl. STS 22.03. 1998; STS 21.04. 1998.

431 Vgl. STS 03.02. 1998.

432 Vgl. statt aller BGHSt 3, 109.

werden. Unter Gebrauch ist nach Ansicht der Rechtsprechung wie in Deutschland neben der Verwendung der Waffe zur Gewaltanwendung auch das bloße Vorzeigen der Waffe zur Drohung anzusehen.[433] Dagegen wenden sich Stimmen in der Literatur, welche eine solch weite Auslegung des Begriffs des Gebrauchens ablehnen und Fälle des Drohens nicht als Gebrauch ansehen.[434]

Anders als in Deutschland ist aber das bloße Beisichführen der Waffe während der Tat nicht unter Strafe gestellt.[435] Insoweit weicht die deutsche Regelung des § 250 StGB deutlich von Art. 242 CP ab, da dort selbst das Beisichführen eines gefährlichen Werkzeuges zur Verwirklichung des Qualifikationstatbestandes führt.[436]

Aus der fehlenden Strafbarkeit folgt, dass das in Deutschland vorhandene Problem des Beisichführens eines gefährlichen Werkzeuges bei Zweckentfremdung eines an sich ungefährlichen Gegenstandes in Spanien nicht existiert.[437]

Zeitlich ist die Waffe während der Tat zu verwenden.[438] Wird die Waffe zu einem späteren Zeitpunkt gebraucht und kommt es zur Tötung des Opfers, so ist Abs. 3 nicht anwendbar. Vielmehr ist in solchen Fällen von Realkonkurrenz auszugehen und dementsprechend allein eine Verurteilung nach Abs. 1 und dem entsprechenden Tötungsdelikt möglich.[439]

Die verwandte Waffe oder das gefährliche Mittel muss nach dem Wortlaut des Art. 242 Abs. 3 CP vom Täter mit sich geführt worden sein. Dieses führt dazu, dass der Gebrauch von Waffen oder Gegenständen, welche der Täter nicht von vorneherein bei sich führte, sondern die er erst am Tatort erlangt, nicht von Art. 242 Abs. 3 CP erfasst werden.

Die Rechtsprechung begründet dieses zunächst überraschende Ergebnis zunächst mit dem in Art. 4 Abs. 1 CP geregelten Legalitätsprinzip. Denn nach Art. 4 Abs. 1 CP dürfen die Strafgesetze nicht auf andere als die ausdrücklich genannten

433 Vgl. STS 28.09.1999; BGHSt 45, 92; NStZ 98, 511.

434 Vgl. *De Vicente Martínez*, S. 92.

435 Vgl. *Alonso Pérez*, S.122.

436 Die Neufassung des § 250 StGB dehnt so die gesetzlich vermutete abstrakte Gefährlichkeit dieser Gegenstände, die bisher nur für das Beisichführen von Schußwaffen (§ 250 Abs. 1 Nr. 1 a.F.) galt, auf alle Waffen und auch die gefährlichen Werkzeuge aus, vgl. Fischer, § 250, Rdnr. 3.

437 Vgl. zu dieser Problematik in Deutschland, *Fischer*, § 244, Rdnr. 8 ff..

438 Anders allein wenn die Waffe zur Flucht verwandt wird.

439 Vgl. *Serrano Gómez*, S. 382, der eine Bestrafung wegen Abs. 2 als Verstoß gegen den Grundsatz *ne bis in idem* ansieht.

Fälle angewandt werden.[440] Der Terminus „*llevar*“ bedeute aber in seinem Wortsinn das transportieren einer Sache von einem Ort an einen anderen[441] und erfasse daher die Fälle nicht, in denen der Täter den Gegenstand *in situ* vorfindet.

Weiterhin gelte, die besondere Strafandrohung des Art. 242 Abs. 3 CP erfasse lediglich das erhöhte Unrechtsbewusstsein, welches der Täter zum Ausdruck bringt, indem er von vorneherein eine Waffe bei sich trage, um den Raub zu begehen, nicht allein die Verwendung.[442] Hier besteht ein wesentlicher Unterschied zur Beurteilung der Verwendung solcher Mittel in Deutschland, wo es ausreichend ist, wenn sich der Täter erst während der Tat[443] oder sogar erst aus der Beute mit der Waffe versieht.[444]

Hinsichtlich der Beteiligung gilt, dass Art. 242 Abs. 3 CP allein für diejenigen anwendbar ist, die bei der Tatbegehung Vorsatz hinsichtlich des Einsatzes der dortigen Mittel hatten.[445]

(4) Die Privilegierung des Art. 242 Abs. 4 CP

Art. 242 Abs. 4 CP enthält eine privilegierte Strafandrohung, wenn unter Wertung der übrigen Umstände, die ausgeübte Gewalt oder Drohung von geringer Bedeutung war. Die Regelung wurde vom Gesetzgeber mit dem Ziel geschaffen, den deutlich erhöhten Strafrahmen des Raubes für leichtere Fälle zu entschärfen, um so ein Missverhältnis Rechtsfolge und Schuld zu verhindern[446], wobei die Entscheidung über die Bedeutung der Gewalt oder Drohung in der Hand der Gerichte verbleibt.[447]

---

440 “*Art. 4 Abs. 1*
Las leyes penales no se aplicarán a casos distintos de los comprendidos expresamente en ellas.”.

441 Dem Verb „*llevar*“ entsprechen im Deutschen „*bringen, tragen, führen, mitnehmen, mitbringen*“.

442 Vgl. STS 31.10.1997.

443 Vgl. BGHSt 13, 259; 20,194; NJW 75, 1177; NStZ 85, 547.

444 Vgl. *Fischer*, § 244, Rdnr. 29 zum gleichlautetenden Begriff des Beisichführens im § 244 StGB.

445 Dieses folgt aus Art. 65 Abs. 2 CP der vorsieht, dass die straferhöhenden oder strafmildernden Umstände allein für denjenigen gelten, der während der Beteiligung Kenntnis von diesen hatte: „*Las que consistan en la ejecución material del hecho o en los medios empleados para realizarla, servirán unicamente para agravar o atenuar la responsabilidad de los que hayan tenido* ***conocmiento de ellas en el momento de la acción o de su cooperación para el delito***.“ (Hervorhebungen durch den Verfasser).

446 Vgl. *Vives Antón/Cussac*, in: *Vives Antón*, S. 451.

447 Vgl. *Quintero Olivares*, S. 1115.

Die Schaffung dieser Regelung ist Ausdruck des zuvor innerhalb der Rechtsprechung spürbaren deutlichen Unbehagens im Umgang mit der Strafzumessung. Grund des Unbehagens war, dass die Gerichte Gewaltanwendungen mit dem erhöhten Strafrahmen des Raubes ahnden mussten, bei denen die zum Einsatz gekommene Gewalt sehr gering war. Dieses galt vor allem für den Fall des Raubes mittels des sogenannten „*tiron*". Der Begriff „*tiron*", welcher wörtlich übersetzt „Zug" oder „Ruck" bedeutet, beschreibt die häufige Raubbegehung mittels des Wegreißens einer Handtasche von einem motorisierten Zweirad aus.[448]

Gerade in diesen Fällen erschien eine Bestrafung mit einem Mindestmaß von 2 Jahren Freiheitsstrafe offensichtlich nicht sachgerecht, da die dort aufgewendete Gewalt sehr gering ist und verglichen mit anderen Begehungsweisen eine große Gefahr für das Opfer nicht besteht.[449] Aus diesem Grunde hatte der Tribunal Supremo bereits zuvor in solchen Fällen lediglich Diebstahl und nicht Raub angenommen, um so zu einem anderen Strafrahmen zu gelangen.[450] Die Einordnung einer solchen Tathandlung als Diebstahl wird auch in Deutschland vertreten[451], wohingegen sich in der Rechtsprechung beim überraschenden Entreißen von Sachen seit Ende der neunziger Jahre eine restriktivere Tendenz durchzusetzen scheint.[452] Hiervon zu unterscheiden sind aber die Fälle, in denen auch Gewalt gegen das Opfer ausgeübt wird, wie in dem Fall, dass das Opfer während der Tat am Hals ergriffen wird, um mit der anderen Hand das Diebstahlobjekt zu entreißen.[453]

Unter den mit zu bewertenden Umständen der Tat wird vor allem der Wert der geraubten Sache oder die Höhe des geraubten Betrages verstanden.[454] Jedoch ergibt sich bereits aus dem Wortlaut der Regelung, dass eine Wertung der sonstigen Umstände der Tat allein zusätzlich zur geringen Bedeutung Berücksichtigung finden darf.[455] Daher ist in den Fällen, in denen zwar der Wert der Beute

---

448 Vgl. STS 15.10.1992 (RJ 1992, 8010).
449 Vgl. *Alonso Pérez*, S.132.
450 Vgl. STS 03.12.1992 (RJ 1992, 9919).
451 Vgl. BGH NstE Nr.2; StV 90, 208.
452 Vgl. BGH in StrVert 86; 90, 262.
453 Vgl. STS 04.07.1986 nach *Cardona Torres*, S. 229.
454 Vgl. STS 21.11.1997 wo die Beute lediglich 1.500,00 spanische Peseten (ca. 9 EURO) betrug.
455 "*En atención a la menor entidad de la violencia o intimidación ejercidas y valorando* ***además*** *las restantes cicunstancias del hecho….*".

gering, die angewandte Gewalt oder Drohung aber gravierend ist, eine Anwendung des geringeren Strafrahmens nicht möglich.[456]

Die Rechtsprechung erachtete zunächst Art. 242 Abs. 4 CP als nicht anwendbar auf die Begehung des Raubs mit Waffen, sei hier doch immer von einer hohen Bedeutung auszugehen.[457] Ende der neunziger Jahre wurde diese Rechtsprechung aufgegeben, so dass seitdem nach ständiger Rechtsprechung der Abs. 4 auch auf die Fälle des Abs. 3 angewendet wurde.[458] Diesem Umstand wurde mit der Reform des Jahres 2015 nunmehr Rechnung getragen, indem explizit geregelt wurde, dass Abs. 4 auf alle Fälle des Art. 242 CP anwendbar ist.[459]

6. Zusammenfassung

Systematik und Struktur, aber auch der Regelungsgehalt der einzelnen Normen des Raubes im CP, unterscheiden sich wie gezeigt deutlich von den Regelungen des StGB. Insbesondere der Umstand, dass auch das Einwirken auf Sachen zur Begehung der Wegnahme als Raub angesehen wird, stellt einen bedeutenden Unterschied zur deutschen Rechtslage dar.

Als Ergebnis der Gesamtbetrachtung der Raubdelikte, in Verbindung mit der zuvor vorgenommenen Betrachtung der Diebstahlsdelikte kann jedoch festgehalten werden, dass im Ergebnis alle im deutschen Strafrecht pönalisierten Verhaltensweisen auch in Spanien einer strafrechtlichen Sanktion unterliegen. Auch wenn es daher in Spanien aufgrund der historischen Entwicklung der Tatbestandskomplexe zu einer anderen Zuordnung verschiedener Tathandlungen kommt, ist bei Betrachtung der Summe aller bestehenden Regelungen der Umfang des Schutzes nahezu identisch.

Als Beispiel sei hier der Umstand genannt, dass ein dem räuberischen Diebstahl des § 252 StGB, entsprechender Tatbestand in Spanien nicht existiert. Das Verhalten ist aber dennoch nicht straffrei, wird doch wie oben dargelegt zur Vermeidung von Strafbarkeitslücken der Zeitpunkt der Vollendung der Inbesitznahme möglichst weit hinausgeschoben.

Wenn auch im Umfang des Schutzes folglich kein signifikanter Unterschied zwischen beiden Rechtsordnungen besteht, so besteht ein solcher sehr wohl auf der Rechtsfolgenseite. Wie bei den einzelnen Delikten bereits ausgeführt wurde, ist anzumerken, dass der spanische Strafrahmen für die hier gegenständlichen

456 Vgl. *Gonzáles Rus*, in: *Cobo del Rosal*, S. 464.
457 Vgl. STS 05.11.1997 (RJ 7914).
458 Vgl. STS 21.11.1997 (RJ 8317); STS 09.03.1998; STS 13.10.1998; STS 18.01.1999.
459 Vgl. *Muñoz Conde*, 2015, S. 358.

Tathandlungen deutlich geringer ist als in Deutschland. Dieses gilt zumindest in Bezug auf die im Gesetz vorgesehenen Strafrahmen.

IV. Vom Raub und Diebstahl des Gebrauchs von Fahrzeugen, Art. 244 CP

244. *1. Wer ein fremdes Kraftfahrzeug oder Kleinkraftrad, ohne die Absicht, es sich zuzueignen, entwendet oder ohne Berechtigung nutzt, wird mit Arbeiten zum Wohl der Allgemeinheit von einunddreißig bis neunzig Tagen oder mit einer Geldstrafe von zwei bis zwölf Monaten bestraft, wenn er es unmittelbar oder mittelbar innerhalb eines Zeitraumes von nicht mehr als achtundvierzig Stunden zurückgibt, wobei die verhängte Strafe keinesfalls gleich oder höher sein darf als die, die er verwirken würde, wenn er sich das Fahrzeug endgültig zueignen würde.*

2. Wird die Tat unter Anwendung von Gewalt gegen Sachen ausgeführt, ist die Strafe aus der oberen Hälfte zu verhängen.

3. Erfolgt die Rückgabe nicht innerhalb der bezeichneten Frist, wird die Tat jeweils als Diebstahl oder Raub bestraft.

4. Erfolgt die Tatbegehung unter Anwendung von Gewalt oder Drohung gegen Personen wird in jedem Falle die Strafe des Artikels 242 verwirkt.

1. Systematischer Standort der Regelung

Der Tathandlung des unbefugten Gebrauchs von Fahrzeugen im Sinne des § 248b StGB wird in Spanien in der Vorschrift des Art. 244 CP behandelt. Die Regelung findet sich eingebettet als eigenes Kapitel zwischen dem Tatbestand der Erpressung und den sogenannten Rechtsanmaßungen.

Die Überschrift dieses 4. Kapitels wirkt in ihrer Terminologie zunächst befremdlich, lautet diese doch „*Vom Raub und Diebstahl des Gebrauchs von Fahrzeugen*". Zumindest der Überschrift nach handelt es sich daher hier um ein Diebstahls- bzw. Raubdelikt. Dennoch findet sich die Regelung gerade nicht innerhalb der Kapitel über die Diebstahls- oder Raubdelikte, handelt es sich doch bei dem unbefugten Gebrauch eines KFZ auch in Spanien nicht um einen Diebstahl oder Raub im eigentlichen Sinne.[460] Dennoch erscheint die vorgenommene Verortung als unzutreffend, ist doch die tatbestandliche Nähe zu diesen Delikten sowie die ähnliche Schutzrichtung offensichtlich. Eine Verortung, wenn schon nicht innerhalb der Diebstahlsdelikte, so doch zumindest diesen unmittelbar

460 Vgl. zur deutschen Regelung des § 248b StGB BGH in NJW, 1987, S. 266 ff..

nachfolgend, wäre daher als systematisch konsistenter anzusehen. Der Grund für den Standort des Art. 244 CP ist aber wohl wiederum eher historisch als systematisch zu begründen und findet seinen Ursprung wohl in der nachträglichen Einfügung des Tatbestandes als in dem inhaltlichen Zusammenhang mit den diesen umgebenden Tatbeständen.

2. Entwicklung des Tatbestandes

In Deutschland wurde die Strafbarkeit des unbefugten Fahrzeuggebrauchs 1932 im Rahmen einer Notverordnung eingeführt. 1953 wurde sie dann als § 248b in das StGB eingefügt. In Spanien wurde die Gebrauchsanmaßung an Fahrzeugen im Gegensatz zum deutschen Recht erst spät kodifiziert und besaß zunächst eine vom heutigen Tatbestand abweichende Zielsetzung.

Eine erste Norm hinsichtlich des unbefugten Gebrauches von Kraftfahrzeugen wurde im Jahre 1950 eingeführt. Diese Regelung war noch nicht Teil des CP, sondern wurde vielmehr in das neu geschaffene Gesetz über das Automobil eingefügt.[461] Die im Jahre 1962 leicht veränderte Vorschrift fand erst im Jahr 1967 unter der Überschrift „*Raub und Diebstahl von Motorfahrzeugen*“ Einzug in den CP.

Nach einigen Modifikationen erhielt die Regelung dann die Bezeichnung „*Unbefugter Gebrauch von fremden Motorfahrzeugen*“.[462]

Anknüpfungspunkt für die Strafe war zunächst allein der Gebrauch eines Fahrzeuges ohne Berechtigung. Das Gesetzgebungsprojekt von 1992 enthielt eine inhaltliche Veränderung der Vorschrift mit dem Ziel, nicht den unbefugten Gebrauch, sondern die Entziehung ohne Zueignungsabsicht unabhängig vom verfolgten Zweck zu sanktionieren.

Diese Konzeption wurde schließlich mit der Reform des Jahres 1995 übernommen, wobei im Gegensatz zu den vorhergehenden Tatbeständen auch Kleinkrafträder aufgenommen und weiterhin bestimmt wurde, dass der Wert des benutzten Fahrzeuges 400,00 EURO übersteigen müsse. Anderenfalls stellte die Tathandlung lediglich ein Vergehen im Sinne von Art. 623 Abs. 3 CP/1995 mit einer entsprechend niedrigeren Strafandrohung dar.

Dieser Ansatz wurde mit dem Wegfallen der Übertretungen durch die Reform des Jahres 2015 wieder aufgegeben. So findet sich der Wert von 400,00 Euro in der nunmehr geltenden Fassung nicht mehr. Gleichfalls wurde die zuvor

---

461 Art. 8 Ley del Automóvil de 9 de mayo de 1950.

462 Verändert wurde die Vorschrift insbesondere durch Ley 39/1974.

enthaltene Regelung gestrichen, welche eine höhere Strafe im Fall der wiederholten Tatbegehung vorsah.[463]

Der Tatbestand des unbefugten Gebrauchs von Fahrzeugen besitzt nach wie vor insbesondere aufgrund der stetig zunehmenden Motorisierung der Gesellschaft und der hohen Anzahl der begangenen Delikte große praktische Bedeutung.[464] Die kriminologische Bedeutung des Tatbestandes wird auch daraus ersichtlich, dass es sich bei dieser Regelung um den einzigen Fall der Pönalisierung einer bloßen Nutzung fremden Eigentumes handelt.[465]

3. Geschütztes Rechtsgut

Das im Rahmen des Art. 244 CP geschützte Rechtsgut ist nicht unumstritten. Nach der wohl herrschenden Ansicht handelt es sich bei dem geschützten Rechtsgut des Art. 244 CP um das Eigentum bzw. um den Schutz eines spezifischen Teils des Eigentums, nämlich des Schutzes der dem Eigentümer zukommenden Möglichkeit des Gebrauchs des Fahrzeuges.[466] Eine andere, weitergehende Auffassung will darüber hinaus auch den berechtigten Besitz schützen. Insoweit soll der Schutz des Besitzes vom Eigentum gelöst werden und das entsprechende Gebrauchsrecht unabhängig vom Eigentumsrecht Schutzgut werden.[467] Zur Begründung wird angeführt, dass auch der Besitzer, welcher nicht Eigentümer ist, durch die Entziehung des Fahrzeuges in seinem *ius utendi* verletzt werde, was als gleichwertiges Rechtsgut anzusehen sei, auch wenn der Eigentümer in seinen Eigentumsrechten gar nicht berührt sei.[468]

---

463 So sah Art. 244 Abs. 1 S. 2 CP/2010 eine Bewertung der Tat als Verbrechen und nicht als Überretung in dem Fall vor, indem der Täter bereits zuvor drei entsprechende Taten begangen hatte und der Gesamtschaden sich auf mehr als 400,00 EURO belief:
"*Articulo 244*
…Con la misma pena se castigará al que en el plazo de un año realice cuatro veces la acción descrita en el artículo 623.3 de este Código, siempre que el montante acumulado de las infracciones sea superior al mínimo de la referida figura del delito.".

464 Vgl. *Conde-Pumpido Ferreirro*, Temas, S. 205.

465 Vgl. *Cuerda*, in: *Vives Antón*, S. 381.

466 Vgl. statt aller *Fernández Albor*, in: RDCir. 1970.

467 Vgl. *Alastuey Dobón*, in: *Romeo Casabona*, S. 351.

468 Vgl. *Suarez Gonzáles*, in: Comentarios al Código Penal, S. 700; *Blanco Lozano*, Robo y hurto, S. 465 f.. Zur bisherigen Rechtsprechung vgl. *Rodríguez Ramos* in CPC 1977, S. 138 ff..

Die Problematik gleicht der in Deutschland im Rahmen des § 248b StGB geführten Debatte, ob ausschließlich das Gebrauchsrecht, und zwar auch gegenüber dem Eigentümer, geschützt wird, oder ob § 248b StGB stets eine Eigentumsverletzung voraussetzt und die Tat demnach vom Eigentümer selbst nicht begangen werden kann. Als herrschend kann hier wohl die Auffassung[469] angesehen werden, wonach § 248b StGB das Gebrauchsrecht und nicht das Eigentum als selbständiges Rechtsgut schützt, was demnach auch gegenüber dem Eigentümer gelte.[470] Erfasst werden soll daher das *furtum usus* an Fahrzeugen, dass wegen fehlender Zueignungsabsicht oder Zueignung nicht nach §§ 242, 246 StGB bestraft werden kann.[471]

Die zugrundeliegende Streitfrage wird damit in Deutschland von der Mehrheit in einer von der in Spanien überwiegend vertretenen Auffassung verschiedenen Weise beantwortet. Der Schutz, welcher durch § 248b StGB gewährt wird, ist also weiter als derjenige, welcher von der herrschenden Meinung in Spanien der Regelung des Art. 244 CP zugedacht wird.

4. Der objektive Tatbestand

Der Tatbestand des Art. 244 CP enthält eine Strafandrohung für denjenigen, der ein fremdes Kraftfahrzeug oder Kleinkraftrad entwendet, ohne es sich zueignen zu wollen. Wesentlich für den objektiven Tatbestand sind daher vier Elemente: Das Objekt der Tat selbst, die Fremdheit des Tatobjekts, das Entwenden bzw. die Ingebrauchnahme sowie letztlich die Rückgabe des Tatobjektes.

a) Objekt der Tat

Als Kraftfahrzeug sind alle Geräte zu verstehen, die auf mechanische Weise dem Transport von Personen oder Gegenständen dienen und sich selbstständig durch Nutzung von Brennstoff fortbewegen.[472] Vielfach findet sich in der Literatur noch der explizite Hinweis auf Kleinkrafträder, obgleich diese doch vom Begriff des

---

469 Vgl. *Kindhäuser*, in: *Kindhäuser*, § 248b, Rdnr. 1; *Kudlich*, in: SSW, § 248b, Rdnr. 1; *Fischer*, § 248b, Rdnr. 2 m.w.N.; vgl. auch BGHSt 11, 51. Nach dieser Auffassung ist – trotz der systematischen Stellung der Vorschrift – § 248b kein Eigentumsdelikt (a.A. aus systematischen Erwägungen *Hohmann*, in: MünchKommStGB, § 248b, Rdnr. 1 ff.; Eser/*Bosch*, in: *Schönke/Schröder*, § 248b, Rdnr. 1 m.w.N.).

470 AA. aus systematischen Erwägungen *Hohmann*, in: MünchKommStGB, § 248b, Rdnr. 1 ff.; *Eser/Bosch*, in: *Schönke/Schröder*, § 248b, Rdnr. 1 m.w.N..

471 Vgl. *Kühl*, in: *Lackner/Kühl*, § 248b, Rdnr. 1.

472 Vgl. *Del Rosal Blasco*, S. 189.

Kraftfahrzeuges unproblematisch miterfasst werden. Die Nennung der Kleinkrafträder beruht auf dem Umstand, dass bei diesen früher durch Legaldefinition die Eigenschaft als Kraftfahrzeug verneint wurde und sie vielmehr als besondere Art des Fahrrades definiert wurden, was vormals zu Auslegungsschwierigkeiten innerhalb des Art. 516 CP/1975 führte.[473] Daneben muss das Fahrzeug auch für den Gebrauch im öffentlichen Straßenverkehr zugelassen sein.[474]

In Deutschland sind gemäß § 248b Abs. 4 StGB Kraftfahrzeuge im Sinne dieser Vorschrift gleichfalls die Fahrzeuge, die durch Maschinenkraft bewegt werden, Landkraftfahrzeuge nur insoweit, als sie nicht an Bahngleise gebunden sind.

Es lässt sich daher festhalten, dass das Objekt der Tat in Spanien und Deutschland im Ergebnis übereinstimmt.

b) Gebrauch und Entwenden des Fahrzeuges

Die ursprüngliche Regelung des unbefugten Gebrauchs von Fahrzeugen stellte bezüglich der Tathandlung allein auf die Nutzung des Fahrzeuges ab. In diesem Sinne war Täter, wer ohne die notwendige Berechtigung und ohne die Absicht, es einem Eigentümer gleich zu tun, ein fremdes Motorfahrzeug fuhr.[475]

Der Wortlaut des Art. 244 CP wurde mit der Reform des Jahres 1995 neugefasst. Die Neufassung strich die Nutzung des Fahrzeuges und stellte allein noch auf die Wegnahme des Fahrzeuges ab. Hierzu bediente man sich wie im Diebstahl des Verbes „*sustraer*".[476]

Dadurch, dass der Wortlaut des Art. 244 CP im Gegensatz zu seinen Vorläufern nunmehr nicht mehr auf den Gebrauch des Fahrzeugs als Tathandlung, sondern auf das Entwenden abstellte, ergab sich die Frage, ob eine Nutzung des

---

473 Vgl. Ley sobre Tráfico, Circuloation de Vehículos a motor y Seguridad Vial, RDLeg. 2 03. 1990; vgl zu dieser Problematik, *Rodríguez Ramos* in RDCir, 1973, S. 251 ff..

474 Vgl. *Borja Jiménez*, in: *Vives Antón*, 2015, S. 383.

475 Der vorherige Art. 516 CP/1975 bestimmte:" Wer, ohne die notwendige Erlaubnis und ohne Absicht als eigen zu besitzen, ein fremdes Motorfahrzeug **gebraucht**... . "*El que, sin la debida autorización y sin ánimo de hacerlo como propio, utilizare un vehículo de motor ajeno, cualquiere que fuese su clase, potencia o cilindrada, será castigado con la pena de arresto mayor o multa de 100.000 a 1.000.000 de pesetas*.".

476 "*Art. 244 CP/1995 El que sustrajere un vehículo a motor o ciclomotor ajenos, cuyo valor excediere de cincuenta mil pesetas, sin ánimo de apropiárselo, será castigado con la pena de arresto de doce a veinticuatro fines de semana o multa de tres a ocho meses si lo restituyere, directa o indirectamente, en un plazo no superior a cuarenta y ocho horas, sin que en ningún caso la pena impuesta pueda ser igual o superior a la que correspondería si se apropiare definitivamente del vehículo.*".

Fahrzeugs überhaupt noch als Voraussetzung der Tatbestandsverwirklichung angesehen werden musste. Von der Mehrzahl der Autoren und der Rechtsprechung wurde dieses jedoch weiterhin gefordert.[477]

Die Tathandlung bestand mithin aus zwei Elementen. Zum einen dem Entwenden des Fahrzeuges und zum anderen dem Gebrauch desselben als Fortbewegungsmittel.

Die Rechtslehre verwies zur Begründung auf die Überschrift des vierten Kapitels, welche mit *„Unbefugter Gebrauch von Fahrzeugen"* zu übersetzen ist. Weiter sei auch der Wortlaut aller vorherigen Regelungen heranzuziehen. Diese forderten ausnahmslos den Gebrauch des Fahrzeuges. Demzufolge sei auch weiterhin ein Gebrauchen des Fahrzeuges notwendig.

Mit der Reform des Jahres 2004 wurde diesem Umstand Rechnung getragen und der Wortlaut der Regelung wieder um die Nutzung des Fahrzeuges ergänzt. Die Regelung gilt in dieser Form seitdem inhaltlich unverändert.[478] Jedoch erfolgte dieses nicht in einer kumulativen, sondern allein in einer alternativen Form. Danach kann nunmehr auch Täter sein, wer das Fahrzeug zwar nicht weggenommen hat, dieses aber nutzt.[479]

Die Nutzung selbst wurde in ihrem Inhalt seit 1995 auf einen Gebrauch als Fahrzeug beschränkt. Damit sollte einer ausufernden Interpretation des Tatbestandes Einhalt geboten werden, die vormals sowohl von Rechtsprechung als auch herrschender Lehre praktiziert wurde. So wurde zum Teil auch das Schlafen im Fahrzeug, die Nutzung des Fahrzeuges als Unterschlupf vor Regen oder das Zusteigen in ein von einem Chauffeur gesteuertes Fahrzeug entgegen des Verbotes durch den Eigentümer als Gebrauch verstanden, da der Gesetzeswortlaut allein vom Gebrauch, nicht aber vom Führen des Fahrzeuges sprach.[480]

Zum Gebrauch muss das Fahrzeug mittels eigener Motorkraft bewegt werden. Das Schieben, das Abschleppen oder ähnliche Maßnahmen zur Ortsänderung

---

477 Vgl. STS 03.07.1997 (RJ 1997, 5688); STS 03.02.1998 (RJ 1998, 417); STS 05.02.1998 (RJ 1998, 656).

478 *"Art. 244 CP/2004: El que sustrajere o utilizare sin la debida autorización un vehículo a motor o ciclomotor ajenos, cuyo valor excediere de 400 euros, sin ánimo de apropiárselo, será castigado con la pena de trabajos en beneficio de la comunidad de 31 a 90 días o multa de seis a 12 meses si lo restituyera, directa o indirectamente, en un plazo no superior a 48 horas, sin que, en ningún caso, la pena impuesta pueda ser igual o superior a la que correspondería si se apropiare definitivamente del vehículo.".*

479 Vgl. STS 07.12.2010 (RJ 2010, 1117).

480 Vgl. so z.Bsp. STS 22.04. 1986 (RJ 1986, 2091).

des Fahrzeuges werden daher nicht als Gebrauch im Sinne des Art. 244 CP angesehen werden.[481]

In Bezug auf die Ingebrauchnahme deckt sich daher die Regelung des Art. 244 CP mit derjenigen des § 248b StGB. Auch dort ist Ingebrauchnahme die lediglich vorübergehende bestimmungsgemäße Verwendung des Fahrzeugs als Beförderungsmittel zum Zwecke der Fortbewegung, unabhängig davon, ob dies mittels der dem technischen Wesen des Fahrzeugs eigentümlichen Triebkräfte geschieht.[482]

Jedoch beschränkt sich in Spanien der Gebrauch des Fahrzeuges als Fortbewegungsmittel nicht auf das selbständige Führen des Fahrzeugs. Vielmehr gebraucht auch der Beifahrer das Fahrzeug im Sinne der Norm.[483]

c) Fremdheit des Fahrzeuges

Es muss sich beim Tatobjekt um ein fremdes Fahrzeug handeln. Damit kann der Eigentümer niemals Täter des Deliktes sein. Der Eigentümer kann sich durch eine Wegnahme allein gemäß Art. 236 CP strafbar machen, wenn er das Fahrzeug dem berechtigten Besitzer entzieht. Das Einverständnis des Eigentümers mit der Nutzung hat gleichfalls tatbestandsausschließende Wirkung.

Teilweise wird vertreten, dass auch das Einverständnis desjenigen, der das Fahrzeug rechtmäßig in seinem Besitz hat, eine solche Wirkung hat.[484] Im Fall des Widerspruchs zwischen dem Willen des Besitzers und des Eigentümers sei der Wille desjenigen entscheidend, der zivilrechtlich die Verfügungsgewalt über den Besitz innehabe. Damit sei es möglich, dass, wer gegen den Willen des Eigentümers, aber mit der Einwilligung des rechtmäßigen Besitzers das Fahrzeug nutzt, nicht unter den Tatbestand des Art. 244 CP falle. Derjenige aber, der dieses mit Einwilligung des Eigentümers, aber gegen den Willen des berechtigten Besitzers tue, sich dagegen strafbar mache. Die Fremdheit des Fahrzeuges beziehe sich folglich nicht auf das Eigentum an der Sache, vielmehr ist sein zivilrechtliches Nutzungsrecht ausschlaggebend.[485]

Uneinigkeit herrscht weiter darüber, ob ein bloßes Überschreiten einer bestehenden Einwilligung gleichfalls gemäß Art. 244 CP strafbar ist. Als Beispiel wird

---

481 Vgl. *Gonzáles Rus*, in: *Cobo del Rosal* , S. 475 f.; zum Gebrauch des Fahrzeuges nach einem Raubdelikt vgl. *Fontán Tirado*, in: RDP 1994, S. 301 ff..

482 Vgl. BGHSt 11, 45 f.; BGHSt 11, 50.

483 Vgl. so bereits STS 14.04.1975 (RJ 1975, 1625).

484 Vgl. *Fernández Albor*, in: RDCir, 1970.

485 Vgl. *Gonzáles Rus*, in: *Cobo del Rosal*, S. 477.

hier der Chauffeur genannt, welcher das Fahrzeug zu privaten Zwecken nutzt, der Mechaniker einer Werkstatt, der mit dem überlassenen KFZ eine Spritztour unternimmt oder der Fall, dass der Mieter eines Automobils dieses nicht zum vereinbarten Zeitpunkt zurückgibt, sondern weiter nutzt. Zum Teil wird ein solches Verhalten als ausreichend angesehen.[486]

Nach anderer Auffassung kann Täter allein sein, wer keinen oder unberechtigten Besitz hatte. Es wird für notwendig erachtet, dass der Täter eine diebstahls- oder raubgleiche Wegnahmehandlung begeht, da der Wortlaut des Gesetzes durch den Gebrauch der Formulierung „*entwendet*" deutlich mache, dass vormals kein Besitz bestand. Die Besitzdienerschaft im zivilrechtlichen Sinn sei insofern nicht als ausreichende Form des Besitzes im Sinne des CP anzusehen. Daher reiche ein Fall der Besitzdienerschaft, wie bei den oben genannten Beispielen nicht aus, um den Tatbestand auszuschließen.

Der Streit ist insoweit identisch mit der in Deutschland bestehenden Diskussion über den sogenannten „Nicht-so-Berechtigten". Auch hier besteht in Teilen Uneinigkeit darüber, ob dieser „Nicht-so-Berechtigte" Täter des § 248b StGB sein kann, so dass zum Beispiel auch Schwarzfahrten eines Chauffeurs, Angestellten oder von Personen, denen das Kfz zur Reparatur überlassen wurde, oder privat veranlasste Umwege eines Taxifahrers als tatbestandlich anzusehen sind.[487]

d) *Rückgabe des Fahrzeuges*

Der Tatbestand des Art. 244 CP fordert weiter, dass das Fahrzeug innerhalb von 48 Stunden vom Täter zurückgegeben wird. Erfolgt eine Rückgabe nicht, ist die Tat als Diebstahl oder als Raub zu bestrafen. Die Rückgabe kann auf zwei Arten erfolgen. Zum einen ist eine sogenannte direkte, zum anderen eine sogenannte indirekte Rückgabe möglich.[488]

Unter direkter Rückgabe ist zunächst die unmittelbare körperliche Rückgabe zu verstehen. Als indirekte Rückgabe werden solche Verhaltensweisen angesehen, die den Willen des Täters zur Rückgabe zum Ausdruck bringen und die Wiedererlangung des Fahrzeuges vor Ablauf der Frist ermöglichen. Hierzu sind vor allem das Abstellen des Fahrzeuges an dem Ort, an dem es entwendet wurde,

---

486 Vgl. *Alastuey*, in: *Romeo Cassabona*, 2015, S. 352.

487 Vgl. *Kindhäuser*, in: *Kindhäuser*, § 248b, Rdnr. 6; *Kudlich*, in: SSW, § 248b, Rdnr. 7; *Bock*, in: JA 2016, S.344.

488 Vgl. *Serrano Gómez*, in: ADP 1969, S. 426 f.; *Conde-Pumpido Ferreirro*, Temas, S. 206.

das Abstellen an einem Ort an dem es der Eigentümer leicht wiederfindet oder das Benachrichtigen der Polizei zu zählen.[489]

Das bloße Zurücklassen des Fahrzeuges in der Absicht, es sich selbst zu überlassen, wird daher überwiegend nicht als Rückgabe im Sinne des Art. 244 CP verstanden.[490] Jedoch soll es ausreichen, wenn der Täter den Eigentümer durch eine Mitteilung in die Lage versetzt, sein Fahrzeug zurückzuerlangen, wie beispielsweise durch die Mitteilung des Standortes.[491]

Teilweise wird jedoch aufgrund kriminologischer Aspekte eine weite Definition des Begriffes der Rückgabe gefordert. Wird nämlich das bloße Abstellen innerhalb der Frist bereits als tatbestandsmäßiger Diebstahl oder Raub bewertet, hat der Täter keine Veranlassung mehr, den Wagen nicht doch über die vorgegebenen 48 Stunden hinaus zu nutzen. Daher soll nach dieser Ansicht auch das bloße Abstellen innerhalb der Frist als Rückgabe angesehen werden, auch wenn das Fahrzeug erst nach Ablauf von 48 Stunden wiedererlangt wird.[492]

5. Subjektive Tatbestandsmerkmale und Vorsatz

In Bezug auf den subjektiven Tatbestand herrscht im Wesentlichen Übereinstimmung in beiden Rechtsordnungen. So ist Vorsatz in Bezug auf die objektiven Tatbestandmerkmale Voraussetzung der Strafbarkeit.

Sowohl in Deutschland als auch in Spanien ist daneben bestimmendes Element, dass die Tat ohne Zueignungsabsicht geschieht, sondern allein in der Absicht das Fahrzeug für eine beschränkte Zeit zu nutzen. Dieser *animus utendi* wird dabei von der herrschenden Lehre mit dem Nichtvorhandensein einer Zueignungsabsicht gleichgesetzt.[493] Ein Unterschied besteht jedoch in Bezug auf den subjektiven Tatbestand insoweit, als in Spanien, im Gegensatz zu Deutschland, gefordert wird, dass der Täter mit der Absicht sich einen Vermögensvorteil zu verschaffen, handelt. So muss es dem Täter darauf ankommen, den sich aus der Nutzung des Fahrzeuges ergebenden geldwerten Vorteil durch die Tatbegehung zu erlangen. Insoweit ist insbesondere auf den verbrauchten Kraftstoff abzustellen.[494]

489 Vgl. *Blanco Lozano*, Robo y hurto, S. 470.
490 Vgl. STS 16.07.1988 (RJ 1988, 6593), ebenso STS 25.11.1982 (RJ 1982, 7198).
491 Vgl. *Gonzales Rus*, in: *Cobo del Rosal*, S. 478.
492 Vgl. *Gonzales Rus* a.a.O. der sich für eine analoge Anwendung ausspricht.
493 Vgl. *Gonzales Rus*, in: *Cobo del Rosal*, S. 477.
494 Vgl. *Orts Berenguer*, S. 562; STS 23.11.2001.

Auch hier zeigt sich damit erneut deutlich die Ausgestaltung der Delikte dieses Titels als Vermögensdelikte.

6. Unbefugter Gebrauch eines Kraftfahrzeuges mittels Gewalt gegen Sachen oder durch Gewalt oder Drohung gegen Personen, Art. 244 Abs. 4 CP

Art. 244 CP beinhaltet neben dem Grundtatbestand des unbefugten Gebrauchs in den Abs. 2 und 4 noch besondere Strafandrohungen für den Fall, dass dieser mittels Gewalt gegen Sachen oder Gewalt gegen Personen oder Einschüchterung begangen wird. Das Konzept der Gewalt gegen Sachen ist hier identisch mit dem der bereits beschriebenen Fälle des Art. 238 CP. Als Gewalt gilt deliktsspezifisch insbesondere das gewaltsame Öffnen von Türen und Fenstern.[495]

Hinsichtlich des Gebrauchs falscher Schlüssel geht die Rechtsprechung davon aus, dass darunter innerhalb des Art. 244 CP jedwede Ingangsetzung des Fahrzeuges mittels nicht dafür vorgesehener Gerätschaften zu verstehen ist.[496] Daneben soll jedoch das bloße Überbrücken der Zündung allein nicht als Gewalt gegen Sachen gelten.[497]

Art. 244 Abs. 4 CP beinhaltet den Fall, dass die Gebrauchsanmaßung mittels Gewalt oder Drohung gegen eine Person verübt wird. Bei dieser Begehungsweise ist es gleichgültig, ob eine Rückgabe des Fahrzeuges erfolgt oder nicht, der Täter soll in jedem Fall aufgrund des gesteigerten Unrechtsgehalts wie ein Räuber im Sinne des Art. 242 CP bestraft werden. Dieses führt dazu, dass auch die Qualifikation des Raubs mittels Waffen anwendbar ist.[498] Gleiches gilt für die Privilegierung des Art. 242 Abs. 4 CP, wenn die ausgeübte Gewalt oder Einschüchterung lediglich eine geringe Bedeutung haben. Inhaltlich kann hier aufgrund der tatbestandlichen Identität auf die zum Raub gemachten Ausführungen verwiesen werden.[499]

7. Subsidiarität der Regelung

Weiterhin gilt, dass die Tat gemäß Art. 244 Abs. 3 CP abhängig von der Art der Wegnahme entweder als Diebstahl oder als Raub zu bestrafen ist, wenn der Täter das Fahrzeug nicht innerhalb eines Zeitraumes von nicht mehr als 48

495 Vgl. STS 04.01.1988 (RJ 1988, 218); 22.01.1988 (RJ 1988, 420); 11.05.1995 (RJ 1995, 3578).

496 Vgl. STS 23.01.1982 (RJ 1982, 138).

497 Vgl. so bereits STS 03.03.1983 (RJ 1983, 1760); STS 22.01.1988 (RJ 1988, 420).

498 Vgl. STS 10.11.1987 (RJ 1987, 8478).

499 Vgl. oben unter C. III.5.c).

Stunden zurückgibt. Die Tat ist daher explizit subsidiär gegenüber dem Diebstahl als auch dem Raub.

Dieses entspricht in der Rechtsfolge dem § 248b StGB, ist doch auch hier ein tatbestandliches Handeln bei Vorliegen von Diebstahl oder Raub nicht gegeben, liegt in diesen Fällen doch eine Zueignung vor.[500] Darüber hinaus enthält aber § 248b Abs. 1 StGB auch eine formelle Subsidiarität der Regelung. Danach ist eine Bestrafung allein dann möglich, wenn die Tat nicht in anderen Vorschriften mit schwererer Strafe bedroht ist, wobei sich dieses nach der wohl überwiegenden Meinung auf Tatbestände gleicher oder ähnlicher Schutzrichtung bezieht.[501]

In funktionaler Hinsicht besteht daher auch hier eine Übereinstimmung beider Rechtsordnungen.

8. Strafandrohung

Das Strafmaß des unbefugten Gebrauchs von Fahrzeugen beträgt für den Grundfall des sogenannten „*Gebrauchsdiebstahls*" Arrest von 12 bis zu 24 Wochenenden oder Geldstrafe von drei bis zu acht Monaten.

Der Umstand, dass Art. 244 Abs. 3 CP vorsieht, dass im Falle der nicht erfolgten Rückgabe der Täter wie ein Dieb zu bestrafen ist, beinhaltet nicht die Anwendung der für den Diebstahl vorgesehenen Qualifikationen des Art. 235 CP. Der Grund hierfür liegt darin, dass die verschiedenen Qualifikationstatbestände eine höhere Strafe androhen, um dem besonderen Unrecht, welches durch die Zueignung und den damit verbundenen dauerhaften Verlust der Sache in manchen Fällen entsteht, gerecht zu werden. Innerhalb des Tatbestandes des Art. 244 CP fehlt es aber gerade an einem solchen Verlust. Die Anwendung der Qualifikationen auch auf die bloße Gebrauchsanmaßung wird daher als nicht sachgerecht angesehen.[502]

Wird die Wegnahme mittels Gewalt gegen Sachen verübt, so ist eine Strafe im Bereich der oberen Hälfte des Strafmaßes zu verhängen. Soweit sie mittels Gewalt oder Drohung begangen wird, ist gleich einem Räuber (Art. 242 CP) zu bestrafen. Das Tatunrecht dieser Art der Wegnahme wird vom Gesetzgeber demnach als so hoch angesehen, dass die fehlende Enteignung sich im Strafmaß letztlich nicht mehr auswirkt.

---

500 Vgl. *Kindhäuser*, in: *Kindhäuser*, § 248b, Rdnr. 4; *Kühl*, in: *Lackner/Kühl*, § 248b, Rdnr. 1.

501 Vgl. statt aller *Wessels/Hillenkamp*, Rdnr. 440, a.A. *Kühl*, in: *Lackner/Kühl*, § 248b, Rdnr. 6 m.w.N..

502 Vgl. *Beltran Ballester*, in: ADP 1981, S. 381 ff; anderes gilt wie gerade dargestellt bei der Gewalt gegen Personen.

Im Vergleich mit der deutschen Rechtslage fällt wiederum auf, dass dort neben der Geldstrafe wiederum eine Freiheitsstrafe von bis zu drei Jahren vorgesehen werden kann. Dieses Strafmaß übersteigt folglich erneut bei weitem das in Spanien anzuwendende Höchstmaß, nach dem ein Täter allein zu Arbeiten zum Wohl der Allgemeinheit von bis zu neunzig Tagen verurteilt werden kann.

9. Zusammenfassung und Vergleich

Im Vergleich der Regelungen beider Länder wird trotz der in vielen Bereichen vorherrschenden Übereinstimmung doch ein wesentlicher Unterschied deutlich. Während in Spanien das Delikt von der wohl herrschenden Meinung als reines Eigentumsdelikt angesehen wird, steht in Deutschland das *furtum usus* auch in Form des Besitzrechtes im Vordergrund. Dieses überrascht nicht, steht doch in Spanien aufgrund der beschriebenen römisch-rechtlichen Wurzeln auch hier nicht die Zueignung, sondern die verursachte Störung des Eigentumsrechtes im Vordergrund.[503]

Nach dem dortigen Verständnis erscheint es daher als unproblematisch, den Tatbestand trotz der fehlenden Zueignung als mit Diebstahl und Raub eng verwandt anzusehen und dementsprechend den Schutz wie bei Diebstahl und Raub auf den Eigentümer zu beschränken. Dahingegen wird eine solche Beurteilung auf Grundlage der deutsch-rechtlichen Tradition schwerlich gelingen, stellt doch gerade das Fehlen der Wegnahme die Weichen dahingehend, dass die Kerntatbestände, welche das Eigentum schützen: Raub und Diebstahl, gerade nicht gegeben sein können. Dieses hat aber zur Folge, dass dort gegen eine Ausweitung des Schutzes auch auf den berechtigten Besitz dogmatisch keine Bedenken bestehen. Beide Ansätze erscheinen daher als stringente Umsetzung der nationalen Besonderheiten und sind letztlich aufgrund der verschiedenen Struktur nicht gesondert adaptierbar.

V. Rechtsanmaßung Art. 245–247 CP

1. Einleitung

Das Fünfte Kapitel des XIII. Titels des CP enthält unter der Überschrift „*De la usurpación*“, was sich mit „*Von den Rechtanmaßungen*“ übersetzen lässt, in den Art. 245 bis 247 CP vier Delikte, welchen nach deutschem Verständnis auf den ersten Blick eine innere Verknüpfung zunächst zu fehlen scheint.

503 Vgl. hierzu oben unter B. II.

Im Einzelnen handelt es sich um folgende Tatbestände:

Art. 245 Abs. 1 CP enthält die Besetzung einer unbeweglichen Sache oder die Anmaßung eines dinglichen Rechts durch Gewalt oder Drohung. Art. 245 Abs. 2 CP dagegen die sogenannte friedliche[504] Besetzung eines fremden unbewohnten Grundstücks, einer ebensolchen Wohnung oder eines Gebäudes. Der Art. 246 CP beinhaltet die in Deutschland als Veränderung einer Grenzbezeichnung bezeichnete Tathandlung und schließlich stellt Art. 247 CP das Umlenken von Gewässern unter Strafe.

Bereits die Strafgesetzbücher von 1848 und 1850 vereinigten unter der Überschrift der Rechtsanmaßung die Tathandlungen der friedlichen als auch der gewaltsamen Besetzung von Grundstücken oder die Anmaßung eines dinglichen Rechts sowie die Veränderung von Grenzzeichen.[505] Es handelt sich daher um eine traditionelle Struktur des CP, die bis heute in allen Strafgesetzbüchern enthalten war.

Der Grund warum der Gesetzgeber diese Tathandlungen auch nach der Reform des Jahres 1995 unter einer gemeinsamen Überschrift belassen hat, liegt in dem ihnen zugrundeliegenden Schutzgedanken.

Geschützt werden soll auch hier im Kern das Vermögen. Dieser Vermögensschutz ist aber dabei im speziellen auf die ungestörte Ausübung der bestehenden Rechte an unbeweglichen Sachen gerichtet. Hierzu zählen zunächst Eigentumsrechte, daneben aber auch die sonstigen bestehenden dinglichen Rechte.[506]

Der Gedanke, dass der Schutz über einen bloßen Schutz des Eigentumes hinauszugehen habe, stammt aus der Erkenntnis, dass das Eigentum bereits durch andere juristische Mechanismen und Instrumente geschützt wird, wobei vor allem die Eintragung von Eigentum und eigentumsgleichen Rechten zu nennen ist.[507] Denn in den hier beschriebenen Fällen besteht die Möglichkeit, dass der Eigentümer dauerhaft aus seiner Rechtsstellung verdrängt wird, aufgrund des Wesens des Tatobjektes praktisch nicht. Hier liegt ein wesentlicher Unterschied zu den klassischen Eigentums- bzw. Vermögensdelikten wie

504 Der Tatbestand des § 245 Abs. 2 CP wird aufgrund des Fehlens der Merkmale der Gewalt und der Drohung weitgehend als „*ocupación pacífica*“ bezeichnet, vgl. statt aller *Muñoz Conde*, 2015, S. 365.

505 Die Strafbarkeit der friedliche Besetzung von Grundstücken wurde aber im Jahr 1870 bis zur Wiedereinführung durch den CP 1995 aufgehoben, vgl. *Baza de la Fuente*, in: CPC, S. 895; *Rodríguez Devesa*, S. 476.

506 Vgl. *Huerta Tocildo*, S. 74.

507 Vgl. *Robledo Villar*, S. 127.

Diebstahl und Raub. Die unterschiedliche Gefahr für das Schutzgut drückt sich auch in der Höhe des Strafrahmens aus, welcher in allen Fällen lediglich eine Geldstrafe vorsieht.

Die Rechtsanmaßungen sind daher in einem weiten Sinn als Angriffe auf das Eigentum in Form eines Angriffs auf den Besitz zu verstehen.[508] Die zunächst willkürliche erscheinende Versammlung dieser Delikte wird in diesem Lichte nachvollziehbar und schlüssig.

2. Besetzung einer unbeweglichen Sache oder Rechtsanmaßung mittels Gewalt oder Drohung, Art. 245 Abs. 1 CP

245. *1. Demjenigen, der mit Gewalt oder Drohung gegen Personen eine unbewegliche Sache besetzt oder sich ein fremdes dingliches Recht anmaßt, wird zusätzlich zu den Strafen, die er aufgrund der ausgeübten Gewalt verwirkt, eine Freiheitsstrafe von einem bis zu zwei Jahren auferlegt, die unter Berücksichtigung des erzielten Nutzens und des verursachten Schadens festzusetzen ist.*

Der Tatbestand des Art. 245 Abs. 1 CP hat im Kern seit seiner erstmaligen Kodifizierung bis zu seiner heutigen Fassung keine wesentlichen Änderungen erfahren. Lediglich bestimmt Art. 245 Abs. 1 CP seit der Reform im Jahre 1995 nunmehr ausdrücklich, dass es sich um die Anmaßung eines *dinglichen* Rechts handeln muss.

a) Objektiver Tatbestand

Als Objekt der Tat nennt der CP zunächst unbewegliche Sachen. Was unter unbeweglichen Sachen im Sinne des Art. 245 CP zu verstehen ist, wird von der Literatur verschieden beantwortet.

Nach einer Ansicht entspricht der Begriff der unbeweglichen Sache der Legaldefinition des Art. 334 CC. Jedoch ist zu beachten, dass Art. 334 CC auch Objekte als unbewegliche Sachen definiert, obgleich diese im tatsächlichen Sinn beweglich sind und transportiert werden können.[509]

Aus diesem Grunde wird vom überwiegenden Teil der Literatur vertreten, dass allein Sachen, welche auch in einem tatsächlichen Sinn nicht bewegt werden können, als unbeweglich im Sinne des Strafgesetzbuches anzusehen sind, um so

508 Vgl. *Rodriguez Devesa*, a.a.O..

509 Als Beispiel seien hier Maschinen etc., welche dem Grundstück dienen, Art. 334 lit 5 CC genannt.

einen vom Zivilrecht unabhängigen und engeren Begriff zu erhalten, welcher der Funktion des Strafrechts gerecht wird.[510]

Neben im natürlichen Sinn unbeweglichen Sachen sollen daher solche ausscheiden, welche allein aufgrund ihrer Einfügung in das Grundstück, wie Gebäude, Pflanzen etc., vom Zivilrecht als unbeweglich angesehen werden,[511] solche die aufgrund ihrer zivilrechtlichen Zuordnung zu einer Immobilie als unbeweglich gelten, wie Gerätschaften oder Maschinen die dem Grundstück dienen[512] und letztlich solche, die lediglich aufgrund der zivilrechtlichen Notwendigkeit einer zur Immobilie analogen Behandlung als unbeweglich angesehen werden, wie dingliche Rechte[513]. Letztere seien auch ohne eine Anwendung der Legaldefinition des Art. 334 CC vom Art. 245 CP erfasst, da sie tatbestandlich neben den unbeweglichen Sachen aufgeführt werden.

Daneben muss es sich um eine fremde bewegliche Sache oder ein fremdes dingliches Recht handeln. Die Frage nach der Fremdheit der Sache ist Frage des Zivilrechts, welche vorhergehend zu klären ist. Das Strafgericht hat dabei die Regelungen des Zivilrechts zu beachten[514], obgleich es in seiner Entscheidung von der Rechtsprechung der Zivilgerichte völlig unabhängig ist.[515] Aus diesem Grunde ist es möglich, dass hinsichtlich vergleichbarer Tatbestände Unterschiede hinsichtlich der Entscheidungen der Zivilgerichte und der Strafgerichte bestehen, welche aus der unterschiedlichen juristischen Aufgabenstellung der Spruchkörper resultieren.[516]

Unter Fremdheit ist aber dennoch im Wesentlichen zu verstehen, dass die Sache oder das Recht zivilrechtlich einer anderen Person zusteht. Dieses führt dazu, dass der Tatbestand nicht verwirklicht wird, wenn es sich zum Beispiel um Grundstücke ohne Eigentümer handelt. Zu beachten ist aber, dass der spanische Staat nach dem Gesetz über das Eigentum der öffentlichen Verwaltungen vom

---

510 Vgl. *Conde-Pumpido Ferreirro*, Temas, S. 208; *Huerta Tocildo*, S. 60; *Bajo Fernández*, S. 121; *Salom Escrivá*, J.S., S. 46; *Puig Peña*, S. 278.

511 Art. 334, lit. 1, 8, 9 CC.

512 Art. 334, lit. 1, 2, 3 CC.

513 Art. 334, lit. 10 CC.

514 Vgl. Real Decreto de 14 de septiembre de 1882, aprobatorio de la Ley de Enjuiciamiento Criminal: "*Artículo 6*
Si la cuestión civil prejudicial se refiere al derecho de propiedad sobre un inmueble o a otro derecho real, el Tribunal de lo criminal podrá resolver acerca de ella cuando tales derechos aparezcan fundados en un título auténtico o en actos indubitados de posesión.".

515 Vgl. so bereits STS 01.07. 1959 (RJ 1959, 2236).

516 Vgl. *Muñoz Conde*, S. 418.

3. November 2003, Eigentümer ansonsten eigentumsloser Grundstücke wird.[517] Weiter kann auch der Eigentümer eines Grundstücks Täter des Art. 245 CP sein, denn die Fremdheit bezieht sich nicht allein auf das Eigentum an dem Grundstück, sondern auch auf die Fremdheit möglicherweise bestehender dinglicher Rechte anderer.[518]

Die eigentliche Tathandlung besteht aus zwei im Wesen ähnlichen Verhaltensweisen, welche sich lediglich bedingt durch das Objekt der Tat unterscheiden. So sind zum einen die Besetzung (*ocupación*) eines Grundstückes und zum anderen die Anmaßung (*usurpación*) eines fremden dinglichen Rechts durch Gewalt oder Drohung zu nennen.

Beiden Handlungsformen wohnt dabei ein identischer strafrechtlicher Vorwurf inne, nämlich, dass der Täter so handelt, als sei er Eigentümer oder Inhaber des betreffenden Rechts. Die Tathandlung besteht also darin, dass der Täter wie ein Berechtigter über das Tatobjekt verfügt und es so der Verfügungsgewalt des eigentlich Berechtigten entzieht.[519] Sowohl Besetzung als auch Anmaßung müssen dabei von einer gewissen zeitlichen Dauer sein, so dass lediglich vorübergehende Störungen nicht vom Tatbestand erfasst werden.[520]

Gewalt und Drohung sind auch hier im Sinne des Raubs gemäß Art. 242 CP zu verstehen. Es kann daher an dieser Stelle auf die oben hierzu gemachten Ausführungen verwiesen werden.

Nicht unter den Gewaltbegriff fallen dagegen Handlungen im Sinne des Raubes mittels Gewalt gegen Sachen. Sollte demnach der Täter beim Eindringen Türen, Fenster, Zäune etc. beschädigen, so handelt es sich nicht um einen Fall des Art. 245 Abs. 1 CP, sondern um eine friedliche Besetzung im Sinne des Art. 245 Abs. 2 CP.[521]

b) Subjektiver Tatbestand

Auf subjektiver Seite verlangt Art. 245 CP Vorsatz. Dabei wird angenommen, dass Eventualvorsatz nicht ausreicht. Es soll dem Täter vielmehr gerade auf die Tatbestandsverwirklichung ankommen.[522] Auch wenn dieses nicht unmittelbar

---

517 Ley 33/2003, de 3 de noviembre, del Patrimonio de las Administraciones Públicas: "*Artículo 17*
Inmuebles vacantes. 1. Pertenecen a la Administración General del Estado los inmuebles que carecieren de dueño.".

518 Vgl. *Serrano Gómez*, S. 399; *Bajo Fernández*, S. 122; *Huerta Tocildo*, S. 86.

519 Vgl. *Robledo Villar*, S. 129.

520 Vgl. *Rodríguez Devesa*, Hurto in: NEJ, XI, 1963, S. 188.

521 Vgl. *Muñoz Conde*, S. 417.

522 Vgl. *Quintero Olivares*, S. 1124.

aus dem Wortlaut folgt, fordert die Rechtsprechung auch hier den Willen, aus der Besetzung oder der Anmaßung einen wirtschaftlichen Nutzen oder Vorteil zu ziehen.[523] Dieser Wille entspricht der auch in den anderen Delikten dieses Abschnittes geforderten Bereicherungsabsicht.

c) Vergleich

Ein dem Art. 245 CP vergleichbarer Tatbestand fehlt dem deutschen Strafrecht. Bei näherer Betrachtung erscheint dieses auch nicht verwunderlich, wird doch der Sinn einer solchen Regelung auch in Spanien bestritten.

Zunächst erscheint es hier notwendig auf die tatsächliche kriminologische Wirkung der Norm hinzuweisen. Bei Art. 245 Abs. 1 CP handelt es sich um eine Regelung, welche in der Praxis der Strafverfolgung im Ergebnis ohne Bedeutung ist. Hierzu sei angemerkt, dass es in den Jahren 1994 bis 1996 lediglich zu drei Verurteilungen wegen dieses Deliktes kam. Dieses liegt vor allem daran, dass anders als beim Raub oder beim Diebstahl, wo eine bewegliche Sache meist für immer dem Opfer entzogen wird, bei einem Grundstück oder einem dinglichen Recht ein solcher Entzug, insbesondere da meist schriftliche Beweismittel in Form von Urkunden etc. vorliegen, nur in Ausnahmefällen denkbar erscheint. Aus diesem Grunde wird der Art. 245 CP teilweise als Vorschrift bezeichnet, deren eigentlicher Regelungsgehalt allein auf das tote Wort reduziert sei. Dieses zugrunde gelegt erscheint es nicht als notwendig eine entsprechende Regelung in das deutsche Strafrecht zu übertragen.

3. Friedliche Besetzung unbewohnter Grundstücke, Gebäude oder Wohnungen, Art. 245 Abs. 2 CP

245 …

2. Wer ohne ordnungsgemäße Genehmigung ein unbewohntes fremdes Grundstück, einen unbewohnten fremden Wohnraum oder ein unbewohntes fremdes Gebäude besetzt oder gegen den Willen des Berechtigten darin verbleibt, wird mit Geldstrafe von drei bis zu sechs Monaten bestraft.

a) Historische Entwicklung

Art. 245 CP enthält neben der Besetzung oder Rechtsanmaßung mittels Gewalt oder Drohung im Abs. 2 noch einen weiteren Tatbestand, welcher allerdings im Gegensatz zu ersterem ohne unmittelbares Vorbild in den vorherigen spanischen

523 Vgl. so STS 27.04.1982 (RJ 1982, 2282).

Strafgesetzbüchern ist und erst 1995 Einzug in den CP fand. Bestraft wird danach, wer ohne ordnungsgemäße Genehmigung ein unbewohntes Grundstück, einen unbewohnten fremden Wohnraum oder ein unbewohntes fremdes Gebäude besetzt oder gegen den Willen des Berechtigten darin verbleibt. Der Tathandlung entspricht damit grundsätzlich derjenigen des Abs. 1, jedoch mit der Besonderheit, dass die Besetzung ohne jegliche Anwendung von Gewalt oder Drohung geschieht.

Der Gesetzgeber hat durch die Schaffung des Art. 245 Abs. 2 CP versucht, dem Phänomen der Hausbesetzung strafrechtlich zu begegnen.[524] Hierbei handelt es sich um das auch in Deutschland, Großbritannien und den Niederlanden seit Anfang der achtziger Jahre bestehende soziologische Problem, dass sich der Bedarf an Wohnraum und das Interesse von Hauseigentümern gegenüberstehen. Das Phänomen der Hausbesetzung erreichte Spanien im Vergleich mit diesen Ländern mit einiger Verspätung. So gab es in Madrid erst ab dem Jahre 1985 vereinzelte kurzzeitige Besetzungen. In den neunziger Jahren übernahmen sogenannte *„autonome"* und *„antikapitalistische"* Gruppen[525] die Führung in der Hausbesetzerszene und radikalisierten das Vorgehen in Art und Umfang. Dieses führte dazu, dass Mitte der neunziger Jahre der höchste Stand an besetzten Häusern erreicht wurde, wobei sich der Großteil der besetzten Häuser in der Region Katalonien befand.[526]

Mangels strafrechtlichen Schutzes blieb den Hauseigentümern in Spanien bis zur Schaffung des Art. 245 Abs. 2 CP im Jahre 1995 allein der Zivilrechtsweg in Form der Unterlassungsklage, um gegen die Besetzung ihrer Gebäude vorzugehen. Dabei wurde aber in einer Vielzahl der Fälle dahingehend entschieden, dass der Beklagte nach einem strengen Begriff des Besitzes zwar eine fremde Immobilie bewohne, er den eigentumsrechtlichen Anspruch des Klägers aber nicht verletze, so dass es zu einem zweifelhaften Schutz der Hausbesetzer durch die Rechtsprechung kam.[527]

Aus diesem Grunde sah sich der Gesetzgeber veranlasst, die Stellung der Eigentümer durch die Schaffung eines Straftatbestandes zu stärken, um so zu einer Lösung des Problems zu kommen. Dieser Versuch wurde jedoch von großen Teilen der Literatur als unnötig kritisiert.[528] Danach sei es nicht notwendig, die

---

524 Vgl. *Mestre Delgado*, in: *Lamarca Perez*, 2013, S. 343.

525 Sogenannte "*okupas*" vgl. *Mestre Delgado*, in: *Lamarca Perez*, 2013, S. 343.

526 Vgl. zur Entwicklung der Hausbesetzung in Spanien *Joan Baucells i Lladós*, S. 28 ff..

527 Vgl. *Carreto Sánchez*, in: Cuadernos juridicos núm. 42, 06.o 1996.

528 Vgl. so zBsp. *Baucells i Llados*, S. 111 ff.; *Gonzáles Cussac*, in: *Vives Antón*, 1999, S. 434; *Quintero Olivares* , S. 1125; a.A. *Manzanares*, S. 908.

Täter mit der Wucht des Strafrechts zu kriminalisieren, vielmehr sei das Problem mit den bereits bestehenden verwaltungsrechtlichen, insbesondere polizei- und ordnungsrechtlichen Mitteln und den Möglichkeiten des Zivilrechts ausreichend in den Griff zu bekommen. Eine Anwendung des Strafrechts sei daher bereits aus Gründen der Angemessenheit abzulehnen.[529] Letztlich hat sich diese Kritik jedoch nicht durchgesetzt und die Regelung findet sich bis heute unverändert im CP. In heutiger Zeit hat das Phänomen der Hausbesetzung seit der Wirtschaftskrise in Spanien auch wieder stark an Bedeutung gewonnen. Heute handelt es sich jedoch oftmals um in wirtschaftliche Not geratene Menschen, welche in während des Baubooms der neunziger und frühen zweitausender Jahre entstandenen, leerstehende Gebäude unterzukommen suchen.

b) Objektiver Tatbestand

Inhaltlich ist der Tatbestand deckungsgleich mit dem der ersten Alternative des Abs. 1, wobei lediglich die Merkmale der Anwendung von Gewalt oder Drohung zur Besetzung der Immobilie entfallen. Weiter wird im Gegensatz zu Abs. 1 auch das Verbleiben gegen den Willen des Berechtigten genannt, woraus sich aber keine Auswirkungen für den Anwendungsraum ergeben. Zur Annahme einer Besetzung ist es gleichgültig, ob diese dauerhaft oder nur sporadisch geschieht; es kommt vielmehr allein darauf an, ob sie gegen den Willen des Berechtigten geschieht.[530]

Gesetzestechnisch schließt wie auch im Abs. 1 die Einwilligung des Berechtigten den Tatbestand aus. Eine Rechtfertigung liegt aber in Fällen vor, in denen das Opfer vor starker Kälte, Unwetter oder ähnlichem Schutz sucht.[531]

c) Subjektiver Tatbestand

Auf subjektiver Seite bestehen hier keine Besonderheiten. Es ist aber auch hier Bereicherungsabsicht erforderlich, welche inhaltlich der des Abs. 1 entspricht.

d) Vergleich

Der Tatbestand des § 245 Abs. 2 CP ähnelt im tatbestandlichen Aufbau zunächst dem § 123 StGB, welcher das Hausrecht und damit das Interesse an ungestörter Betätigung des eigenen Willens in der Wohnung oder den übrigen genannten

529 Vgl. *Fernández Aparicio*, in: LL 1997, D-223, S. 1319.

530 Vgl. *Queralt Jiménez* a.a.O.; *Robledo Villar*, S. 129, *Romeo Casabona*, S. 354.

531 Vgl. *Serrano Gómez*, S. 401 f..

Schutzbereichen unter dem Aspekt, nicht durch die Anwesenheit Fremder gestört zu werden, schützt.[532] Der inhaltliche Unterschied besteht jedoch darin, dass es sich bei den genannten Tatobjekten allein um unbewohnte Immobilien handelt.[533] Die Norm dient damit in erster Linie nicht denselben Schutzzwecken wie der § 123 StGB, welcher das Hausrecht im Sinne eines Interesses an ungestörter Betätigung des eigenen Willens in der Wohnung oder den übrigen Schutzbereichen unter dem Aspekt, nicht durch die Anwesenheit Unbefugter gestört zu werden, schützt.[534] Der Schutz des § 123 StGB ist daher im Wesentlichen auf bewohnte Immobilien gerichtet.

Jedoch wird daneben von § 123 StGB auch der Tatbestand des Art. 244 Abs. 2 CP erfasst. Damit der Berechtigte nicht auf den ihm zustehenden Zivilrechtsschutz verwiesen bleibt, wird über den Schutz der formalisierten Rechtsposition hinaus zugleich der Rechtsfrieden im Interesse der Allgemeinheit gefördert, weshalb auch leerstehende und abbruchreife Gebäude als befriedetes Besitztum in Betracht kommen.[535]

Es gelingt damit innerhalb des StGB auch das Phänomen der Hausbesetzung unter die Regelung des § 123 StGB zu fassen, so dass die Schaffung einer speziellen Regelung als nicht notwendig erscheint. Es ist aber anzumerken, dass der in Spanien vorgenommene Ansatz der Trennung der Hausbesetzung vom eigentlichen Hausfriedensbruch in den Art. 202 bis 204 CP dogmatisch überzeugender wirkt, trennt er doch klarer die unterschiedlichen zu schützenden Rechtsgüter.

4. Veränderung von Ortschafts- und Grundstücksgrenzen, Art. 246 CP

246. 1. Wer Grenzen oder Grenzlinien von Ortschaften oder Grundstücken oder jede Art von Zeichen oder Grenzsteinen verändert, die dazu dienen, Grundbesitzgrenzen oder Abgrenzungen von nebeneinanderliegenden Grundstücken festzulegen, seien sie öffentliches oder privates Eigentum, wird mit Geldstrafe von drei bis zu achtzehn Monaten bestraft.

2. Wenn der erzielte Vorteil 400,00 EURO nicht übersteigt, ist eine Geldstrafe in Höhe von einem bis zu drei Monaten zu verhängen.

532 Vgl. *Heger*, in: *Lackner/Kühl* StGB § 123 Rn. 1.
533 Insoweit findet § 123 StGB seine Entsprechung in den Art. 202–204 CP.
534 Vgl. *Heger*, in: *Lackner/Kühl* a.a.O..
535 Vgl. OLG Stuttgart in NStZ 1983,123 m.w.N..

a) Geschütztes Rechtsgut und Tatbestand

Geschütztes Rechtsgut ist das Vermögen in der Form des Eigentums vor allem an ländlichen Grundstücken.[536]

Die Tathandlung besteht im Verändern von Ortschafts- und Grundstücksgrenzen, wobei das im § 246 CP benutzte Wort "*alterar*" im spanischen eine weite Bedeutung hat und im grammatikalischen Sinn bereits jede Störung oder jedes Durcheinanderbringen erfasst. Daher ist der Begriff in seiner juristischen Bedeutung zu reduzieren, was auch dem Willen des Gesetzgebers entspricht, da Veränderungen, welche nicht den Zweck verfolgen, einen Vermögensvorteil für den Täter zu schaffen, nicht unter den Anwendungsbereich des Art. 246 CP fallen sollen. Vielmehr sollen allein solche Veränderungen erfasst werden, welche ein Entfernen des Grenzzeichens darstellen und dazu führen, dass der ursprüngliche Verlauf der Grenze nicht mehr nachvollziehbar ist.[537]

Als Opfer der Straftat kann zum einen die Allgemeinheit in Betracht kommen, wenn es sich um Grundstücke handelt, welche sich im öffentlichen Eigentum befinden, zum anderen aber der Inhaber von Eigentumsrechten an privaten Grundstücken.[538]

Bis zur Reform des Jahre 2015 musste die Tat auch hier zu einem Vermögensvorteil des Täters führen, welcher den Betrag von 400,00 EURO überstieg, da ansonsten ist die Tat als Vergehen im Sinne des Art. 624 CP zu behandeln war. Nach dem Wegfall der Reglungen über die Übertretungen ist dieser Bezug nunmehr entfallen. Jedoch bleibt auch in der Neuregelung die Grenze von 400,00 EURO bei der Strafzumessung bedeutsam. Denn nach Art. 246 Abs. 2 CP beträgt die Strafe in Fällen, in denen ein Vermögensvorteil von weniger als 400,00 EURO erzielt wird, allein Geldstrafe in Höhe von einem bis zu drei Monaten. In den Fällen, in denen eine höhere Summe gegeben ist, beträgt sie dagegen Geldstrafe in Höhe von drei bis zu achtzehn Monaten.

Zwar geht dieses aus dem Wortlaut des Art. 246 CP nicht hervor, jedoch ergibt eine systematische Betrachtung des Deliktes im Zusammenhang insbesondere mit dem Art. 247 CP, dass der erlangte Vermögensvorteil nicht ein Vorteil des

---

536 Vgl. so bereits STS 21.04. 1981 (RJ 1981, 1669) zum inhaltsgleichen Art. 518 CP/1975.

537 Vgl. *Córdoba Roda/García Arán*, S. 790.

538 Vgl. *Blanco Lozano*, Ursupación, S. 243.

Täters zu sein braucht, sondern, dass auch ein Vermögensvorteil eines Dritten unter den Tatbestand fällt.[539]

Sollte der Täter das Grenzzeichen bewusst zu seinem Nachteil verändern, wird dieses nicht von Art. 247 CP erfasst, da einer solchen Handlung die geforderte Absicht der Erlangung eines Vorteils fehlt.[540]

b) Subjektiver Tatbestand

Auf subjektiver Seite bestehen hier gleichfalls keine Besonderheiten.

c) Vergleich

Auf den ersten Blick erscheint Art. 246 CP als ein Delikt, welches dem im deutschen Strafrecht als Veränderung einer Grenzbezeichnung oder Grenzverrückung bezeichneten Tatbestand des § 274 Abs. 1 Nr. 3 StGB, entspricht. Bei näherer Betrachtung zeigt sich jedoch, dass sich die Reglungen inhaltlich nicht entsprechen. Dieser Unterschied wird bereits aus dem Wortlaut des Art. 246 CP ersichtlich. In ihm wird gefordert, dass es sich um eigentumsrechtlich bedeutsame Zeichen oder Grenzsteine handelt, da nur solche erfasst werden, die dazu dienen, Grundbesitzgrenzen oder Abgrenzungen von nebeneinanderliegenden Grundstücken festzulegen, seien sie öffentliches oder privates Eigentum.

Hierin unterscheidet sich die Regelung deutlich von der des § 274 Abs. 1 Nr. 3 StGB. Denn während der CP das Vermögen in der Form des Eigentums zu schützen sucht, werden von § 274 Abs. 1 Nr. 3 StGB Grenz- und Wasserstandmerkmale ohne Rücksicht auf Eigentum oder sonstige Rechte an dem Merkmal erfasst. Ein Schutz besteht auch dann, wenn die Grenzzeichen tatsächlich an falscher Stelle stehen. Geschütztes Rechtsgut ist in Deutschland damit allein die Beweisführungsmöglichkeit des Opfers.[541] Dieses entspricht auch dem subjektiven Tatbestand des § 274 Abs. 1 Nr. 3 StGB, welcher die Absicht fordert, das Benutzen des gedanklichen Inhalts der Grenzmarkierung in einer aktuellen Beweissituation zu vereiteln.[542]

Der eigentliche eigentumsrechtliche Schutz des § 245 CP wird daher in Deutschland nicht durch § 274 StGB, sondern vielmehr durch die §§ 242 und

---

539 Vgl. *Suarez Gonzales*, in: Comentarios al Código Penal, S. 706.

540 Vgl. *Córdoba Roda/García Arán*, S. 730.

541 Vgl. *Heger*, in: *Lackner/Kühl*, § 274 Rdnr. 6.

542 Vgl. *Fischer*, § 274, Rdnr. 15 i.V.m. 6.

246 StGB gewährt, mit denen regelmäßig Gesetzeskonkurrenz besteht, weil die Nachteilzufügungsabsicht bereits in der Zueignungsabsicht enthalten ist.[543]

5. Das Umlenken von Gewässern, Art. 247 CP

247. *1. Wer unbefugt den Lauf öffentlich oder privat genutzter Gewässer umleitet oder diese aus ihrem natürlichen oder einem angelegten Reservoir ableitet, wird mit Geldstrafe von drei bis zu sechs Monaten bestraft.*

2. Wenn der erzielte Vorteil 400,00 EURO nicht übersteigt, ist eine Geldstrafe in Höhe von einem bis zu drei Monaten zu verhängen.

a) Entwicklung des Tatbestandes

Das Umlenken von Gewässern wurde erstmals 1932 in den CP aufgenommen und gleichfalls unter die Überschrift der Rechtsanmaßung gefasst, wo sie bis 1995 im Art. 518 CP in einem gemeinsamen Artikel mit der Veränderung von Grenzzeichen behandelt wurde. Seit der Reform des Jahres 1995 findet die Regelung ihren Standort im Art. 247 CP.

Es handelt sich um ein Delikt, welches im deutschen Strafrecht keine Entsprechung findet. Der Grund hierfür dürfte in den unterschiedlichen klimatischen Bedingungen der beiden Länder begründet sein. Während in Spanien Wasser aufgrund des in Teilen des Landes herrschenden spärlichen Niederschlages nur in begrenzten Mengen zur Verfügung steht, wird diesem in Deutschland aufgrund des hohen Jahresniederschlags eigentumsrechtlich ein geringerer Wert beigemessen. Daher erklärt es sich, dass Gewässer in Deutschland allein unter umweltschutzrechtlichen Aspekten einen strafrechtlichen Schutz erfahren.[544]

Die wesentliche Bedeutung des Wassers in Spanien, welche im Übrigen auch im Zivilrecht ihren Widerhall findet[545], führte dazu, dass abweichend vom Art. 518 CP/1975 bei der Reform 1995 eine spezifische Norm geschaffen wurde

---

543 Vgl. *Heine/Schuster*, in: *Schönke/Schröder*, § 274, Rdnr. 20; *Heger*, in: *Lackner/Kühl*, § 275, Rdnr. 8.

544 Vgl. hier den 28. Abschnitt des StGB welcher beruhend auf dem 18. StÄG frühere verwaltungsrechtliche Spezialgesetze wie WHG, BimSchG, AbfG und AtG in einem Abschnitt vereint; zum umweltrechtlichen Gewässerschutz in Spanien vgl. *Morillas Cueva* in Cuadernos de la política criminal 2004, S. 39 ff..

545 Vgl. die Arts. 407 bis 425 CC, welche allein Vorschriften hinsichtlich des Wassers enthalten und die Spezialgesetze wie z.Bsp. Ley 29/185, vom 2. August.

und der Tatbestand nicht mehr allein als Unterfall der Verrückung von Grenzzeichen ausgestaltet ist.[546]

b) Der Tatbestand

Die eigentliche Tathandlung besteht im Umlenken von öffentlichen oder privaten Gewässern zum eigenen oder zum Vorteil eines Dritten. Dabei muss es sich um fließende Gewässer handeln, nicht hierunter fallen Seen oder andere stehende Gewässer.[547] Weiter dürfen sich diese nicht innerhalb von Rohrleitungs- oder ähnlichen, geschlossenen oder mit Zählern versehenen Systemen befinden. Anderenfalls handelt es sich nicht um einen Fall des Umlenkens von Gewässern gemäß Art. 247 CP, sondern um eine der Entziehung elektrischer Energie entsprechende Machenschaft gemäß Art. 255 CP.[548]

Unter Umlenken ist jedwede Veränderung des normalen Wasserverlaufes, also auch das Aufstauen von fließendem Wasser zu verstehen. Wichtig ist allein, dass der vorherige Lauf verändert wird, um das Wasser zu nutzen.[549]

Auch im Art. 247 CP war zunächst zur Abgrenzung zum Vergehen nach Art. 623 Nr. 4 CP als objektives Tatbestandsmerkmal gefordert, dass der aus der Tathandlung gezogene Vorteil den Wert von 400,00 EURO übersteigen musste.[550] Seit dem Jahr 2015 wurde auch hier der Tatbestand dahingehend geändert, dass bei einer Unterschreitung eines Wertes von 400,00 EURO, allein Geldstrafe in Höhe von einem bis zu drei Monaten auszusprechen ist, wohingegen sonst eine Geldstrafe in Höhe von drei bis zu achtzehn Monaten vorzusehen ist.

c) Subjektiver Tatbestand

Da es sich bei dem geschützten Rechtsgut wieder um das Vermögen in der Form des Eigentums und des hieraus entspringenden Nutzungsrechts am Wasser handelt, bedarf es auch hier auf subjektiver Seite, neben dem allgemeinen Vorsatz gerichtet auf die objektiven Tatbestandsmerkmale, einer Bereicherungsabsicht. Sollte es an einer solchen Bereicherungsabsicht fehlen, ist die Tat als Beschädigung i.S.d. Art. 263 ff. CP anzusehen.[551] Im Übrigen bestehen hier keine Besonderheiten.

---

546 Vgl. *Quintero Olivares*, S. 1127.
547 Vgl. *Vives Antón/Gonzáles Cussac*, in: *Vives Antón*, S. 471.
548 Vgl. so bereits STS 06.03.1972 (RJ 1972, 979).
549 Vgl. *Gonzáles Rus*, in: Cobo del Rosal, S. 427.
550 Vgl. *Blanco Lozano*, Ursupación, S. 248.
551 Vgl. *Muñoz Conde*, S. 420.

d) Vergleich

Wie bereits ausgeführt, findet der Tatbestand keine explizite Entsprechung im StGB. Vielmehr sind die inhaltsgleichen Fälle in Deutschland nach den Regelungen des Diebstahls zu behandeln. Eine Gesetzeslücke besteht daher nicht. Aufgrund der unterschiedlichen Bedeutung der Tathandlung erscheint eine Übernahme der Regelung in die deutsche Rechtsordnung auch nicht als notwendig.

6. Rechtfolgen der Art. 245–247 CP

Die Art. 246 bis 247 CP sehen insgesamt lediglich Geldstrafen vor. Einzige Ausnahme ist Art. 246 Abs. 1 CP, in dem die gewaltsame Rechtsanmaßung behandelt wird. Dort ist die Strafe eine Gefängnisstrafe von einem bis zu zwei Jahren.

Verglichen mit den entsprechenden deutschen Regelungen fällt hier wiederum auf, dass die vorgesehenen Strafrahmen in Spanien deutlich unter den anwendbaren Strafen in Deutschland liegen. Dieses kann dabei nur zum Teil mit dem Umstand erklärt werden, dass manche der Regelungen des StGB, wie der § 123 StGB neben dem in den spanischen Tatbeständen enthaltenen Schutzzweck auch weitere, gravierende Eingriffe beinhaltet. Vielmehr wird auch hier die insgesamt bereits mehrfach aufgezeigte, insgesamt geringere Strafhöhe in Spanien deutlich.

VI. Von den Betrügerischen Machenschaften, Art. 248–256 CP

1. Einleitung

Die nunmehr zu betrachtenden Tatbestände finden sich eingebettet in das VI. Kapitel des XIII. Titels des CP. Das Kapitel trägt die Überschrift „*De las defraudaciones*“. Dieses lässt sich übersetzen mit „*Von den betrügerischen Machenschaften*“. Die Überschrift ist bei Betrachtung der dort enthaltenen Delikte allein noch historisch zu begründen, handelt es sich doch bei den Tatbeständen dieses Kapitels im Wesentlichen nicht um solche, welche unmittelbar als Betrugsdelikte angesehen werden können. Denn neben den eigentlichen Betrugstatbeständen, finden sich auch solche, welche nach deutschem Verständnis keine Betrugstatbestände darstellen, wie insbesondere die Unterschlagung.[552]

552 Vgl. *Gonzáles Cussac*, in: *Vives Antón*, 2015, S. 421.

Daneben handelt es sich nicht bei allen dort enthaltenen Tatbeständen um klassische Eigentumsdelikte. Die nachfolgende Darstellung beschränkt sich in Folge auf diejenigen Tatbestände des IV. Kapitels, welche auch nach deutschem Rechtsverständnis als Eigentumsdelikte im eigentlichen Sinn gelten würden: Dieses sind letztlich allein die enthaltenen Formen der Unterschlagung.

Ungeachtet dessen soll aber auch die Entziehung elektrischer Energie in Art. 255, 256 CP, welche vergleichbar der Tathandlung des § 248c StGB, ein zumindest diebstahlsähnliches Delikt darstellt[553], behandelt werden, auch wenn es sich hier, auch nach deutschem Verständnis, nicht um ein Eigentumsdelikt im engeren Sinne handelt.

Die Betrugstatbestände als klassische Vermögensdelikte sowie die Untreue werden dagegen nicht betrachtet. Jedoch ist es zum Verständnis der Unterschlagung notwendig, die Entwicklung der Untreue im spanischen Strafrecht nachzuzeichnen, da diese bis zur Reform des Jahres 2015 engst mit den Tatbeständen der Unterschlagung verknüpft bzw. in diesen tatbestandlich enthalten war.

2. Systematischer Überblick

Das IV. Kapitel des XIII. Titels des CP ist seit der Reform des Jahres 2015 in insgesamt vier Abschnitte unterteilt:

Der erste Abschnitt, „*Sección 1.ª De las estafas*", umfasst in Art. 248 CP bis 251 *bis*[554] CP die Betrugshandlungen.

Nachfolgend fand sich bereits vor der Reform des Jahres 2015 ein Abschnitt mit der Überschrift „*Sección 2.ª De la apropiación indebida*", der sogenannten „*Widerrechtlichen Zueignung*", deren Eingliederung in die Betrugsdelikte auch in Spanien nicht unumstritten war.[555]

Dieser Abschnitt wurde durch die Reform umfassend neugestaltet und in nunmehr zwei Abschnitte unterteilt. Der erste der hieraus entstandene Abschnitt trägt nunmehr die Überschrift „*Sección 2.ª De la administración desleal*" und enthält lediglich einen Artikel (Art. 252 CP), welcher einen der Untreue in § 266 StGB vergleichbaren Tatbestand enthält. Nachfolgend findet sich dann unter der Überschrift „*Sección 2.ª bis De la apropiación indebida*" ein Abschnitt,

---

553 Vgl. in Deutschland *Eisele*, BT II, Rdnr. 290.

554 Zur Unterscheidung des im CP regelmäßig bei der Bezifferung der Art. genutzten römischen Vervielfältigungszahlwortes (Multiplikativa) "*bis*" von der gleichlautenden deutschen Präposition bzw. des gleichlautenden Adverbs wird ersteres kursiv geschrieben.

555 Vgl. *Suarez Gonzáles*, in: Comentarios al Código Penal, S. 677.

welcher die Art. 253 CP und 254 CP enthält, die verschiedene Formen der Unterschlagung beinhalten.

Abschließend findet sich im Kapitel über die „*Betrügerischen Machenschaften*“ auch noch ein Abschnitt über die Entziehung elektrischer Energie sowie analoge Verhaltensweisen, „*Sección 3: „De las defraudaciones de fluido électrico y análogas*“. Hier versammelt der Gesetzgeber zwei Tatbestände, welche inhaltlich der Entziehung elektrischer Energie in § 248c StGB sowie verwandte Tathandlungen behandeln.

3. Die Widerrechtliche Zueignung (Unterschlagung), Art. 253 und 254 CP

a) *Historische Entwicklung der Art. 253 und 254 CP*

Die Regelungen der Unterschlagung haben durch die Reform des Jahres 2015 wesentlichen Änderungen erfahren. Dies erfolgte insbesondere um Problemfelder, welche aus der Umgestaltung der Regelungen durch die Reform des Jahres 1995 resultierten, aufzulösen. Im Folgenden seien daher zunächst die Entwicklung der Tatbestände und die Interpretation der vorherigen Tatbestände in Literatur und Rechtsprechung nachgezeichnet, um so eine Bewertung der nunmehr erfolgten Anpassungen zu ermöglichen.

Die Tathandlung der Widerrechtlichen Zueignung war bereits im römischen Recht kodifiziert und wurde später auch in den französischen Code Penal unter der Überschrift „*Vertrauensmissbrauch*“ aufgenommen, wo sie als Vorbild für eine entsprechende Regelung im spanischen CP von 1822 diente. Die Regelungen blieben im nachfolgenden CP/1848 und allen nachfolgenden Kodifizierungen erhalten[556], wenn auch die Tathandlungen zum einen innerhalb des Diebstahls (*Abstreiten des Erhalts einer Sache*), zum anderen innerhalb des Betruges (*Tathandlung der Zueignung*) geregelt wurden.[557]

Die Widerrechtliche Zueignung umfasste seit der Reform des Jahres 1995 bis zur Strafrechtsreform des Jahres 2015 drei Tatbestände, welche im deutschen Strafrecht vor allem vom Delikt der Unterschlagung gemäß § 246 StGB erfasst werden und demnach dort keinen betrügerischen Charakter haben. § 252 CP/1995 regelte dabei zunächst die Strafbarkeit dessen, der sich eine bewegliche Sache zueignete, die er zur Verwahrung, in Kommission, zur Verwaltung oder

556 Art. 535 CP/1973, Art. 535 CP/1944, Art. 523.5 CP/1932, Art. 725.5 CP/1928; Art. 547.5 CP/1870 und Art. 452.1 CP/1850.

557 Vgl. *Robledo Villar*, S. 199.

aus einem anderen Rechtsgrund erhalten hatte. Somit ähnelte Art. 252 CP/1995 dem § 246 StGB in der Form, die dieser vor der Streichung der Gewahrsamsklausel durch das 6. StRG hatte.

Neben der Zueignung der im Gewahrsam des Täters befindlichen Sache enthielt der Art. 252 CP/1995 im Unterschied zum § 246 StGB noch eine Strafandrohung für denjenigen, der bestritt, die Sache erhalten zu haben.

Der nachfolgende Art. 253/1995 CP enthielt den Tatbestand der Fundunterschlagung mit besonderer Strafandrohung für Sachen von künstlerischem, kulturellen, etc. Wert. Daneben fand sich der Tatbestand des Art. 254/1995 CP. Dieser erfasste die vormals nicht mit Strafe bewährten Fälle, in denen der Täter durch einen Irrtum des Opfers unrechtmäßig Geld oder eine andere bewegliche Sache erhalten hatte und dieses bestritt oder die Sache nach Feststellung des Irrtums nicht zurückgab.

b) Die Gründe der Reform des Jahres 2015. Die Untreuehandlung als Bestandteil der Unterschlagung

Im Vergleich mit der Bedeutung der deutschen Regelung des § 246 StGB, die seit der Änderung im Jahre 1998 nicht mehr im Mittelpunkt dogmatischer Auseinandersetzungen stand, ist zu sagen, dass die Normen über die Widerrechtliche Zueignung zu den in ihrer Auslegung umstrittensten Delikten innerhalb des spanischen Strafrechtes zählten. Dieses galt vor allem für den Grundtatbestand des Art. 252 CP/1995.

Einigkeit herrschte insoweit, als das Eigentum innerhalb des Art. 252 CP/1995 als das geschützte Rechtsgut angesehen wurde.[558] Große Uneinigkeit herrschte jedoch dahingehend, ob der Tatbestand neben der eigentlichen Unterschlagung auch Tathandlungen im Sinne einer Untreue erfasste.

Zu dieser Zeit war der Tatbestand der Untreue noch nicht generell im spanischen Strafrecht verankert. So enthielt der CP lediglich mit dem Tatbestand des Art. 295 CP/1995, einen der Untreue des Art. 266 StGB vergleichbaren Tatbestand. Der Anwendungsbereich der Regelung war aber insoweit beschränkt, dass dieser allein auf Gesellschafter einer bestehenden oder in Gründung befindlichen Gesellschaft anwendbar war.[559] Um aber eine Strafbarkeit auch für

---

558 Vgl.so bereits *Sainz-Pardo Casanova*, S. 67 f.; *Herrero Herrero*, S. 251.

559 "*Artículo 295.*
Los administradores de hecho o de derecho o los socios de cualquier sociedad constituida o en formación, que en beneficio propio o de un tercero, con abuso de las funciones propias de su cargo, dispongan fraudulentamente de los bienes de la sociedad

Untreuehandlungen anderer Personen zu schaffen, wurde vertreten, dass der ursprüngliche Tatbestand des Art. 252 CP/1995 neben der Unterschlagung auch in Fällen der Untreue in Bezug auf vertretbare Tatobjekte wie Geld, Anwendung finden sollte.

Eine solche Strafbarkeit wurde zunächst seitens der Rechtsprechung, beginnend mit der sogenannten „*Argentina Trust*"-Entscheidung bejaht.[560] Nach Auffassung der Rechtsprechung enthielt die damalige Regelung des Art. 252 CP/1995 zwei verschiedene Tatbestände. Danach sei bei Geld oder anderen vertretbaren Sachen danach zu unterscheiden, ob der Täter sich die in seinem Gewahrsam stehende fremde bewegliche Sache mit Bereicherungsabsicht zueignet oder ob dieser eine ihm zur Verwaltung überlassene Sache in unlauterer Weise verwaltet und dadurch einen Vermögensschaden verursacht. In ersterem Falle sollte es sich um eine Unterschlagung, im zweiten Falle um eine Untreue handeln.[561]

Diese Auffassung ist nicht ohne Widerspruch geblieben und war seitdem Gegenstand intensiver Auseinandersetzungen in der Literatur.

Seit der Reform des Jahres 2015 sind diese Streitigkeiten nunmehr im Wesentlichen obsolet. Denn durch die Reform des Jahres 2015 kam es zu einer gänzlichen Umgestaltung der Regelungen.

Dem Gesetzgeber kam es darauf an, nunmehr endlich eine klare Trennung zwischen dem Tatbestand der Untreue und dem der Unterschlagung zu schaffen. Danach soll Unterschlagung vorliegen, wenn der Täter eine ihm anvertraute Sache, welche er zurückzugeben verpflichtet ist, sich rechtswidrig zueignet. Davon sind die Fälle zu unterscheiden, in denen dem Täter als Verwalter die Möglichkeit der Verfügung über Geld oder andere vertretbare Sachen eingeräumt wurde und dieser lediglich die Rückgabe von Sachen gleicher Art und Güte schuldet; wenn hier der Täter das Vermögen des Opfers durch Handlungen schädigt, zu denen er nicht autorisiert war, macht er sich einer Untreue schuldig.

Hierzu wurde der vorherige Tatbestand des Art. 252 CP/1995 und die in diesem von der Rechtsprechung gesehenen zwei verschiedenen Tathandlungen nunmehr voneinander getrennt und in verschiedenen Artikeln, bzw. Abschnitten verortet. So wurde der vorherige Abschnitt 2 in zwei Abschnitte aufgegliedert. Hierbei regelt der Abschnitt 2.ª nunmehr unabhängig von den Fällen der

o contraigan obligaciones a cargo de ésta causando directamente un perjuicio económicamente evaluable a sus socios, depositarios, cuentapartícipes o titulares de los bienes, valores o capital que administren, serán castigados con la pena de prisión de seis meses a cuatro años, o multa del tanto al triplo del beneficio obtenido.".

560 Vgl. STS 26.02.1998.

561 Vgl. so auch STS 17.06.2006; STS 14.11.2006.

Unterschlagung die Fälle der Untreue. Dagegen wurden in Abschnitt 2.ª *bis* die Fälle der Unterschlagung zusammengefasst, wobei der Wortlaut der Regelungen gänzlich umgestaltet wurde. Die zuvor bestehende enge inhaltliche Verbundenheit von Untreue und Unterschlagung wurde hierdurch aufgelöst.

Als Konsequenz strich der Gesetzgeber auch die Norm des Art. 295 CP/1995, da nunmehr alle Fälle der Untreue durch Art. 252 CP erfasst werden. Eines eigenen Tatbestandes für Untreuehandlungen von Gesellschaftern bedurfte es daher nicht mehr. Wie sich aus den Motiven des Gesetzgebers ergibt, war Zielsetzung dieser Neugestaltung die Schaffung eines Tatbestandes, welcher das Vermögen im Allgemeinen schützen sollte, unabhängig davon, ob es sich um das Vermögen einer Privatperson oder einer Gesellschaft handelt.

Aus Gründen der Beibehaltung der vorherigen Systematik und Nummerierung innerhalb des CP wurde bei der Benennung des neuen Abschnitts, wie an anderen Stellen auch, keine fortlaufende Nummerierung gewählt, sondern man bediente sich des römischen Vervielfältigungszahlwortes „*bis*" zur Überschrift des Abschnitts.

Mit Blick auf den neugeschaffenen Tatbestand der Untreue in Art. 252 CP soll lediglich angemerkt werden, dass der spanische Gesetzgeber sich hier an dem Tatbestand der deutschen Regelung des Art. 266 StGB orientierte, welcher auch in anderen europäischen Rechtsordnungen als Grundlage diente. Dabei wurden zum einen die aufgrund der weiten Gestaltung des § 266 StGB in Deutschland über die Jahre entstandenen Schwierigkeiten betrachtet, sowie auch die Entstehungsgeschichte und der Missbrauch der Norm in der Zeit des Nationalsozialismus.[562]

Innerhalb des Kapitels der Widerrechtlichen Zueignung ist der Art. 253 CP als Grundtatbestand anzusehen. Der folgende Art. 254 CP dient im Kern der Schließung von Strafbarkeitslücken, welche sich aus der Struktur dieses Tatbestands ergeben, insbesondere um die Fälle der Fundunterschlagung abzudecken.[563]

Entfallen ist die vorherige Regelung des Art. 254 CP/1995.[564] Diese Regelung erfasste Fälle der Verwahrung, in denen der Täter Geld oder eine andere eine bewegliche Sache unberechtigterweise erlangt hatte und der Wert des Erlangten

---

562 Vgl. *Gonzáles Cussac*, in: *Vives Antón*, 2015, S. 415.

563 Vgl. *Quintero Olivares*, 2015, S. 518.

564 "*Artículo 254*
Será castigado con la pena de multa de tres a seis meses el que, habiendo recibido indebidamente, por error del transmitente, dinero o alguna otra cosa mueble, niegue haberla recibido o, comprobado el error, no proceda a su devolución, siempre que la cuantía de lo recibido exceda de 400 euros.".

über 400,00 EURO lag. Die Fälle sind nunmehr nach der allgemeinen Regelung des Art. 253 CP zu behandeln.

c) Der Grundtatbestand der Unterschlagung, Art. 253 CP

253. *1.* Mit *den Strafen des Art. 249 oder gegebenenfalls des Art. 250 wird bestraft, soweit er nicht bereits aufgrund einer anderen Rechtsnorm dieses Códigos mit einer schwereren Strafe zu bestrafen ist, wer zum Nachteil eines anderen, für sich oder einem Dritten, Geld, Güter, Wertpapiere oder eine andere bewegliche Sache, zueignet, die er als Deposit, in Kommission oder zur Aufbewahrung oder aus einem anderen Rechtsgrund erhalten hat, der die Verpflichtung begründet, sie heraus- oder zurückzugeben, oder wer bestreitet, sie erhalten zu haben.*

2. Wenn der Wert des Zugeeigneten 400,00 EURO nicht übersteigt, ist eine Geldstrafe von einem bis zu drei Monaten zu verhängen.

Die Tathandlung des Art. 253 CP besteht im Wesentlichen aus drei Elementen. Zunächst muss der Täter eines der in der Regelung genannten Tatobjekte, wie Geld, Güter, Wertpapiere oder eine andere bewegliche Sache mit der Verpflichtung erhalten haben, die Sache wieder herauszugeben. Daneben muss der Täter eine Zueignungshandlung vornehmen und letztlich muss dem Opfer hierdurch ein Vermögensschaden entstanden sein.

(1) Gewahrsam am Tatobjekt

(a.) Tatobjekt

Tatobjekt des Art. 253 CP sind entsprechend des Wortlauts der Norm Geld, Güter, Wertpapiere oder eine andere bewegliche Sache. Im Rahmen des Gesetzgebungsverfahrens war zunächst angedacht, den Wortlaut der Regelung allein auf den allgemeinen Terminus der „*beweglichen Sachen*" zu beschränken und so die in der Vorgängerregelung enthaltene explizite Nennung einiger vertretbarer Sachen zu streichen. Grund hierfür war, dass es sich bei den genannten Tatobjekten insgesamt um vertretbare Sachen handelte. Solche sind aber im Regelfall allein Gegenstand einer Untreue und nicht der Unterschlagung, da in den meisten Fällen die Tathandlung nicht in der Zueignung einer vertretbaren Sache selbst, sondern in der Verursachung eines Vermögensschadens bei unzureichender Verwahrung bzw. Verwaltung der vertretbaren Sache besteht. Letztlich wurde jedoch der ursprüngliche Wortlaut erhalten.[565]

565 Vgl. *Quintero Olivares*, 2015, S. 518.

Aufgrund des Wortlauts scheiden aber als Tatobjekt in jedem Falle alle nicht beweglichen Sachen aus. An diesen ist, wie oben ausgeführt, allein eine Tathandlung nach Art. 245 CP (*ursupación*) möglich.

(b.) Tathandlung

Art. 253 CP verlangt, dass der Täter die bewegliche Sache aufgrund eines der in der Vorschrift genannten Rechtsverhältnisse, wie Deposit, Kommission oder aus einem anderen Rechtsgrund erhalten hat, der die Verpflichtung begründet, diese zurückzugeben. Die in der Vorgängerregelung gleichfalls genannte *administración*, im Sinne einer Verwaltung der Sache, wurde mit Blick auf die vorgenommene Trennung von Unterschlagung und Untreue gestrichen.[566]

Es handelt sich daher hinsichtlich der notwendigen Rechtsbeziehung zwischen Opfer und Täter bei Art. 253 CP um einen offenen Tatbestand, der es ermöglicht, über die aufgezählten Rechtsbindungen hinaus, jegliche weitere Verpflichtung zur Rückgewährung zu erfassen.[567] Es verwundert daher, dass statt der Verwaltung nunmehr die Verwahrung (*custodia*) in den Wortlaut eingefügt wurde, hätte es einer solchen doch nicht bedurft.[568] Denn nach Literatur und Rechtsprechung sind alle Rechtsbeziehungen als tatbestandlich anzusehen, in denen dem Täter der Besitz, nicht aber das Eigentum übertragen wird.

Aus diesem Grund kommt auch der Eigentümer einer Sache nicht als Täter in Betracht.[569]

Das Bestehen eines legitimen Gewahrsamsverhältnisses bildet den wesentlichen Unterschied zu den anderen Delikten des Abschnitts XIII. Titels des CP. Während bei Diebstahl und Betrug der Gewahrsam an der Sache immer durch eine unberechtigte Handlung wie der Wegnahme oder der Erlangung der Sache durch eine Täuschung des Verfügenden erlangt wird, besteht bei der Unterschlagung des Art. 253 CP ein anfänglicher berechtigter Besitz.[570]

Das Erfordernis eines Gewahrsamverhältnisses entspricht damit im Ergebnis demjenigen des Anvertrauens innerhalb der Veruntreuenden Unterschlagung des § 246 Abs. 2 StGB.[571] Dies hat gleichfalls zur Folge, dass ein Dritter (*extraneus*), welcher nicht in einem solchen rechtlichen Verhältnis zu Opfer steht,

566 Vgl. *Quintero Olivares*, 2015, S. 523.
567 Vgl. *Moreno Verdejo/Marchena Gómez*, S. 31; STS 21.05.1997; 05.11.1994.
568 Vgl. *Quintero Olivares*, 2015, S. 523
569 Vgl. *Gonzáles Cussac*, in: *Vives Antón*, 2015, S. 424.
570 Vgl. *Mestre Delgado*, in: *Lamarca Pérez*, 2015, S. 376.
571 Vgl. zum Anvertrauen im Einzelnen, *Eser/Bosch*, in: *Schönke/Schröder*, § 246, Rdnr. 29.

niemals Täter sein kann.[572] Aus diesem Grunde ist auch eine Mittäterschaft nicht denkbar. In Betracht kommen lediglich Anstiftung und Teilnahme.[573]

(2) Die Zueignung

Der Kern des objektiven Tatbestandes bezieht sich auf eine Tathandlung, welche zeitlich dem rechtmäßigen Besitz nachfolgt. Sie besteht darin, dass der Täter den Zustand des rechtmäßigen Besitzes auflöst, indem er entweder die bewegliche Sache seinem eigenen Vermögen zuführt oder indem er über das Tatobjekt wie ein Eigentümer verfügt.[574]

Dieser Wille muss sich dabei wie in Deutschland nach außen manifestieren.[575] Hier gelten im Ergebnis die auch in Deutschland angewandten Beurteilungsmaßstäbe. Wie innerhalb des StGB ist auch die Zueignung der Art. 253 und 254 CP kein rein innerer Vorgang.[576] Es ist notwendig, dass sich der Wille, sich eine Sache zu eigen zu machen, in einer nach außen erkennbaren Handlung ausdrückt.[577]

Als solchen Verfügungsakt nennt das Gesetz zunächst die Zueignung der Sache. Hier handelt es sich letztlich um den Regelfall der Tatbegehung.

Daneben nennt der Gesetzgeber aber auch eine besondere Form der Zueignung, nämlich den Fall des unwahren Bestreitens des Erhalts der Sache. Diese Form der Tatbegehung fand sich bereits in allen vorhergehenden Tatbeständen und wurde letztlich unverändert auch im Rahmen der Reform des Jahres 2015 in den neuen CP übertragen. In dem Fall des Bestreitens des Erhalts der Sache wird im Gegensatz zur Zueignung im Allgemeinen eine gesetzliche Vermutung hinsichtlich des Zueignungswillens des Täters aufgestellt. Auf eine darüberhinausgehende tatsächliche Manifestation des Zueignungswillens wird dagegen verzichtet.[578] Zu verneinen ist nach Auffassung des Autors jedoch die Ansicht, dass dieses Verhalten als Unterlassung anzusehen ist[579], handelt es ich doch um

---

572 Dieses entspricht der überwiegenen Ansicht bzgl. der vorherigen deutschen Rechtslage vor Streichung der Gewahrsamsklausel innerhalb des § 246 StGB, vgl. BGHSt 2, 317.

573 Vgl. *Gonzáles Rus*, in: *Cobo del Rosal*, S. 454.

574 Vgl. *Mestre Delgado*, in: Lamarca Pérez, 2015, S. 377.

575 Vgl. zur wohl herrschenden Manifestationstheorie *Kühl*, in: *Lackner/Kühl*, § 246, Rdnr. 5 m.w.N.; kritisch *Bussmann*, in: StV 1999, 615.

576 Vgl. hier BGHSt 24, 115, 119.

577 Vgl. zur Rechtsprechung die Übersicht bei *Vásquez Iruzubieta*, S. 446.

578 Vgl. *Muñoz Conde*, 2015, S. 387.

579 Vgl. *Vásquez Iruzubieta*, S. 446.

eine äußere Handlung, die auf den Willen schließen lässt, den Eigentümer dauernd auszuschließen und die Sache dem eigenen Vermögen einzuverleiben.[580]

Zu beachten ist, dass die nach außen manifestierte Tathandlung immer vom legitimen Gewahrsamsinhaber begangen werden muss. Dieses kann aber durchaus zugunsten eines Dritten erfolgen. Es ist nicht notwendig, dass der Täter einen eigenen Vorteil aus der Tat ziehen möchte, sondern es reicht aus, dass das Ergebnis der Tat einen Dritten, nicht aber den Eigentümer, begünstigt.[581]

Es lässt sich damit festhalten, dass das Merkmal der Zueignung im Tatbestand der Regelung des Art. 253 CP mit derjenigen des § 246 Abs. 1 StGB übereinstimmt. Auch hier wird eine äußere Handlung gefordert, die auf den Willen schließen lässt, den Eigentümer dauernd auszuschließen und die Sache (oder ihren Sachwert) dem eigenen Vermögen oder dem eines Dritten[582] einzuverleiben.[583] Ein wesentlicher Unterschied zwischen beiden Rechtsordnungen besteht daher in Bezug auf dieses Tatbestandsmerkmal nicht.

(3) Subjektiver Tatbestand

Subjektiv bedingt auch die Unterschlagung des Art. 253 CP Vorsatz. Eine fahrlässige Begehung ist nicht möglich. Gefordert wird hier von Literatur und Rechtsprechung ein *animus rem sibi habiendi*, also der Wille die Sache für sich selbst zu besitzen. Daneben bedarf es aber auch eines Vorsatzes in Bezug auf das Merkmal des Vermögensschadens.[584] Im Übrigen enthält die Unterschlagung dieselben Voraussetzungen wie der Diebstahl, so dass an dieser Stelle auf die dortigen Ausführungen verwiesen werden kann.[585]

(4) Rechtsfolgen

Entsprechend der Regelung des Art. 253 CP wird der Täter einer Unterschlagung mit dem Strafmaß des Art. 249 CP, also des Betruges belegt. Daneben sollen auch die Qualifikationen des Art. 250 CP Anwendung finden. Dieses führt dazu, dass

---

580 Vgl. so in Deutschland: *Kühl*, in: *Lackner/Kühl*, § 246, Rdnr. 4, aufgrund der bestehenden Gewahrsamsbeziehung ist der Sachverhalt nicht mit der in Deutschland diskutierten gewahrsamslosen verbalen Eigentumsanmaßung zu vergleichen; vgl.: hierzu *Jäger*, in: JuS 2000, S.1167.

581 Vgl. so SAP de Vizcaya 20/04/2012.

582 Vgl. zur früheren Rechtslage. BGHSt 41, 187.

583 Vgl. BGHSt 1, 262; 14, 38; *Eisele*, BT II, Rdnr. 254; Rechtsgeschichtlich zum „*Se ut dominum gerere*“ vgl. *Gropp*, in: Maiwald-FS, S. 263, 265.

584 Vgl. *Mestre Delgado*, in: *Lamarca Pérez*, 2015, S. 378.

585 Siehe oben unter C. II.2.d).

der Täter im Grundtatbestand mit einer Freiheitsstrafe von sechs Monaten bis zu drei Jahren und im Falle des Vorliegens eines Qualifikationstatbestandes mit einer Freiheitsstrafe von einem bis zu sechs Jahren und einer Geldstrafe von sechs bis zwölf Monaten bedroht ist.

Mit Blick auf den Unrechtsgehalt der Tat erscheint die Strafhöhe unter Berücksichtigung des Gesamtstrafgefüges innerhalb des XIII. Titels als nicht sachgerecht. Im Vergleich zum Diebstahl dürfte der Tathandlung der Unterschlagung kein höherer Unrechtsgehalt innewohnen, denn insoweit scheinen beide Tatbestände, insbesondere die enthaltene Wegnahme bzw. Zueignung, wohl als vergleichbar. Warum daher hier nicht auf den im Vergleich mit den Regelungen der Art. 249 CP und 250 CP geringeren Strafrahmen des Diebstahls verwiesen wird, sondern auf den des Betruges, erklärt sich mithin nicht. Insoweit scheint es, dass sich hier zumindest in der Rechtfolge erneut die Meinung durchgesetzt hat, dass die Unterschlagung letztlich doch als mit dem Betrug und nicht mit dem Diebstahl verwandt anzusehen sei und daher einen höheren Unrechtsgehalt besitzt.[586]

Zu berücksichtigen ist weiterhin, dass, obgleich das System der Übertretungen aufgegeben wurde, dennoch der Wert von 400,00 EURO auch hier erneut von Bedeutung ist. Denn nach dem Wortlaut des Art. 253 Abs. 1 S. 2 CP ist in den Fällen, in denen der Wert des Zugeeigneten 400,00 EURO nicht übersteigt, allein eine Geldstrafe von einem bis zu drei Monaten zu verhängen.

---

586 So wurde klassischerweise innerhalb der Vermögensdelikte nach solchen Delikten unterschieden, welche eine Bereicherung des Täters verlangen, wie Betrug und Widerrechtlicher Zueignung und solchen, die lediglich das Vermögen schädigen, wie der Sachbeschädigung. Innerhalb der ersten Gruppe wurde eine weitere Unterscheidung nach der Tatausführung getroffen. Entscheidendes Kriterium hierfür war, ob die Bereicherung mittels Gewalt oder durch eine betrügerische Handlung bewirkt wurde (*aut vi aut fraude delinquintur*). Dabei musste notwendigerweise der Begriff der Gewalt weit ausgelegt werden, da sonst bereits der von vielen als Grundtatbestand der Zueignungsdelikte angesehene Diebstahl nicht hierunter gefasst werden kann. Gewalt in diesem weiten Sinn war jedwede physische Kraft, welche auf das Tatobjekt verwandt wird. Diese weite Auslegung des Gewaltbegriffes ist nicht ohne Kritik geblieben, führt sie doch zu dem Ergebnis, dass alle Delikte, bei denen kein betrügerisches Merkmal vorhanden ist, als mittels Gewalt begangen angesehen werden müssen. Dieses führt dazu, dass das Merkmal der Gewalt jegliche Bedeutung verliert und die Einordnung sich allein danach vollzieht, ob eine betrügerische Handlung vorliegt oder nicht. Darüber, ob bei der Widerrechtlichen Zueignung ein solches betrügerisches Element vorliegt, herrschte keine Einigkeit. Vgl. zu diesem Themenkreis: *Conde-Pumpido Ferreiro*, Apropiación indebida.

d) Der Auffangtatbestand des Art. 254

254. *1. Wer sich außerhalb der im vorhergehenden Artikel genannten Fälle eine fremde bewegliche Sache zueignet, wird mit einer Geldstrafe von drei bis zu sechs Monaten bestraft. Handelt es sich um Sachen von künstlerischem, historischem, kulturellem oder wissenschaftlichem Wert, ist die Strafe Gefängnis von sechs Monaten bis zu zwei Jahren.*

2. Wenn der Wert des Zugeeigneten 400,00 EURO nicht übersteigt, ist eine Geldstrafe von einem bis zu zwei Monaten zu verhängen.

(1) Historische Entwicklung der Regelung

Die Regelung des Art. 254 CP, bzw. die von diesem nunmehr beinhaltete Tathandlung war seit langem Gegenstand fortlaufender Reformen.

Zunächst fügte die Reform des CP von 1983 in den Abs. 2 des damaligen Art. 535 CP und damit innerhalb der betrügerischen Machenschaften die Tathandlung der Fundunterschlagung ein, welche zuvor ihren systematischen Standort innerhalb des Diebstahls hatte. Der CP von 1995 schließlich übernahm diese Regelung im Art. 253 CP. Die Tathandlung bestand in der Zueignung einer verlorengegangenen Sache mit Bereicherungsabsicht. Anders als Art. 252 CP/1995 forderte Art. 253 CP/1995 daher nicht, dass bereits vor der Zueignung Gewahrsam an der Sache bestand.

Art. 253 CP/1995 löste damit das auch in Deutschland vor der Strafrechtsreform von 1998 bestehende Problem[587], dass eine Fundunterschlagung tatbestandlich nur unter Annahme einer berichtigenden Auslegung als Unterschlagung angesehen werden kann, soweit tatbestandlich ein der Zueignung vorausgehender Gewahrsam gefordert wird, durch die Schaffung einer eigenen Regelung.

Objektiv musste es sich um verlorengegangene Sachen handeln, also bewegliche Sachen, an denen das Opfer versehentlich den Gewahrsam verloren hat. Aus diesem Grund kamen Gegenstände, an denen der Gewahrsam bewusst aufgegeben wurde, und *res nullius* als taugliche Tatobjekte nicht in Betracht.[588] Gleichfalls waren solche Gegenstände ausgenommen, die schlicht vergessen wurden, sich aber noch im Gewahrsam des Opfers befinden. Hier lag ein Diebstahl vor.[589]

---

587 Vgl. zur historischen Entwicklung in Deutschland *Kühl*, in: *Lackner/Kühl*, § 246, Rdnr. 3.

588 Vgl. *Muñoz Conde*, S. 451.

589 Vgl. *Muñoz Conde*, a.a.O..

Neben der Fundunterschlagung des Art. 253 CP/1995 existierte mit der Regelung des Art. 254 CP/1995 noch eine weitere Regelung zur Unterschlagung, in welcher allein der Fall behandelt wurde, in denen der Täter irrtümlich Sachen erhalten hatte und dieses dann bestritt.[590] Hier handelte es sich um eine Neuheit innerhalb der spanischen Regelungen zur Unterschlagung, welche den Umfang des strafrechtlichen Schutzes auf ein bislang straffreies Verhalten ausweitete.[591] Art. 254 CP/1995 schloss gleichfalls eine sich aus dem Wortlaut des Art. 252 CP/1995 ergebende Strafbarkeitslücke, da in solchen Fällen ein Rechtsgrund zur Verwahrung gleichfalls nicht vorlag.

(2) Die Regelung der gewahrsamslosen Unterschlagung nach der Reform des Jahres 2015

Mit der Reform des Jahres 2015 wurden nunmehr sowohl die explizite Fundunterschlagung als auch die Unterschlagung irrtümlich erhaltener Sachen aus dem CP gestrichen. Der Gesetzgeber suchte hierdurch die Norm zu verschlanken und Regelungslücken durch die vorgenommene weite Ausgestaltung des Tatbestandes des Art. 254 CP zu vermeiden.[592]

Die Regelung erfasst daher nach ihrem Wortlaut alle Unterschlagungen, in denen ein Gewahrsamsverhältnis des Täters zuvor nicht bestand. Die Regelungstechnik in Bezug auf das Problem des Gewahrsams und der möglichen Regelungslücken wird folglich in Spanien gerade in umgekehrter Weise gelöst. Anders als in der Reform des StGB wird der Gewahrsam des Täters als Grundtatbestand beibehalten und die Unterschlagung von Sachen ohne diesen vorherigen Tätergewahrsam als Auffangtatbestand ausgeformt. Denn die Regelung des Art. 254 CP ist gemäß ihrem Wortlaut explizit subsidiär zum Grundtatbestand des Art. 253 CP. Eine Anwendung kommt daher gemäß Art. 8 Nr. 2 CP allein dann in Betracht, wenn der Tatbestand des Art. 253 CP nicht gegeben ist.[593]

---

590 „*Art.254 CP/1995*
Mit Geldstrafe von drei bis zu sechs Monaten wird bestraft, wer durch Irrtum des Übertragenden unrechtmäßig Geld oder eine andere bewegliche Sache erhalten hat und bestreitet, sie erhalten zu haben, oder sie nach Feststellung des Irrtums nicht zurückgibt, sofern der Wert des Erhaltenen 400,00 EURO übersteigt.".

591 Vgl. *Moreno Verdejo/Marchena Gómez*, S.101.

592 Vgl. *Quintero Olivares*, 2015, S. 524.

593 Vgl. "*Art. 8 CP*
Los hechos susceptibles de ser calificados con arreglo a dos o más preceptos de este Código, y no comprendidos en los artículos 73 a 77, se castigarán observando las siguientes reglas:
...

Auffällig ist bei der Ausgestaltung der Regelung, dass hier, anders als in Art. 253 CP, allein auf fremde bewegliche Sachen abgestellt wird, ohne die dortige beispielhafte Aufzählung vertretbarer Sachen zu übernehmen.

Hinsichtlich des subjektiven Tatbestandes kann wiederum auf die Ausführungen zum Art. 253 CP sowie auf den Diebstahl verwiesen werden, da sich insoweit keine Abweichungen ergeben.

(3) Rechtsfolgen

Gemäß Art. 254 Abs. 1 S. 1 CP wird der Täter des Art. 254 CP mit einer Geldstrafe von drei bis sechs Monaten bestraft. Bei einem Vergleich des Inhalts der Regelung mit der deutschen Rechtslage wird damit deutlich, dass der spanische Gesetzgeber eine Unterschlagung ohne vorherigen Gewahrsam des Täters im Verhältnis zur Unterschlagung von anvertrauten Sachen als deutlich geringer ansieht. Dieser Ansatz findet sich zunächst im Grundsatz auch in der deutschen Rechtslage wieder, ist doch im Falle des § 246 Abs. 2 StGB eine Freiheitstrafe von bis zu fünf Jahren möglich, während bei § 246 Abs. 1 StGB allein eine Höchstfreiheitsstrafe von drei Jahren vorgesehen ist. Der höhere Strafrahmen folgt also damit gleichfalls aus dem höheren Unrechtsgehalt einer Unterschlagung, bei der dem Täter durch das Tatopfer die Sache zunächst anvertraut wurde.

Die Bedeutung dieses Umstandes wird jedoch, wie sich aus der Höhe der Strafen ergibt, in Spanien deutlich unterschiedlich bewertet. Während wie bereits oben ausgeführt wurde, bereits im Grundtatbestand des Art. 253 CP eine Freiheitsstrafe von bis zu drei Jahren möglich ist, wird im Falle, dass die Sache dem Täter nicht anvertraut wurde, lediglich noch eine Geldstrafe als angemessen angesehen.

In diesem Zusammenhang ist noch eine weitere Regelung der Strafzumessung des Art. 254 CP hervorzuheben. Denn eine deutlich höhere Strafe als die der Geldstrafe von sechs Monaten droht gemäß Art. 254 Abs. 1 S. 2 CP, wenn es sich um Sachen von künstlerischem, historischem, kulturellen oder wissenschaftlichen Wert handelt. Hier gilt eine Strafandrohung von Gefängnis von sechs Monaten bis zu zwei Jahren. Der Strafrahmen erweckt Zweifel mit Blick auf eine Vereinbarkeit mit der Gesamtsystematik der Regelungen des XIII. Titels. Zunächst sei erneut darauf hingewiesen, dass im Regelfall als Strafe allein eine Geldstrafe in Betracht kommt. Der Sprung von der Geldstrafe hin zu einer Gefängnisstrafe von bis zu zwei Jahren erscheint daher als disproportional. Dieses

---

2.ª El precepto subsidiario se aplicará sólo en defecto del principal, ya se declare expresamente dicha subsidiariedad, ya sea ésta tácitamente deducible.".

gilt insbesondere bei Berücksichtigung der weiteren Strafrahmen des XIII. Abschnitts. Denn der Gesetzgeber wiederholt in der Strafzumessungsregelung des Art. 254 Abs. 1 S. 2 CP die Strafandrohung des Art. 250 Nr. 3 CP, welche die inhaltsgleiche Tatbegehung beim Betrug beinhaltet. Im Gegensatz zur Regelung im Betrug wird jedoch die Höchststrafe gegenüber der dortigen Regelung verdoppelt. Während also im Falle des Betruges eine Gefängnisstrafe von bis zu einem Jahr vorgesehen ist, ist diese in den Fällen der Unterschlagung zweimal so hoch. Dieses erscheint mit Blick auf den Unrechtsgehalt beider Tatbestände als nicht nachvollziehbar.

e) *Zusammenfassung und Vergleich*

Eine Betrachtung der obigen Ausführungen führt zu dem Ergebnis, dass die der Unterschlagung innewohnenden Problemfelder, obgleich der unterschiedlichen historischen Entwicklung in beiden Rechtsordnungen, im Wesentlichen identisch sind, bzw. waren. Auch die jeweils gewählten Regelungsmechanismen sind letztlich methodisch vergleichbar. Dieses wird insbesondere deutlich aus der nunmehr durch die in der Reform des Jahres 2015 vorgenommene tatbestandlichen Trennung von Untreue und Unterschlagung und die Ausgestaltung der Art. 253 CP und 254 CP. Auch wenn die Einordnung der Unterschlagung ohne ein Anvertrauen des Tatobjektes in Spanien gerade umgekehrt zur deutschen Rechtslage vorgenommen wurde, kommen in der Summe dennoch beide Nationen zum gleichen Regelungsumfang sowie zu der Entscheidung, dass im Falle eines Anvertrauens ein höherer Unrechtsgehalt der Tat gegeben ist.

Nicht konstant erscheinen jedoch die im Einzelfall in Spanien gewählten Strafzumessungen. Vereinzelt wirkt der gewählte Strafrahmen als nicht kohärent in Bezug auf die weiteren Regelungen des CP, sondern erscheint allein als Ausdruck des politischen Ansatzes der Strafschärfung im Allgemeinen zu sein.

4. Die Entziehung elektrischer Energie und entsprechende Machenschaften, Art. 255–256 CP

a) *Systematischer Überblick*

Eingebettet in das VI. Kapitel findet sich nach den eigentlichen Betrugstatbeständen und den nachfolgenden Tatbeständen der Untreue und der Unterschlagung nunmehr ein weiterer Abschnitt.

Dieser Abschnitt enthält zwei Delikte, die ihrem Wesen nach gleichfalls schwerlich unter die gemeinsame Überschrift „*Von den betrügerischen Machenschaften*“ subsumierbar erscheinen. Hierbei handelt es sich zunächst um den

Tatbestand des Art. 255 CP, welcher die Entziehung elektrischer Energie oder ähnlicher Stoffe behandelt. Nachfolgend findet sich dann in Art. 256 CP eine Regelung, welche den unbefugten Gebrauch von Telekommunikationsendgeräten zum Inhalt hat.

Das Kapitel fand seine jetzige Form gleichfalls erstmals mit der Strafrechtsreform des Jahres 1995. Zuvor fand sich innerhalb dieses Abschnitts ein weiterer Tatbestand, der Veränderung oder Manipulation von automatischen Vorrichtungen zur Ermittlung von Preisen behandelte. Dieser hat jedoch im Rahmen der Reform des Jahres 1995 seinen Platz im Kapitel XI, 3. Abschnitt, Art. 283 CP, unter der Überschrift: „*Straftaten in Zusammenhang mit dem Markt und den Verbrauchern*“ gefunden.

Bereits an dieser Stelle sei darauf hingewiesen, dass es sich bei den nun zu untersuchenden Delikten weder nach spanischer noch nach deutscher Rechtsauffassung um Eigentumsdelikte im eigentlichen Sinne handelt. Aufgrund der Sachnähe zum Diebstahl sollen die nachfolgenden Delikte aber dennoch betrachtet werden, schließen sie doch in funktionaler Hinsicht Regelungslücken des Diebstahls.

b) Die Entziehung von Energie, Art. 255

255. *1. Mit Geldstrafe von drei bis zu zwölf Monaten wird bestraft, wer unter Nutzung von elektrischer Energie, Gas, Wasser, des Fernmeldeverkehrs oder anderer fremder Stoffe, Energiearten oder Flüssigkeiten auf eine der folgenden Arten eine betrügerische Machenschaft begeht:*
1.° durch Verwendung eingebauter Vorrichtungen zur Ausführung der Entziehung;
2.° durch arglistige Veränderung der Anzeigen oder Zähler;
3.° durch Anwendung irgendwelcher anderer heimlicher Mittel.
2. Soweit der Wert des verursachten Schadens 400,00 EURO nicht übersteigt, ist eine Geldstrafe von einem bis zu drei Monaten zu verhängen.

(1) Historische Entwicklung

Wie bereits oben dargelegt[594], erscheint es als unpräzise, elektrische Energie als Sache anzusehen und deren Entziehung als Diebstahl oder Raub (mittels Gewalt gegen Sachen) zu klassifizieren. Anders als in Deutschland, wo bereits im Jahre 1900 eine der Vorschrift des § 248c StGB entsprechende Regelung eingeführt

594 Vgl. oben unter I, 1), c), (1.).

wurde, welche die aus der fehlenden Sacheigenschaft elektrischer Energie[595] und der Unanwendbarkeit der §§ 242, 246 StGB entstehende Lücke schloss[596], war die Einordnung der Tathandlung in Spanien Gegenstand fortlaufender Diskussionen.[597]

Die spanische Rechtsprechung neigte bei der Lösung der Problemstellung zunächst dazu, die Entziehung von Energie mittels einer analogen Anwendung als Diebstahl einzuordnen.[598] Der spanische Gesetzgeber folgte jedoch diesem Ansatz nicht und löste schließlich das Problem, indem er im Jahre 1941 einen eigenständigen Tatbestand schuf, welcher 1944 Eingang in den CP fand und bereits dort die Überschrift *„Entziehung elektrischer Energie und entsprechende Machenschaften“* trug.

Die Regelung wurde dabei in das Kapitel über betrügerische Machenschaften eingefügt, woraus deutlich wird, dass der Gesetzgeber die Entziehung elektrischer Energie, anders als in Deutschland, nicht als mit Diebstahl und Unterschlagung verwandt, sondern als betrugsähnliches Delikt einstufte.[599]

Dieses spiegelt sich auch im Deliktaufbau des Art. 255 CP wieder. Im Gegensatz zum § 248c StGB, welcher angelehnt an den Diebstahl die Entziehung elektrischer Energie fordert, spricht Art. 255 CP von einer betrügerischen Machenschaft, welche unter Nutzung elektrischer Energie, Gas, Wasser, des Fernmeldewesens oder anderer fremder Stoffe und Energiearten oder Flüssigkeiten erfolgt.

Im Ergebnis ist jedoch auch diese Typisierung nicht als gänzlich überzeugend zu bewerten, wie sich aus der gewählten Verortung in der Gesamtsystematik erkennen lässt. Denn, obgleich es aufgrund der tatbestandlichen Ausgestaltung der Betrugsdelikte in Spanien denkbar gewesen wäre, die Tathandlung unmittelbar unter die eigentlichen Betrugstatbestände zu fassen, zog es der Gesetzgeber letztlich vor, eine vom Betrug getrennte, eigenständige Regelung zu schaffen. Der Grund dafür ist anders als bei der Regelung von Diebstahl und Raub nicht im Tatobjekt zu suchen, denn insoweit besteht in den Betrugstatbeständen keine Reduzierung des Tatobjektes auf körperliche Gegenstände. Vielmehr war Grund für die gesonderte Behandlung der Umstand, dass es bei

595 So auch in Deutschland bereits RGSt 29, 111; 32, 165.

596 Vgl. *Fischer*, § 248c, Rdnr. 1.

597 Vgl. *Queralt Jiménez*, 2002, S. 345; *Quintero Olivares*, S.1171 f..

598 Vgl. so bereits STS 30.10.1910. Angelehnt war diese Rechtsauffassung an das italienische Strafrecht, in dem elektrische Energie bis heute als bewegliche Sache angesehen wird, vgl. Art. 624 des italienischen CP.

599 Vgl. *Conde-Pumpido Ferreirro*, Temas, S. 234.

der Entziehung elektrischer Energie, wie nachfolgend zu zeigen sein wird, in den meisten Fällen an einer Täuschungshandlung im eigentlichen Sinn fehlt.[600] Insofern handele es ich damit letztlich auch nicht um eine Betrugshandlung im eigentlichen Sinne.[601]

(2) Die Tathandlung

Es handelt sich bei der Regelung um ein Erfolgsdelikt mit sehr weitem Tatbestand, zu dessen Verwirklichung letztlich drei Elemente gegeben sein müssen: Die Begehung einer der drei genannten Tathandlungsalternativen, der Eintritt des Erfolges, nämlich die Verursachung eines Vermögensschadens von mehr als 400,00 EURO, sowie letztlich, dass es sich um eines der genannten Tatobjekte handelt.[602]

(a.) Tatobjekt

Die Regelung des Art. 255 CP enthält in ihrem Wortlaut zunächst elektrische Energie, daneben sind aber auch Gas, Wasser, Mittel des Fernmeldeverkehrs oder andere fremder Stoffe, Energiearten oder Flüssigkeiten genannt. Der Begriff des Fernmeldeverkehrs enthält daneben außer dem Telefon auch das Kabelfernsehen sowie die Datenübertragung.

Auch wenn es sich damit um eine recht umfassende Aufzählung handelt, gilt letztlich: Objekt der Tat kann jede fremde Energie oder Flüssigkeit sein. Denn die in Art. 255 CP enthaltene Aufzählung ist lediglich als exemplarisch und nicht als abschließend anzusehen.[603] Erfasst wird daher im Ergebnis jede fremde Energie oder Flüssigkeit.[604]

Es muss sich jedoch immer um solche Energien oder Flüssigkeiten handeln, welche mittels eines Netzes oder einer geschlossenen Installation an einen Verbraucher geliefert werden und über Zähler oder andere technische Einrichtungen abgerechnet werden können.[605]

Diese Voraussetzung dient zur Abgrenzung des Tatbestandes vom Umlenken von Gewässern im Art. 247 CP auf der einen und vom Diebstahl oder Raub auf der anderen Seite, welche allein dann in Betracht kommen, wenn die Energien

600 Vgl. *Mestre Delgado*, in: Lamarca Pérez, 2013, S. 370.
601 Vgl. *Vásquez Iruzubieta*, S. 450.
602 Vgl. *Mestre Delgado*, in: *Lamarca Pérez*, 2015, S. 384.
603 Vgl. *Muñoz Conde*, 2015, S. 393.
604 Vgl. *Mestre Delgado*, in: *Lamarca Pérez*, 2015, a.a.O..
605 Vgl. *Del Rosal Blasco*, S. 201.

oder Flüssigkeiten in Behälter gefasst sind, die unmittelbar weggenommen werden können.[606]

(b.) Tathandlung

Der objektive Tatbestand des Art. 255 CP fordert das Begehen einer betrügerischen Machenschaft zur Entziehung des Tatobjektes. Hier sieht der Tatbestand drei verschiedene Alternativen vor:

Zunächst ist die Entziehung der Sache möglich durch die Verwendung eingebauter Vorrichtungen zur Ausführung der Entziehung, Art. 255 Abs. 1 Nr. 1 CP. Als zweite Alternative kommt die Entziehung des Tatobjektes durch arglistige Veränderung der Anzeigen oder Zähler in Betracht, § 255 Abs. 1 Nr. 2 CP. Abschließend findet sich noch eine offener gefasste Begehungsform, nämlich die Entziehung der Sache durch Anwendung irgendwelcher anderen heimlichen Mittel, § 255 Abs. 1 Nr. 3 CP.

Wie ersichtlich wird, ist der Wortlaut, insbesondere der des Art. 255 Abs. 1 Nr. 3 CP, sehr weit gefasst. Letztlich fallen folglich alle Mittel, welche der unberechtigten Nutzung der genannten Tatobjekte dienen, unter diese Regelung. Zu beachten ist, dass die zur Entziehung genutzten Vorrichtungen nicht vom Täter angebracht werden müssen. Es genügt hier, wenn dieser bereits vorhandene unzulässige Vorrichtungen zur Nutzung der Energien verwendet.[607]

Die Rechtsprechung hat eine Nutzung von Vorrichtungen im Wesentlichen bei klaren Fällen der Manipulation von Wasser bzw. Stromzählern angenommen. Anderes gilt jedoch, wenn lediglich die Störung eines Zählers ausgenutzt wird. In diesen Fällen wird der Tatbestand für nicht anwendbar gehalten. Weiter hat die Rechtsprechung auch die Manipulation von Karten für das Bezahlfernsehen sowie von entsprechenden Decodern als auch die Nutzung fremder Telefonkarten und das Klonen von Telefonnummern als tatbestandlich angesehen.[608]

Sprachlich erscheint die Regelung als nicht gänzlich gelungen. Denn letztlich begeht der Täter keine betrugsähnliche Handlung unter Nutzung des Tatobjektes. Vielmehr verursacht der Täter durch den Verbrauch der beschriebenen Tatobjekte einen Vermögensschaden.[609] Eine dementsprechende Formulierung wäre daher der jetzigen Fassung vorzugswürdig gewesen.

---

606 Vgl. *Gonzáles Rus*, in: *Cobo del Rosal*, S. 463.

607 Vgl. *Gonzáles Cussac*, in: *Vives Antón*, 2015, S. 432.

608 Vgl. Übersicht bei *Gonzáles Cussac*, in: *Vives Antón*, 2015, S. 432.

609 Vgl. *Vásquez Iruzubieta*, S. 451.

(3) Vermögensschaden

Art. 255 CP ist ein Erfolgsdelikt. Durch die Tathandlung muss es zu einem Verbrauch von Energie und dadurch zu einem Vermögensschaden des Opfers kommen. Anderenfalls liegt kein Delikt gemäß Art. 255 CP vor.[610]

(4) Subjektiver Tatbestand

Die Tathandlung muss vorsätzlich begangen werden. Eine fährlässige Begehung ist nicht möglich. Der Vorsatz muss sich dabei auch auf alle die Zueignung der betroffenen Tatobjekte bzw. korrekter den Konsum der Tatobjekte beziehen.[611] Daneben bedarf es aber wie bei allen Delikten, welche sich gegen das Vermögen bzw. gegen das Eigentum richten, einer Bereicherungsabsicht des Täters.[612] Dabei ist es jedoch ohne Belang, ob die Bereicherung auf eine Bereicherung des Täters selbst gerichtet ist, oder ob der Täter die Tathandlung mit dem Ziel begeht, einem Dritten hierdurch einen Vorteil zu verschaffen.

(5) Rechtsfolgen

Als Rechtsfolge sieht der Art. 255 Abs. 1 CP eine Geldstrafe in Höhe von drei bis zwölf Monaten vor. Dieses ist jedoch allein dann der Fall, wenn der Wert des entzogenen Tatobjektes 400,00 EURO übersteigt. Sollte der Wert dagegen darunter liegen, so ist gemäß Art. 255 Abs. 2 CP eine Geldstrafe in Höhe von einem bis zu drei Monaten zu verhängen. Hier kam es wie bei auch bei anderen Delikten gleichfalls durch die Abschaffung des Systems der Übertretungen zu einer Strafschärfung für Fälle, in denen der Wert des Tatobjektes 400,00 EURO nicht übersteigt, fehlte es doch zuvor an einer entsprechende Pönalisierung.

Wiederum scheint jedoch im Vergleich mit dem Strafrahmen in der entsprechenden Regelung des § 248c StGB der mögliche Strafrahmen als ausgesprochen moderat. Dort ist die Strafe in den Fällen des § 248c Abs. 1 StGB Geldstrafe oder Freiheitsstrafe bis zu fünf Jahren, in den Fällen des Abs. 4 Geldstrafe oder Freiheitsstrafe bis zu zwei Jahren.

Zu berücksichtigen ist aber, dass gemäß § 248c Abs. 3 StGB für Taten nach Abs. 1 die Strafantragserfordernisse der §§ 247, 248a StGB entsprechend gelten und für Taten nach § 248c Abs. 4 S. 2 StGB ein zwingendes Antragserfordernis besteht.

---

610 Vgl. *Mestre Delgado*, in: *Lamarca Pérez*, 2015, S. 384.

611 Vgl. *Gonzáles Cussac*, in: *Vives Antón*, 2015, S. 432.

612 Vgl. *Mestre Delgado*, in: *Lamarca Pérez*, 2015, S. 385.

(6) Vergleich

Die Regelung des Art. 255 CP entspricht bei einer funktionalen Betrachtungsweise im Kern dem § 248c StGB. Wie in der dortigen Regelung geht es darum Strafbarkeitslücken zu schließen, welche sich aus dem Umstand ergeben, dass der elektrischen Energie die Sacheigenschaft abgesprochen wird.

Im Gegensatz zur deutschen Regelung erfasst jedoch Art. 256 CP neben elektrischer Energie auch jede andere Art von Energie, wobei Wasser und Gas explizit genannt werden. Die weite Fassung der Regelung erscheint als überzeugend. So besteht in der Sache kein Grund, die Entziehung in Deutschland allein auf elektrische Energie zu beschränken und den Entzug anderer Energiequellen nicht mit zu regeln. Es erscheint vielmehr angebracht, aufgrund der Sachnähe auch den Entzug anderer Energien in die Regelung des § 248c StGB einzugliedern, um eine Ungleichbehandlung der Täter zu vermeiden. Letztlich kann es im Ergebnis keinen Unterschied machen, ob der Täter mittels eines Leiters elektrische Energie entzieht oder ob es sich um Wasser bzw. Gas handelt. So würde sich auch der Gehalt des § 248 c StGB von einem bloßen Auffangtatbestand, hin zu einem eigenständigen Tatbestand für den Entzug von Energien wandeln, was als konzeptionell überzeugender anzusehen ist.

c) Unbefugter Gebrauch von Telekommunikationsendgeräten

256. *1. Wer von einem Telekommunikationsendgerät ohne Zustimmung des Berechtigten Gebrauch macht und bei diesem einen Vermögensschaden verursacht, wird mit Geldstrafe von drei bis zu zwölf Monaten bestraft.*

2. Soweit der Wert des verursachten Schadens 400,00 EURO nicht übersteigt, ist eine Geldstrafe von einem bis zu drei Monaten zu verhängen.

(1) Historische Entwicklung

Der Entziehung elektrischer Energie folgt der Art. 256 CP, welcher den Gebrauch von Telekommunikationsendgeräten ohne die Zustimmung des Berechtigten unter Strafe stellt. Bei diesem Tatbestand handelt es sich um eine 1995 eingeführte Neuheit innerhalb des spanischen Strafrechts, nicht nur, weil eine ähnliche Regelung im vormaligen CP fehlte, sondern auch, weil die dem CP/1995 vorausgehenden Projekte von 1980, 1983 und 1992 einen solchen Tatbestand noch nicht vorsahen. Ähnlich wie bei der Entziehung elektrischer Energie war vormals der unbefugte Gebrauch von Telekommunikationsendgeräten strafrechtlich mangels der Sacheigenschaft der Kommunikationsmöglichkeit nicht erfasst.[613]

613 Vgl. SAP Salamanca 2.6.1995, APA núm. 291.

Die Regelung des Art. 256 CP ist in der spanischen Lehre zum Teil auf Ablehnung gestoßen. Der Vorwurf lautet dabei, dass es einer strafrechtlichen Regelung für eine solche Handlung nicht bedürfe, da der Berechtigte sich auf zivilrechtlichem Wege gegenüber dem Benutzer schadlos halten könne. Hinsichtlich des besonders diskutierten Bereiches des Missbrauchs innerhalb von Behörden wird auf disziplinarrechtliche Maßnahmen verwiesen. Außerdem gebe es genügend technische Möglichkeiten, um Telekommunikation durch Nichtberechtigte zu unterbinden. Der Gesetzgeber verstoße damit durch die Einführung des Art. 256 CP gegen den Grundsatz des geringstmöglichen Eingriffs und daher gegen das Prinzip der Verhältnismäßigkeit.[614]

(2) Die Tathandlung

Hinsichtlich des objektiven Tatbestandes ähnelt die Regelung derjenigen des Art. 255 CP. Auch hier werden im Ergebnis drei Voraussetzungen zur Verwirklichung des Deliktes gefordert. Der Täter muss danach vom Tatobjekt Gebrauch machen, ohne die erforderliche Zustimmung zu verfügen, woraus ein Vermögensschaden des Opfers resultiert.

Als Telekommunikationsendgerät i.S.d. Art. 256 CP gelten dabei alle Geräte, welche in der konkreten Anwendung dazu dienen, Verbindungen zwischen Personen, Systemen oder technischen Geräten über Distanz herzustellen, wobei es unerheblich ist, ob dieses auf elektrische, telefonische, digitale, etc. Weise geschieht.[615]

Wie sich bereits aus dem Wortlaut der Vorschrift ergibt, wirkt die Einwilligung des Berechtigten tatbestandsauschließend. Unter Berechtigung ist hier allein der zivilrechtliche Gebrauchsanspruch anzusehen, so dass der Berechtigte nicht notwendigerweise mit dem Eigentümer identisch sein muss.[616]

Art. 256 CP ist ein Erfolgsdelikt, welches den Eintritt eines Schadens als objektives Tatbestandsmerkmal fordert. Als Schaden sind jedwede Kosten anzusehen, welche aus dem nichtberechtigten Gebrauch folgen. So können zum Beispiel entstandene Telefongebühren, Einwahlgebühren und bei geliehenen Geräten sogar die Mietzahlung je nach Dauer der Nutzung als Schaden angesehen werden.[617] Im Falle einer sogenannten *flatrate* kann daher wohl nicht von einem Schaden ausgegangen werden.

614 Vgl. statt aller *Quintero Olivares*, S. 1173.

615 Vgl. *Gonzáles Rus*, in: *Cobo del Rosal*, S. 464.

616 Vgl. *Robledo Villar*, S. 237.

617 Vgl. *Rodríguez Devesa*, in: NEJ, IV, 1954.

(3) Subjektiver Tatbestand

Sowohl die Entziehung elektrischer Energie als auch die unbefugte Nutzung von Telekommunikationsendgeräten sind Vorsatzdelikte. Der Vorsatz des Täters muss sich damit auch hier auf sämtliche Tatbestandsmerkmale richten. Da es sich auch bei den Delikten der Widerrechtlichen Zueignung um Vermögensdelikte handelt, ist daneben wiederum die Bereicherungsabsicht des Täters erforderlich.

(4) Rechtsfolgen

Die Rechtsfolgen hinsichtlich Art. 256 CP sind identisch mit denen des Art. 255 CP. Insoweit kann daher auf die dortigen Ausführungen verwiesen werden.

(5) Vergleich

Art. 256 CP findet im StGB keine Entsprechung. Als verwandt erscheint auf den ersten Blick, wie bei Art. 255 CP, zunächst allein die Regelung des § 248c StGB. Letztlich besteht allerdings eine Vergleichbarkeit auch hier nicht. Während bei § 248c StGB dem Opfer elektrische Energie entzogen wird, handelt es sich bei Art. 256 CP nicht um eine solche. Denn letztlich nutzt der Täter allein eine bestehende Kommunikationsmöglichkeit, ohne jedoch dem Opfer in gleichem Umfang eigene Möglichkeit zur Kommunikation zu entziehen.

Auch § 265a StGB deckt sich inhaltlich nicht mit der Regelung des Art. 256 CP. Zum einen stellt die erste Alternative des § 265a StGB allein auf die Fälle des Telefonautomatenmissbrauchs ab, zum anderen erfasst die Alternative des Erschleichens von Leistungen eines Telekommunikationsnetzes[618] nur die Fälle, in denen mit Hilfe von Geräten und besonderen Methoden die Schaltsignale zur Steuerung der Übertragungs- und Vermittlungssysteme simuliert oder illegale Anschlüsse an Schaltpunkte des Netzes hergestellt werden.[619] Daneben muss das Telekommunikationsnetz auch öffentlichen Zwecken dienen.[620] Das bloße unbefugte Telefonieren unterfällt daher nicht dem Schutzbereich des § 265a StGB.

Letztlich besteht eine Strafbarkeit insoweit allein in besonderen Fällen. So kann es sich etwa bei der Benutzung dienstlicher Telefone für Privatgespräche je

618 Als Telekommunikationsnetz sind neben dem Telefonnetz alle öffentlichen Datenübertragungssysteme, gleichgültig ob leistungsbezogen oder oder drahtlos aufgebaut, zu verstehen, vgl. *Tiedemann*, in: LK, § 265 a, Rdnr. 24.

619 Vgl. RegE 1. WiKG, 29; Prot.7/2753.

620 Vgl. *Fischer*, § 265a, Rdnr. 16.

nachdem um Betrug oder Untreue gegenüber dem Dienstherrn handeln.[621] Eine Vergleichbarkeit mit dem Art. 256 CP besteht aber auch hier nicht.

Dennoch erscheint der Umstand, dass dem deutschen Strafrecht eine entsprechende Regelung fehlt, gerade angesichts der Kritik der spanischen Rechtslehre am Art. 256 CP nicht als notwendig zu behebende Regelungslücke. Vielmehr überzeugen oben aufgeführte Argumente der spanischen Rechtslehre hinsichtlich einer Unverhältnismäßigkeit einer strafrechtlichen Regelung der vom Art. 256 CP erfassten Fälle.

VII. Sachbeschädigung

1. Entwicklung der Sachbeschädigungsdelikte bis zur Reform des Jahres 2015

Neben obigen Tatbeständen, welche insgesamt auf den Schutz des Eigentums abzielen, indem sie eine Vermögensverschiebung zu Ungunsten des Opfers hin zum Täter zu verhindern suchen, enthält der CP noch eine weitere Form von Eigentumsdelikten.

Es handelt sich hierbei um solche Tatbestände, welche zwar gleichfalls eine Beeinträchtigung des Eigentums unter Strafe stellen, bei denen es aber an einem korrelativen Vermögenszuwachs beim Täter fehlt.[622] Diesen Tatbeständen ist vielmehr gemeinsam, dass der Vermögensschaden durch die substantielle Einwirkung des Täters auf eine Sache verursacht wird, ohne dass der Täter mit dem Vorsatz, sich zu bereichern handelt, sondern denen der Wille des Täters innewohnt, aus Hass, Rache oder aus einfacher Zerstörungswut fremdes Eigentum zu beschädigen.[623]

Diese Delikte seien an dieser Stelle zunächst allgemein als Sachbeschädigungsdelikte bezeichnet.

Über die grundsätzliche Notwendigkeit eines strafrechtlichen Schutzes vor Sachbeschädigungen herrschte in Spanien zu allen Zeiten Einigkeit. Umstritten war aber der Umfang, welcher dem strafrechtlichen Schutz zugedacht werden sollte.

Nach einer weit verbreiteten und seit langem in Spanien vertretenen Auffassung in der Literatur bedürfe es des scharfen Schwertes des Strafrechts allein bei solchen Beschädigungen, welche vorsätzlich begangen werden, sowie in Fällen,

---

621 Vgl. *Fischer*, § 265a, Rdnr. 18.

622 Vgl. *Queralt Jiménez*, 2008, S. 593.

623 Vgl. *Cardona Torres*, S. 228.

in denen die Handlung zu einem bedeutenden Schaden führt. Handlungen dagegen, welche fahrlässig begangen werden oder deren Folgen eine bestimmte Schadenssumme nicht erreichen, seien angemessener mit den bestehenden zivilrechtlichen Mitteln zu behandeln.[624]

In Teilen der Literatur wurde jedoch eine über diesen Ansatz hinausgehende strafrechtliche Verantwortung gefordert. Danach sollte jede Form von Sachbeschädigung, unabhängig vom eingetretenen Schaden als auch von der Begehungsweise, vom Strafrecht erfasst werden. Ihren Ursprung hat diese Argumentation im Themenkreis der Behandlung von Verkehrsunfällen. Dort wurde in Teilen eine Überlegenheit des Strafrechts angenommen, welche sich nach Auffassung der Befürworter, sowohl in den umfangreicheren prozessualen Möglichkeiten als auch in der kürzeren Verfahrensdauer wiederspiegele. Der Gesetzgeber folgte diesem Ansatz jedoch berechtigterweise nicht.[625]

Vielmehr ließ er sich bei der Schaffung des CP von 1995 im Wesentlichen der erstgenannten Meinung leiten, indem er zunächst in allen Delikten eine Mindestschadenshöhe forderte, woraus deutlich wird, dass auch nach Vorstellung des Gesetzgebers das Strafrecht nach dem Prinzip der *ultima ratio* allein bei Handlungen von höherer Bedeutung Anwendung finden soll.

Anders verfuhr der Gesetzgeber jedoch bei der Frage der Strafbarkeit von fahrlässigen Sachbeschädigungen. Hier beschränkte er sich nicht auf eine Strafandrohung allein für vorsätzliches Handeln, sondern stellte im Art. 267 CP/1995 auch grobe Fahrlässigkeit unter Strafe. Dabei blieb er jedoch dem Prinzip der besonderen Bedeutung der Tat treu und forderte einen enorm hohen Schaden von zehn Millionen Peseten (ca. 60.000,00 EURO).[626]

Der in der Reform des Jahres 1995 gefundene Ansatz ist im Kern bis in die heutigen Regelungen hinein erhalten geblieben. Lediglich durch den Wegfall der Übertretungen und die damit in Zusammenhang stehende Wertgrenze von

---

624 Vgl. *Quintero Olivares*, S. 1200

625 Vgl. hierzu *Barreiro y Suay*, in: ADPCP 1983, S. 505; gerade dieser Argumentationsansatz ist auf Kritik gestoßen, soll doch das Strafrecht als *ultima ratio* und dem Prinzip der „*intervención minima*“ entsprechend angewandt werden. Eine bloße verfahrensrechtliche Vorzugswürdigkeit kann daher nicht zu einer strafrechtlichen Behandlung führen, vgl. *Quintero Olivares* a.a.O..

626 “*Artículo 267 CP/1995.*
Los daños causados por imprudencia grave en cuantía superior a diez millones de pesetas, serán castigados con la pena de multa de tres a nueve meses, atendiendo a la importancia de los mismos.”.

400,00 EURO hat es insoweit Änderungen beim Umfang der Strafbarkeit gegeben, welche nachfolgend im Einzelnen jeweils dargestellt werden.

Eine weitere Neuerung der Reform des Jahres 2015 ist die Aufnahme der Art. 264 bis 264 *quater* CP (Sachbeschädigungen an Dateninformationssystemen). Der Gesetzgeber versuchte hier den Wandel in der Informationstechnik und den hier bestehenden Gefahren vor Angriffen Rechnung zu tragen.

2. Standorte und Systematik der Sachbeschädigungstatbestände

Der zentrale Standort der Sachbeschädigungsdelikte innerhalb des CP ist das IX. Kapitel des XIII. Titels. Hier finden sich unter der Überschrift: „*De los daños*", was mit „*Von den Sachbeschädigungen*" übersetzt werden kann, insgesamt acht Artikel dieses Inhaltes.

Im Einzelnen gliedert sich das IX. Kapitel wie folgt:

- Art. 263 CP, Grundtatbestand und schwere Fälle,
- Art. 264 bis 264 *quater* CP, Sachbeschädigungen an Dateninformationssystemen,
- Art. 265 CP, Beschädigung von militärischem Gerät,
- Art. 266 CP, besonders schwere Fälle (Sachbeschädigung mittels Feuer, Explosionen und andern allgemeingefährlichen Mitteln),
- Art. 267 CP, Sachbeschädigung durch grobe Fahrlässigkeit.

Weitere Sachbeschädigungsdelikte finden sich außerhalb dieses Kapitels. So enthält Art. 289 CP die Beschädigung einer tätereigenen Sache, welche einen sozialen oder kulturellen Wert hat. Nachfolgend regelt Art. 323 CP innerhalb des XVI. Titels die Beschädigung von Sachen, denen ein besonderer Wert beigemessen wird, wie beispielsweise eine besondere künstlerische oder historische Geltung. Art. 324 CP enthält in Ergänzung die Beschädigung öffentlicher Archive, Register, Museen, Bibliotheken und weiterer Einrichtungen von besonderer Bedeutung.

Weitere Sachbeschädigungsdelikte enthalten auch die Art. 557 und 560 CP, welche Sachbeschädigungen in mit dem Landfriedensbruch, § 126 StGB, vergleichbaren Fällen erfassen. Sachbeschädigungen sind letztlich auch in den Art. 351 bis 358 *bis* CP (der Brandstiftung) und den Art. 346 CP, 571 CP und 577 CP (Verwüstungen) zu sehen.

Die vorgenommene Zentrierung der Sachbeschädigungsdelikte innerhalb des XIII. Titels ist folglich auch nicht ohne Kritik geblieben. So wird teilweise die Systematik der Tatbestände als verzerrend und konfus bezeichnet. Insbesondere wird die Einfügung des Art. 289 CP, welcher die Beschädigung einer tätereigenen

Sache regelt, die sozialen oder kulturellen Zwecken dient, in den Titel über Vermögensdelikte als gänzlich unzutreffend angesehen.[627]

Die Kritik an der gewählten Struktur kann jedoch im Ergebnis nicht überzeugen. So ist letztlich auch bei den Sachbeschädigungsdelikten der Wunsch nach einer Zusammenfassung und Gliederung der Vermögensdelikte durch den Gesetzgeber durchweg spürbar, so dass zu betonen ist, dass sie gegenüber der vormaligen Regelung des CP/1975 deutlich an Klarheit gewonnen hat, auch wenn eine völlig friktionsfreie Umsetzung selbstverständlich nicht möglich war.

3. Sachbeschädigungsdelikte als Eigentumsdelikte/Inhalt der Untersuchung

Das Problem, dass eine friktionsfreie Bündelung der Eigentumsdelikte nicht möglich war resultiert im Ergebnis aus dem Umstand, dass nicht alle im CP enthaltenen Sachbeschädigungsdelikte als Eigentumsdelikte im eigentlichen Sinne anzusehen.

Grund hierfür sind vom Eigentumsschutz unabhängige Schutzgüter einzelner Tatbestände, denn nicht in allen zuvor angesprochenen Delikten ist das Eigentum alleiniges oder auch nur wesentliches Schutzgut. Denn bereits innerhalb der Kerndelikte des IX. Kapitels (Art. 263 bis 267 CP) dienen einzelne Normen überwiegend nicht dem Schutz fremden Eigentums, sondern auch dem Schutz anderer Rechtsgüter. So ist zum Beispiel Art. 265 CP, welcher die Zerstörung von militärischen Einrichtungen, Bauwerken oder Anlagen etc. erfasst, nicht in erster Linie als Eigentumsdelikt anzusehen, sondern vielmehr hat dieser im Kern die Sicherheit der Landesverteidigung zum Ziel.[628]

Daneben kann, wie gerade Art. 289 CP zeigt, der Schutz des Vermögens in Form des Eigentums sogar gänzlich entfallen, handelt es sich doch beim Tatobjekt um eine Sache, welche im zivilrechtlichen Eigentum des Täters steht. Das Eigentum als Teil des geschützten Vermögens kann daher gerade nicht Schutzgut der Vorschrift sein, obgleich der Standort der Vorschrift innerhalb der Vermögensdelikte zunächst auf ein Eigentumsdelikt hinweist.[629]

Auch bei den Art. 323 und 324 CP handelt es sich, obgleich die Tathandlung in einer Sachbeschädigung liegt, nicht um ein bloßes Eigentumsdelikt. Vielmehr liegt die Schutzrichtung im Wesentlichen in der Erfüllung der

---

627 Vgl. *Lamarca Pérez*, 2011, S. 323.

628 Vgl. *Gonzáles Rus*, in: *Cobo del Rosal*, S. 487.

629 Vgl. *Lamarca Pérez*, 2011, S. 324.

verfassungsrechtlichen Vorgabe des Art. 46 CE, nach einem besonderen Schutz des historischen, kulturellen und künstlerischen Erbes.[630] Zwar besitzen auch diese Tatobjekte im Regelfall einen Vermögenswert, jedoch ist dieses nicht notwendigerweise der Fall. Der Begriff des künstlerischen, historischen und kulturellen Eigentums, welcher die Überschrift des entsprechenden Kapitels bildet, ist vielmehr als vom Vermögenswert unabhängiger, bedeutenderer Wert der Gegenstände anzusehen. Der Begriff ist daher vom zivilrechtlichen Eigentumsbegriff zu trennen, was besonders auch daraus ersichtlich wird, das Art. 46 CE vom Eigentum des spanischen Volkes spricht, was sich mit dem zivilistischen Eigentumsbegriff nicht in Übereinklang bringen lässt.[631]

Auch die Art. 557 und 560 CP schützen in erster Linie nicht das Eigentum. Zwar kommt es auch hier zu einem Angriff auf das Eigentum und damit auf das Vermögen anderer, jedoch handelt es sich dabei gleichfalls nicht um das wesentliche Schutzgut der Regelung, dieses bildet vielmehr der öffentliche Frieden.[632]

Um nunmehr der Zielsetzung der vorliegenden Arbeit gerecht zu werden, sollen im Folgenden nicht alle Formen der Sachbeschädigung beleuchtet werden. Vielmehr sollen allein solche Tatbestände Berücksichtigung finden, welche allein oder aber ganz überwiegend dem Schutz des Eigentums dienen.

Der nachfolgende Vergleich beschränkt sich daher auf den Grundtatbestand der Sachbeschädigung, Art. 263 CP, die besonders schweren Fälle des Art. 266 CP und die Sachbeschädigung durch grobe Fahrlässigkeit, Art. 267 CP.

Nicht betrachtet werden dagegen die Delikte der Art. 264 bis 264 *quater* CP (Sachbeschädigungen an Dateninformationssystemen). Denn auch wenn diese Delikte zur Ergänzung des Sachbeschädigungstatbestandes dienen, ist das Schutzgut letztlich vom Eigentum verschieden. So dienen diese Delikte allein dem Interesse des Verfügungsberechtigten an der nicht beeinträchtigten Verwendungsmöglichkeit von gespeicherten Daten[633] und nicht dem Schutz des Eigentums selbst.

---

630 Vgl. Art. 46 CE welcher vorsieht, dass die staatliche Gewalt die Erhaltung und Bereicherung des Erbes zu sichern hat, sieht explizit vor, dass das Strafrecht Angriffe auf diese Güter zu sanktionieren hat: „*La Ley penal sancionará los atentados contra ese patrimonio.*" Dieser besondere Schutz findet sich in dieser Form auch in anderen Mittelmeerstaaten: vgl. Art. 9 der italienischen Verfassung, Art. 24 der griechischen Verfassung, Art. 66 und 78 der portugiesischen Verfassung.

631 Vgl. *Gonzáles Rus*, in: ADP 1995, S. 34.

632 Vgl. *Serrano Gómez*, S. 449.

633 Vgl. *Castro Corredura/Vásquez-Portomeñe Seijas*, in: *Gonzáles Cussac*, S. 832 f..

4. Der Grundtatbestand der Sachbeschädigung, Art. 265 CP

263. *1. Wer Schäden an fremdem Eigentum verursacht, die nicht in anderen Titeln dieses Gesetzbuchs enthalten sind, wird unter Berücksichtigung der wirtschaftlichen Lage des Opfers und der Höhe des Schadens mit Geldstrafe von sechs bis zu vierundzwanzig Monaten bestraft.*
Wenn die verursachte Schadenshöhe 400,00 EURO nicht übersteigt, ist eine Geldstrafe von einem bis zu drei Monaten zu verhängen.

a) Bedeutung des Grundtatbestandes im Gesamtverbund der Sachbeschädigungsdelikte

Aufgrund der Vielzahl von Sachbeschädigungsdelikten, welche sich im CP auch außerhalb des gleichnamigen Kapitels finden, gestaltete der Gesetzgeber den Art. 263 CP, obgleich er am Anfang des Kapitels stehend eigentlich den Grundtatbestand der Sachbeschädigung bildet, als subsidiären Auffangtatbestand aus. Danach soll nach dem Wortlaut des Art. 263 CP bestraft werden, „*wer Schäden an fremden Eigentum verursacht, die nicht in anderen Titeln dieses Gesetzbuches enthalten sind.*“ Somit gehen im Wege der Spezialität alle außerhalb des Kapitels stehenden Sachbeschädigungstatbestände dem Grundtatbestand vor. Den gemäß der expliziten Definition der Spezialität des Art. 8 Nr. 1 CP ist der speziellere Tatbestand dem allgemeineren vorzuziehen.[634]

b) Die Tathandlung

(1) Hervorrufen eines Schadens

Eine Legaldefinition der Tathandlung enthält Art. 263 CP nicht. Der Wortlaut spricht lediglich davon, dass Täter ist, wer Schäden an fremden Eigentum verursacht („*El que causare daños en propiedad ajena…*“).

In welcher Form dieser Schaden vom Täter verursacht wird, ist nicht beschrieben. Im Vergleich zur deutschen Regelung des § 303 StGB, welcher in Abs. 1 explizit das Beschädigen und die Zerstörung der Sache aufführt, fehlt es folglich im CP an einer normativen Festlegung der Sachbeschädigungshandlung.

Die Bestimmung des eigentlichen Inhalts der Tathandlung oblag daher Lehre und Rechtsprechung. Naturgemäß kam es vor diesem Hintergrund zu unterschiedlichen Definitionsansätzen, welche sich in Teilen deutlich konträr

---

634 “*Art. 8 Nr. 1*
El precepto especial se aplicará con preferencia al general.”.

entwickelten. Im nachfolgenden sollen nunmehr die wesentlichen Grundlinien der hieraus entstandenen Deutungen nachgezeichnet werden.

Zunächst gilt unumstritten, dass alle Handlungen als tatbestandlich anzusehen sind, welche zu einer Wertverringerung einer fremden Sache durch Verletzung der Substanz oder des Wesens einer Sache führen.[635]

Dabei ist der Aspekt der Wertminderung der Sache erneut von besonderer Bedeutung. Denn hier ist wiederum zu berücksichtigen, dass nach spanischem Rechtsverständnis das Eigentum allein als Teil des Vermögens geschützt wird. Dieses gilt auch bei der Sachbeschädigung.[636] In jedem Fall muss daher die beschädigte Sache einen Vermögenswert darstellen. Hierin unterscheidet sich das Schutzgut von dem der deutschen Sachbeschädigungsdelikte. Denn unter den Schutz der deutschen Regelungen fallen, wie beim Diebstahl, auch wertlose Sachen.[637]

Die Schutzrichtung ist daher zumindest bei einer rein dogmatischen Betrachtung verschieden. So bezweckt die Regelung des § 303 StGB anders als in Spanien allein den Schutz des Eigentums gegenüber einer Minderung oder Aufhebung der Tauglichkeit einer Sache.[638] Daran hat nach allgemeiner Auffassung auch die Einfügung des neuen Abs. 2, welcher die unbefugte, nicht unerheblich und nicht nur vorübergehende Änderung des Erscheinungsbildes einer fremden Sache unter Strafe stellt, nichts geändert.[639] Der Schutz wird daher in Deutschland gewährt, ohne dass diese Minderung des Eigentums oder die Aufhebung der Tauglichkeit auch zu einem Vermögenschaden führen muss.

Die zwingende Notwendigkeit des Vorliegens einer Vermögensschädigung darf jedoch nicht zu dem Missverständnis führen, bei der Sachbeschädigung des Art. 263 CP handele es sich um ein allgemeines Vermögensdelikt, welches dem Schutz des Gesamtvermögens des Opfers diene. Denn wenn in Spanien auf den

---

635 Vgl. *Muñoz Conde*, 2015, S. 410.

636 Vgl. statt aller *Jorge Barreiro*, in: Comentarios al Código Penal, S.748.

637 Vgl. Statt aller *Wolff*, in: LK, § 303, Rdnr. 4. Zur Frage, ob Gegenstände erfasst werden, an denen ein Gebrauchs- oder sonstiges zu respektierendes Interesse des Berechtigten nicht oder nicht mehr besteht, wie bspw. bei einem tollwütigen Hund vgl. RGSt 10, 122; BayObLG NJW 1993, 2761; *Stree/Hecker*, in: *Schönke/Schröder*, § 303, Rdnr. 3; *Fischer*, § 303, Rdnr. 3; *Wieck-Noodt*, in: MünchKomm, § 303, Rdnr. 14; a.A. *Heger*, in: *Lackner/Kühl*, § 303, Rdnr. 2; *Wessels/Hillenkamp*, Rdnr. 19.

638 Vgl. *Stree/Hecker*, in: *Schönke/Schröder*, § 303, Rdnr. 1; *Heger*, in: *Lackner/Kühl*, § 303, Rdnr. 1; *Wolff*, in: LK, § 303, Rdnr. 1; *Rengier*, § 24, Rdnr. 1; *Wieck-Nood*, in: MünchKomm, § 303, Rdnr. 1; *Wessels/Hillenkamp*, Rdnr. 16.

639 Vgl. *Wessels/Hillenkamp*, Rdnr. 16, 21; differenzierter *Hoyer*, in SK-StGB, § 303, Rdnr. 4.

Wert der Sache und den entsprechenden Vermögenschaden abgestellt wird, ist damit nicht der vom Opfer durch die Handlung an sich erlittene Vermögensschaden in seiner Gänze gemeint. Vielmehr gilt bei den Sachbeschädigungen, anders als bei den anderen Delikten des XIII. Titels, dass allein auf den Wert abzustellen ist, der von der betroffenen Sache selbst verkörpert wird. Denn wenn auch der Begriff des Schadens zunächst dazu verleitet, jedweden Vermögensschaden des Opfers, welcher auf der Tathandlung beruht, als tatbestandlich anzusehen, wird in Spanien zwischen den tatbestandlichen Schäden an der Sache selbst und dem als Folge eintretenden Vermögensschaden unterschieden.[640] Der Schaden im tatbestandlichen Sinne wird dabei auf den Schaden am Tatobjekt reduziert. Nicht geschützt ist dagegen der darüberhinausgehende Schaden. Die Notwendigkeit dieser Begrenzung des Schutzbereiches sei mit folgendem vielgebrauchten Beispiel verdeutlicht[641]:

Durch die Tötung eines alten und wirtschaftlich nutzlosen Pferdes, erspart der Eigentümer weitere Aufwendungen, wie Futterkosten, Stallmiete etc.. In einem solchen Fall könnte, wenn die Folgen der Beschädigung zur Schadensermittlung herangezogen würden, sogar von einem Vermögensvorteil des Opfers ausgegangen werden und der Tatbestand wäre nicht erfüllt. Das gleiche gilt für den Abriss eines alten unbewohnten Hauses, dessen Abriss Aufwendungen erspart, welchen keine Einnahmen gegenüberstehen.

Weiterhin werden durch die Beschränkung des Schadens auf Schäden am Tatobjekt auch immaterielle Schäden (sog. *daños morales*) nicht von der Regelung des Art. 263 CP erfasst. Diese können allein im Wege des Zivilrechts geltend gemacht werden (Art. 113 CP[642]).[643]

Während damit Einigkeit im Hinblick auf den Umstand herrscht, dass eine Sachbeschädigung durch eine Verletzung der Substanz oder der Tauglichkeit der Sache immer einen vermögensrelevanten Schaden verursachen muss, ist der umgekehrte Fall, in dem es zu einem vermögensrelevanten Schaden an der Sache ohne eine Verletzung der Substanz oder der Tauglichkeit kommt, umstritten.

---

640 Vgl. *Muñoz Conde*, 2015, S. 409.

641 Vgl. *Gonzáles Rus*, in: *Cobo del Rosal*, S. 483.

642 "*Artículo 113.*
La indemnización de perjuicios materiales y morales comprenderá no sólo los que se hubieren causado al agraviado, sino también los que se hubieren irrogado a sus familiares o a terceros.".

643 Vgl. *Muñoz Conde*, 2015, S. 410.

So wird vertreten, dass eine Sachbeschädigung allein im Wertverlust der Sache ohne eine entsprechende Substanzverletzung oder Minderung der Tauglichkeit liegen kann. Hier wird z.Bsp. das Freilassen von Tieren, das Ablaufen lassen von Wein aus einem Fass sowie das Werfen von Schmuck ins Meer als Sachbeschädigung angesehen. Denn nach dieser Auffassung bestehe in diesen Fällen kein Unterschied in der Beeinträchtigung des Rechtsguts.[644] Diese Beurteilung steht im direkten Gegensatz zur in Deutschland wohl als herrschenden anzusehenden Auffassung, dass allein die Entziehung der konkreten Nutzungsmöglichkeit nicht als ausreichend für die Annahme eine Sachbeschädigung angesehen werden kann.[645]

Auch in Spanien wird die Auffassung kritisiert. So wird ihr zwar zugegeben, dass die sich für das Opfer ergebenden wirtschaftlichen Folgen in den Fällen des Entzugs der Sache identisch sein können, mit denen die sich aus einer Beschädigung oder Zerstörung der Sache ergeben. Jedoch sei zu berücksichtigen, dass der Wortlaut der Regelung eben gerade nicht auf den Vermögensschaden, sondern allein auf den an der betroffenen Sache entstandenen Schaden abstelle. Eine weitergehende Interpretation sei daher als unzulässige Analogie anzusehen.[646]

Nach Auffassung des Verfassers ist dieses überzeugend, stellt doch die Ausweitung des Tatbestandes auf den bloßen Entzug der Sache eine deutliche Abweichung vom Wortlaut nicht nur dieser der Regelung dar, sondern würde auch in den anderen Vorschriften des CP, in welchen von einer Beschädigung der Sache gesprochen wird, zu enormen Verwerfungen führen.

(2) Graffitis

Abschließend sei kurz der Themenkreis der sogenannten Graffitis im Zusammenhang mit der Sachbeschädigung beleuchtet.

Während in Deutschland im Ergebnis erst die Einfügung des § 303 Abs. 2 StGB die bestehenden Probleme der Strafbarkeit von Graffitis löste, war die Tathandlung in Spanien zuvor bereits explizit vom CP erfasst. Dieses hat sich mit der Reform des Jahres 2015 nunmehr geändert.

Im Einzelnen gilt hier folgendes:

Nach der deutschen Rechtslage vor Einführung des § 303 Abs. 2 StGB waren vor allem die Fälle problematisch, in denen die äußere Erscheinungsform einer Sache bspw. durch Beschmieren oder Besprühen mit Farbe verunstaltet wurde,

---

644 Vgl. *Orts Berenguer*, in: *Vives Antón*, S. 596.

645 Vgl. *Fischer*, § 303, Rdnr. 12.

646 Vgl. hierzu ausführlich *Muñoz Conde*, 2015, S. 410.

ohne die Substanz – auch durch anschließende Reinigungsmaßnahmen – zu verletzen oder die funktionsgemäße Brauchbarkeit zu beeinträchtigen.[647] In solchen Fällen wurde eine Sachbeschädigung verneint, selbst wenn die Veränderung belangreich war.[648] Begründung hierfür war, dass § 303 StGB im Gegensatz zu § 1004 BGB lediglich das Eigentümerinteresse an der körperlichen Unversehrtheit der Sache schützte, weshalb es in diesem Zusammenhang nicht auf eine den Eigentümerinteressen entgegenstehende Zustandsveränderung ankommen sollte. Eine Ausnahme wurde allerdings in solchen Fällen zugelassen, in denen gerade die äußere Erscheinung einer Sache deren maßgebliche Funktion beinhaltete und die Sache dadurch wirken soll, bspw. ein Denkmal oder ein anderes Kunstwerk.[649]

Anderes galt in Spanien. Dort enthielt der CP neben der Sachbeschädigung in Art. 626 CP eine Übertretung, welche in den Fällen eingriff, in denen es durch die Tathandlung nicht zu einer Substanzverletzung oder Einschränkung der Funktionstüchtigkeit kam.[650]

Anders als die Regelung der Sachbeschädigung sprach der Tatbestand des Art. 626 CP aber nicht von der Verursachung eines Schadens (*daño*), sondern von „*deslucimiento de bienes*". Hierunter ist insoweit nicht ein Schaden an der Substanz, sondern die Verminderung der Anmut, der Attraktivität oder der Ästhetik einer Sache zu verstehen.[651]

So lag demnach bis zur Reform des Jahres 2015 eine Sachbeschädigung in den Fällen vor, in denen auch nach der vorherigen deutschen obersten Rechtsprechung eine solche gegeben war, nämlich wenn eine tatsächliche Beschädigung durch die Farbe selbst entstanden war oder wenn eine solche durch das Entfernen hervorgerufen wurde. Bei geringerer Intensität der Tathandlung war dagegen die Übertretung des Art. 626 CP anwendbar, der wie dargelegt nicht Schäden im eigentlichen Sinne, sondern das sogenannte „*deslucimiento*" erfasste.

---

647 Vgl. *Weidemann*, in: Beck'scher Online, § 303, Rdnr. 17–17.4.

648 Vgl. BGHSt 29, 129; OLG Dresden NJW 2004, 2843; OLG Hamburg StV 1999, 544; KG NJW 1999, 1200; OLG Karlsruhe StV 1999, 544; LG Itzehoe NJW 1998, 468; BayObLG StV 1997, 81; OLG Düsseldorf NJW 1993, 869; OLG Frankfurt a. M. NJW 1990, 2007; OLG Celle NJW 1981, 223; vgl. aber OLG Köln NJW 1999, 1042 (1044); zust. *Rengier*, § 24 Rdnr. 20–24; *Behm*, in: StV 1982, S. 596; *Katzer*, in: NJW 1981, 2036

649 Vgl. RGSt 43, 204 (205); BGHSt 29, 129.

650 "*Artículo 626*
Los que deslucieren bienes inmuebles de dominio público o privado, sin la debida autorización de la Administración o de sus propietarios, serán castigados con la pena de arresto de uno a tres fines de semana.".

651 Vgl. *Laburu*, Graffitis, S. 297 f..

Die spanische Rechtslage entsprach damit der nunmehr in Deutschland durch die Einführung des § 303 Abs. 2 StGB (Graffiti-Bekämpfungsgesetz) umgesetzten Form, welche gleichfalls das Problem der fehlenden Beschädigung durch die Einfügung eines expliziten und treffenderen Tatbestandsmerkmals (Veränderung des Erscheinungsbildes) löste. Die Bewertung des Unrechtsgehalts war aber verschieden, steht doch der § 303 Abs. 2 StGB den Begehungsformen des Abs. 1 in Bezug auf die Strafhöhe in nichts nach.

Mit der Reform des Jahres 2015 strich nun der Gesetzgeber die Regelung des Art. 626 CP. Stattdessen findet sich nunmehr in Art. 37.13 eines Gesetzes[652], welches dem Schutz der Sicherheit der Bürger dient, eine entsprechende Regelung. Diese sieht vor, dass das Hervorrufen von Schäden oder das „*desluscimiento*" an einer beweglichen oder unbeweglichen Sache, welche keine Sachbeschädigung im Sinne des Strafrechts darstellen, als leichte Ordnungswidrigkeit anzusehen ist, für welche ein Ordnungsgeld zwischen 100,00 bis 600,00 EURO erhoben werden kann.[653]

Anders als in Deutschland hat damit der spanische Gesetzgeber die Fälle des Graffitis, in denen es nicht zu einer Beschädigung der Sache kommt, dem Strafrecht entzogen. Es bleibt abzuwarten, ob die in Deutschland nunmehr beendete Debatte in Bezug auf Graffitis zukünftig in Spanien zu führen sein wird.

(3) Fremde Sache

Hinsichtlich des Tatobjektes der fremden Sache kann auf die obigen Ausführungen verwiesen werden, ergeben sich hier doch keine Besonderheiten gegenüber dem Begriff der fremden Sache in den übrigen Regelungen des XIII. Titels.

c) Subjektiver Tatbestand

Der Tatbestand des § 303 StGB verlangt, dass der Täter vorsätzlich handelt, wobei bedingter Vorsatz ausreicht. Der Täter muss erkennen und zumindest billigen, dass er eine fremde Sache beschädigt oder zerstört.[654] Eine fahrlässige Sachbeschädigung ist nicht strafbar.

---

652 Ley Orgánica 4/2015, de 30 de marzo, de protección de la seguridad ciudadana.

653 "*Artículo 37*
Infracciones leves.
Son infracciones leves:
…
13. Los daños o el deslucimiento de bienes muebles o inmuebles de uso o servicio público, así como de bienes muebles o inmuebles privados en la vía pública, cuando no constituyan infracción penal.".

654 Vgl. AG Freiburg, in: StV 1982, 582.

Dieses gilt zumindest für den Auffangtatbestand des Art. 263 CP auch in Spanien. Eine Besonderheit findet sich jedoch wie bereits erwähnt wurde im Art. 267 CP, nach dem auch eine fahrlässige Sachbeschädigung strafbar sein kann. Ansonsten sind die Regelungen in Spanien und Deutschland in Bezug auf den subjektiven Tatbestand inhaltsgleich und bedürfen daher keiner weiteren Betrachtung.

d) Rechtsfolgen

Der Gesetzgeber sieht für die Begehung des Grundtatbestandes der Sachbeschädigung eine Geldstrafe von sechs bis vierundzwanzig Monaten vor. Dieses gilt gemäß Art. 263 Abs. 1 S. 2 CP jedoch allein in den Fällen, in denen der verursachte Schaden die Summe von 400,00 EURO übersteigt. In den sonstigen Fällen ist dagegen allein eine Geldstrafe von einem Monat bis zu drei Monaten zu verhängen. Auch hier erscheint verglichen mit der deutschen Rechtslage der gewählte Strafrahmen als relativ gering. So ist doch in Deutschland gemäß § 303 StGB neben der Geldstrafe eine Freiheitsstrafe bis zu zwei Jahren möglich. Eine solche Freiheitsstrafe ist nach der spanischen Rechtslage allein in den schweren und besonders schweren Fällen des Art. 263 Abs. 2 CP möglich.

5. Schwere Fälle der Sachbeschädigung, Art. 263 Abs. 2 CP

263. …

2. *Mit Gefängnis von einem Jahr bis zu drei Jahren und Geldstrafe von zwölf bis zu vierundzwanzig Monaten wird bestraft, wer die im vorhergehenden Artikel genannten Schäden verursacht, wenn eine der folgenden Voraussetzungen vorliegt:*
   - *1.° Wenn sie verwirklicht werden, um die freie Ausübung der Amtsgewalt zu verhindern oder aus Rachsucht gegen ihre Entscheidungen, sei es, dass die Straftat gegen Beamte oder gegen Privatpersonen begangen wird, die als Zeugen oder auf andere Weise zum Vollzug oder zur Anwendung der allgemeinen Gesetze und Bestimmungen beigetragen haben oder beitragen können.*
   - *2.° Wenn auf irgendeine Weise die Infektion oder Ansteckung von Vieh verursacht wird.*
   - *3.° Wenn giftige oder ätzende Substanzen verwendet werden.*
   - *4.° Wenn Güter betroffen sind, die im öffentlichen oder kommunalen Eigentum oder Gebrauch stehen.*
   - *5.° Wenn der Geschädigte ruiniert oder in eine schwierige wirtschaftliche Lage gebracht wird.*

6.° *Wenn Schäden besonderer Schwere oder die allgemeinen Interessen berührend verursacht wurden.*

a) Allgemeines

Neben dem Grundtatbestand des Art. 263 Abs. 1 CP enthält dessen Abs. 2 eine Aufzählung von schweren Fällen der Sachbeschädigung. Im Gegensatz zu ihren Vorgängerregelungen enthalten diese nunmehr hauptsächlich Bezugnahmen, welche sich weniger auf die besondere Schwere der Beschädigung selbst, sondern vielmehr auf sonstige besondere Umstände der Tat beziehen. Es handelt sich also um eine Einordnung der Schwere der Tat nicht auf Grundlage des Schadens am Tatobjekt, sondern vielmehr im Wege der Berücksichtigung der sozialen oder politischen Bedeutung der Sache für die Umwelt als auch durch Berücksichtigung der Gefährlichkeit der Tat für über das Tatobjekt hinausgehende Schutzgüter.[655]

Der Ansatz entspricht daher dem deutschen Ansatz innerhalb der Sachbeschädigungsdelikte. Auch hier enthalten einzelne Regelungen eine höhere Strafandrohung für besondere Begehungsweisen, bei denen gleichfalls nicht der Eigentumsschutz im Vordergrund steht. Vielmehr haben die Regelungen ebenfalls eine über den eigentlichen Eigentumsschutz hinausgehende Schutzrichtung oder gar eine vom Eigentumsschutz völlig unabhängige Schutzwirkung. So schützt § 305 a StGB neben dem Eigentum an den aufgeführten Arbeitsmitteln und Kfz auch das öffentliche Interesse an der Funktionstüchtigkeit der in § 316b Abs. 1 Nr. 1, 2 StGB aufgezählten Anlagen und Betriebe.[656] Die Schutzrichtung des § 304 StGB zielt insgesamt nicht auf das Eigentum, sondern vielmehr auf das allgemeine Interesse an bestimmten zweckgebundenen, namentlich kulturellen oder gemeinnützigen Gegenständen.[657]

Während also mit Blick auf die Zielsetzung der Normen Übereinstimmung besteht, ist der eigentliche Inhalt der Regelungen in weiten Teilen deutlich verschieden. So sind, wie nachfolgend im Einzelnen aufgeführt wird, die Schutzgüter, die einer besonderen Strafandrohung unterliegen, entsprechend bestehender nationalen Besonderheiten deutlich verschieden.

Der in Art. 263 Abs. 2 CP enthaltene Katalog der schweren Fälle wird von weiten Teilen der Literatur abgelehnt. So wird bedauert, dass der Gesetzgeber

---

655 Vgl. *Queralt Jiménez*, 2008, S. 596.

656 Vgl. *Fischer*, § 305a, Rdnr. 2; *Heger/Jahn*, in: JR 2015, S. 510; ähnlich *Hoyer*, in: SK-StGB, § 305a, Rdnr. 1; *Heger*, in: *Lackner/Kühl*, § 316 b, Rdnr. 1.

657 Vgl. *Schuhr*, in: JA 2009, S. 169; 173; *Fischer*, a.a.O..

die Reform des Jahres 2015 nicht dazu genutzt habe, einzelne Regelungen zu streichen, welche objektiv in der Gerichtspraxis keinerlei Relevanz haben und allein aus historischen Gründen noch enthalten sind.[658]

b) *Sachbeschädigung mit dem Ziel der Störung der Ausübung öffentlicher Aufgaben, Art. 263 Abs. 2 Nr. 1 CP*

Der erste Fall des Art. 263 Abs. 2 CP knüpft die höhere Strafandrohung an die Störung öffentlicher Aufgaben. Danach ist Täter, wer die Sachbeschädigung begeht, um die freie Ausübung der Amtsgewalt zu verhindern oder aus Rachsucht gegen ihre Entscheidungen. Hierbei ist es ohne Bedeutung, ob es sich bei dem Opfer um einen Beamten oder um eine Privatperson handelt, die mit dem Vollzug öffentlicher Akte beauftragt ist.[659]

Eine Entsprechung findet die Regelung im StGB nicht. In funktionaler Hinsicht wird jedoch eine enge Verwandtschaft zu §§ 113, 114 StGB deutlich. Auch hier wird die rechtmäßige Betätigung des Staatswillens als solche und auch in den zu seiner Vollstreckung berufenen Organen geschützt.[660] Anknüpfungspunkt ist jedoch in Deutschland nicht die begangene Sachbeschädigung, sondern vielmehr die Anwendung von Gewalt oder Drohung. Die Tathandlungen sind daher nicht vergleichbar.

Zwar kann in Deutschland körperliche Kraftausübung, die sich gegen Sachen richtet, tatbestandlich sein, dieses gilt aber nur in den Fällen, wenn sie mittelbar auf den Vollstreckungsbeamten einwirkt.[661] Gewalt gegen Sachen, die den Amtsträger allein psychisch beeinflussen soll, genügt hingegen nicht.[662]

Auch die Regelungen des § 305 a Abs. 1 Nr. 2 und 3 StGB umfassen den Tatbestand des Art. 263 Abs. 2 Nr. 1 CP lediglich in Teilen. So beinhalten diese zwar Beschädigung von Sachen, welche öffentlichen Amtsträgern zur Erfüllung Ihrer Aufgaben dienen, tatbestandlich sind aber allein solche Tatobjekte, welche Polizei, Bundeswehr, Feuerwehr, Katastrophenschutz oder Rettungsdiensten dienen. Einen darüberhinausgehenden Regelungscharakter hat die Vorschrift anders als Art. 263 Abs. 2 CP nicht. Im Übrigen besteht auch eine zwingende Verknüpfung zwischen Sache und Erfüllung des öffentlichen Auftrages. So muss das

658 Vgl. *Quintero Olivares*, 2015, S. 545.

659 Vgl. *Mestre Delgado*, in: *Lamarca Pérez*, 2013, S. 379.

660 Vgl. so die wohl hM: statt aller *Singelnstein/Puschke*, in: NJW 11, S. 3474 f; *Zöller/Steffens*, in: JA 10, S. 161.

661 Vgl. OLG Düsseldorf NZV 1996, 458 (459); BayObLG JR 1989, 24

662 Vgl. *Dallmeyer*, in: Beck'scher Online, § 113, Rdnr. 6–9.

Arbeitsmittel oder Kfz für den dienstlichen – nicht privaten – Einsatz wesentlich sein und der Einsatz insgesamt oder in einem wesentlichen Teil aufgrund des Ausfalls des Arbeitsmittels nicht störungsfrei erfolgen können.[663]

Einer solchen unmittelbaren Verknüpfung bedarf es in der spanischen Regelung nicht. Vielmehr kommt hier die Beschädigung jedweder Sache in Betracht, solange die Beschädigung geeignet ist, den Amtsträger einzuschüchtern und an einer ordnungsgemäßen Amtsausübung zu hindern. Das Delikt hat damit zwei Komponenten: Zunächst die objektive Beschädigung der Sache und zweitens als subjektives Element die Absicht des Täters, den Amtsträger durch die Tathandlung an einer ordnungsgemäßen Wahrnehmung seiner Aufgabe zu hindern.[664]

Neben der Absicht, die Vornahme der Amtshandlung zu verhindern, ist auch das Motiv der Rache für die Vornahme einer Amtshandlung erfasst. Hier handelt es sich gleichfalls um einen Regelungsinhalt, welcher dem deutschen Strafrecht unbekannt ist.

Im Vergleich mit der deutschen Regelung bleibt daher festzuhalten, dass in funktionaler Hinsicht gegenüber der deutschen Rechtslage ein Delta der Strafbarkeit insoweit besteht, als die Begehung von Sachbeschädigungen zur Einschüchterungen von Amtsträgern sowie die Begehung von Sachbeschädigungen aus Rache für die Vornahme einer Amtshandlung keiner besonderen Strafandrohung unterliegt. Auch wenn davon auszugehen ist, dass der Tatrichter im Einzelfall im Rahmen der Strafzumessung solche Motive strafschärfend berücksichtigen wird, stellt sich die Frage, ob vor dem Hintergrund steigender Angriffe auf Polizeibeamte und Rettungskräfte der Gesetzgeber rechtssetzend tätig werden sollte. Mit Blick auf die Zielsetzung dieser Arbeit soll der Aspekt jedoch unbeleuchtet bleiben, da es sich insoweit um eine nicht auf den Eigentumsschutz zielende Fragestellung handelt.

c) Ansteckung von Vieh, Art. 263 Abs. 2 Nr. 2 CP

Wie oben ausgeführt[665] unterfallen auch Tiere dem strafrechtlichen Sachbegriff. Einen besonderen Fall der Sachbeschädigung in diesem Zusammenhang sieht nunmehr die zweite Alternative des Art. 263 Abs. 2 CP vor, welche explizit das Infizieren oder das Anstecken von Nutzvieh unter Strafe stellt.

---

663 Vgl. *Fischer*, § 313, Rdnr. 8.

664 Vgl. *Mestre Delgado*, in: *Lamarca Pérez*, 2013, S. 379.

665 Vgl. oben unter C. II.2.b)(1).

Im Tatbestand wird dabei keine bestimmte Art von Vieh genannt, so dass unter die Vorschrift alle Arten von Nutzvieh subsumierbar sind. Dieses reflektiert auch das Schutzgut der Regelung. Denn neben dem Eigentumsschutz soll auch der Schutz der Bevölkerung vor Infektionskrankheiten bzw. die Sicherheit der Versorgung der Bevölkerung mit Nahrung unter einen besonderen Schutz gestellt werden.[666]

Während dem StGB eine vergleichbare Regelung fehlt, finden sich inhaltsgleiche Vorschriften im deutschsprachigen Raum beispielsweise im Schweizer Strafrecht.[667] Es handelt sich daher nicht um einen spezifisch spanischen Ansatz, sondern um eine Regelung, welche sich nach wie vor in vielen Ländern mit einer hohen Produktion von Agrargütern findet. Dennoch ist dieser Fall der Sachbeschädigung auch in Spanien nicht unumstritten. So wird bemängelt, dass der Gesetzgeber im Rahmen der Reform des Jahres 2015 die Regelung nicht abgeschafft habe, da diese in der Praxis keinerlei Bedeutung habe.[668]

In Deutschland findet sich eine Entsprechung in den Vorschriften des Gesetzes zur Vorbeugung vor und Bekämpfung von Tierseuchen (Tiergesundheitsgesetz – TierGesG). Dort findet sich im 9. Abschnitt entsprechende Straf- und Bußgeldvorschriften in Zusammenhang mit der Verbreitung von Tierseuchen. Im Übrigen wird ein solcher Fall nach den Vorschriften des § 303 StGB als auch nach § 17 des Tierschutzgesetzes gelöst, indem die Tötung eines Wirbeltiers ohne vernünftigen Grund bestraft wird. Ein eigentumsrechtlicher Bezug besteht hier jedoch nicht.

d) Sachbeschädigung durch giftige oder ätzende Substanzen, Art. 263 Abs. 2 Nr. 3 CP

Die Regelung des Art. 263 Abs. 2 Nr. 3 CP ist im Kern identisch mit den vorherigen Fassungen innerhalb des CP. Grund der höheren Strafandrohung ist auch hier allein die Begehungsweise der Tat. Argument für die höheren Strafzumessung

---

666 Vgl. *Vázquez Iruzubieta*, S. 466.

667 "*Art. 232 Schweizerisches Strafgesetzbuch*
Verbreiten von Tierseuchen
1. Wer vorsätzlich eine Seuche unter Haustieren verbreitet, wird mit Freiheitsstrafe bis zu drei Jahren oder Geldstrafe bestraft.
Hat der Täter aus gemeiner Gesinnung einen grossen Schaden verursacht, so ist die Strafe Freiheitsstrafe von einem Jahr bis zu fünf Jahren.
2. Handelt der Täter fahrlässig, so ist die Strafe Freiheitsstrafe bis zu drei Jahren oder Geldstrafe.".

668 Vgl. *Quintero Olivares*, 2015, S. 545.

ist die Annahme, dass es bei der Verwendung von giftigen oder ätzenden Substanzen zur Begehung der Sachbeschädigung zu einer Gefährdung für Leib und Leben von Personen kommen kann.[669] Ein eigentumsrelevanter Ansatz besteht dagegen nicht.

Die Regelung des § 263 Abs. 2 Nr. 3 CP findet in Deutschland keine Entsprechung. In funktionaler Hinsicht ist die Schutzrichtung der Norm wohl am ehesten mit der Regelung des § 314 StGB zu vergleichen. Auch diese Vorschrift dient dem Schutz von Leben und Gesundheit. Sie erfordert gleichfalls keinen Verletzungs- oder Gefahrerfolg und dient daher wie die spanische Regelung bereits dem Schutz vor der abstrakten Gefährdung.[670] Es fehlt jedoch insoweit jedweder Bezug zur Sachbeschädigung, so dass hier im Vergleich zur spanischen Regelung die Verwendung giftiger oder ätzender Substanzen zur Begehung einer Sachbeschädigung nicht explizit gesetzlich vorgesehen ist.

Es ist jedoch fraglich, ob insoweit in Deutschland Handlungsbedarf besteht. Zunächst ist festzuhalten, dass es sich auch bei dieser Regelung wiederum um eine solche von sehr geringer praktischer Relevanz handelt. Es ist daher fraglich, ob es neben dem § 314 StGB, welcher die Vergiftung selbst regelt, noch eines abstrakten Gefährdungsdeliktes mit dem Regelungsgehalt bedarf, dass der Einsatz dieser gefährlichen Mittel zur Sachbeschädigung erfolgt.

Nach Auffassung des Verfassers bedarf es einer solchen Regelung nicht, besteht doch im Falle tatsächlich eintretender Schäden an Leib und Leben eine ausreichende Strafbarkeit nach den § 223 StGB ff.

e) Sachbeschädigung an öffentlichem Eigentum, Art. 263 Abs. 2 Nr. 4 CP

Die Alternative des § 263 Abs. 4 CP unterstreicht in der Tradition der Vorgängerregelungen den besonderen Schutzanspruch des Gesetzgebers für öffentliches Eigentum.[671] Der Begriff der Güter, die im öffentlichen oder kommunalen Eigentum oder Gebrauch stehen, wird diesem Ansatz folgend von der Rechtsprechung auch weit ausgelegt. So ist es nicht notwendig, dass die Sache tatsächlich im zivilrechtlichen Eigentum der öffentlichen Hand steht. Vielmehr ist eine funktionale Betrachtung dahingehend vorzunehmen, ob die Sache aufgrund eines juristischen oder politischen Zusammenhangens zur Nutzung für oder durch die Öffentlichkeit genutzt wird.[672] So wurden beispielsweise Büromaterial, die

669 Vgl. *Mestre Delgado*, in: *Lamarca Pérez*, 2013, S. 379.
670 Vgl. *Heger*, in: *Lackner/Kühl* StGB, § 314, Rdnr. 1–9.
671 Vgl. *Mestre Delgado*, in: *Lamarca Pérez*, 2013, S. 380.
672 Vgl. *Cardona Torres*, S. 278

Archive und Informationstechnik eines öffentlichen Krankenhauses als Güter in diesem Sinne verstanden.[673]

Die Regelung des Art. 263 Abs. 2 Nr. 4 CP ist subsidiär zu den sonstigen Regelungen betreffend die Beschädigung von Sachen, welche im öffentlichen Eigentum stehen. So gehen beispielsweise die Regelungen des 2. Kapitels des XVI. Titels des CP, Delikte gegen das historische und künstlerische öffentliche Eigentum (Art. 321–324 CP) sowie Art. 265 CP, Schutz von militärischen Einrichtungen, der Regelung des Art. 263 Abs. 2 Nr. 4 CP vor.

In funktionaler Hinsicht deckt Art. 623 Abs. 2 Nr. 4 CP Teile der deutschen Regelung des § 304 StGB ab. Die dortige Gemeinschädliche Sachbeschädigung sieht gleichfalls eine besondere Strafandrohung in Fällen vor, in denen ein Gegenstand dem öffentlichen Nutzen dient.[674] Auch in Deutschland muss dabei der Gegenstand nicht im Eigentum der öffentlichen Hand stehen. Die dortige Regelung schützt im Gegensatz zu § 303 StGB nicht das Eigentum als solches, sondern das Nutzungsinteresse der Allgemeinheit an den in Abs. 1 aufgeführten Gegenständen.[675] Der Gegenstand muss nicht fremd sein, so dass in Deutschland auch der Täter der Eigentümer sein kann.[676]

Im Gegensatz hierzu wird dieser Fall von der Regelung des Art. 263 Abs. 2 Nr. 4 CP nicht erfasst. Vielmehr hat der spanische Gesetzgeber insoweit eine eigenständige Regelung außerhalb der eigentlichen Sachbeschädigungsdelikte geschaffen. Art. 289 CP regelt, dass, wer in irgendeiner Form eine eigene Sache, welche sozialen oder kulturellen Nutzen hat, zerstört, unbrauchbar macht, beschädigt oder diese in irgendeiner Form der Erfüllung der im Interesse der Allgemeinheit liegenden rechtlichen Verpflichtungen entzieht, mit einer Gefängnisstrafe von drei bis fünf Monaten oder einer Geldstrafe von sechs bis zehn Monaten bestraft wird.[677] Die Strafandrohung für die Beschädigung eigener Sachen ist damit in Bezug auf die Freiheitsstrafe übereinstimmend,

---

673 Vgl. STS 10.10.2000.

674 Vgl. zur sogenannten Gemeinwohlfunktion BayOLG in: NJW 90, 3029; Hamm MDR 82, 71; Oldenburg NJW 88, 924; *Küper*, BT, Rdnr. 420 f.; kritisch *Loos*, in: JuS 79, 699.

675 Vgl. *Schuhr*, in: JA 09, 169, 173; *Fischer*, § 304, Rdnr. 2.

676 Vgl. *Heger*, in: *Lackner/Kühl*, § 304, Rdnr. 1.

677 "*Artículo 289.*
El que por cualquier medio destruyera, inutilizara o dañara una cosa propia de utilidad social o cultural, o de cualquier modo la sustrajera al cumplimiento de los deberes legales impuestos en interés de la comunidad, será castigado con la pena de prisión de tres a cinco meses o multa de seis a 10 meses.".

lediglich die Höhe der Geldstrafe ist im Falle der Beschädigung eigener Sachen allein eine Strafe von sechs bis zu zehn Monaten und nicht von 12 bis zu 24 Monaten auszusprechen.

f) Sachbeschädigung mit schweren finanziellen Folgen für das Opfer, Art. 263 Abs. 2 Nr. 5 CP

Nach Art. 263 Abs. 2 Nr. 5 CP ist mit der erhöhten Strafandrohung zu bestrafen, wer das Tatopfer durch die Tat ruiniert oder in eine schwierige wirtschaftliche Lage bringt. Der Schaden kann dabei jedweder Natur sein und an jedweder Sache entstehen. Voraussetzung ist lediglich, dass das Opfer dem Ruin anheimfällt oder in eine schwierige finanzielle Situation gerät. Ruin bedeutet hierbei, dass das Opfer den größten Teil seines Vermögens einbüßt bzw. er der finanziellen Unterstützung Dritter bedarf.[678]

Die Regelung entspricht somit inhaltlich den entsprechenden Reglungen im Rahmen des Diebstahls und des Raubes, Art. 235 CP.[679] Es kann daher an dieser Stelle auf die dortigen Ausführungen verwiesen werden.[680] Wie dort wird auch die hier gegenständliche Regelung von weiten Teilen der Literatur als missglückt angesehen. Dieses liegt gleichfalls an der Unbestimmtheit der Regelung, welche letztlich im Einzelfall vom Tatrichter mit Inhalt zu füllen ist.[681]

g) Sachbeschädigung von besonderer Schwere oder das allgemeine Interesse berührend, Art. 263 Abs. 2 Nr. 6 CP

Auch Art. 263 Abs. 2 Nr. 6 CP, welcher eine Sachbeschädigung von besonderer Schwere oder das allgemeine Interesse berührend unter eine höhere Strafdrohung stellt, wurde von der Rechtsprechung aufgrund der bestehenden Unbestimmtheit kritisiert. So finden sich in der Regelung selbst keinerlei Hinweise welche die unbestimmten Tatbestandsmerkmale mit Leben füllen.[682] So ist es gemäß Art. 57 CP wiederum Sache des Tatrichters, die unbestimmten Rechtsbegriffe der besonderen Schwere oder des Berührtseins des allgemeinen Interesses mit Leben zu füllen. Zur Annahme dieser Tatumstände besteht daher eine Fülle verschiedener Rechtsprechung. Von Teilen der Literatur wird aufgrund

---

678 Vgl. *Queralt Jiménez*, 2008, S. 598.
679 Vgl. *Mestre Delgado*, in: *Lamarca Pérez*, 2013, S. 380.
680 Vgl. oben unter C. II.3.g).
681 Vgl. *Cardona Torres*, S. 278.
682 Vgl. *Vásquez Iruzubieta*, S. 467.

dieses Umstandes davon gesprochen, dass insoweit völlige Rechtsunsicherheit herrsche.[683]

In funktionaler Hinsicht findet die Regelung in Deutschland tatbestandlich zunächst keine Entsprechung. Jedoch bleiben Fälle von besonderer Schwere oder solche die das allgemeine Interesse berühren hier gleichfalls nicht ohne Berücksichtigung. Denn gemäß § 46 StGB sind die genannten Begehungsweisen im Rahmen der Strafzumessung zu berücksichtigen. So werden auch in Deutschland die Art der Ausführung und die verschuldeten Auswirkungen der Tat bei der Zumessung der Strafe gemäß § 46 Abs. 2 StGB berücksichtigt. Ein Unterschied zwischen beiden Rechtsordnungen besteht daher in funktionaler Hinsicht nicht.

6. Der subjektive Tatbestand des Art. 263 CP

Beim Tatbestand des Artikels 263 CP handelt es sich um ein Delikt, welches den Vorsatz des Täters gerichtet auf die Verwirklichung aller Tatbestandsmerkmale fordert. Dieses gilt nicht nur für den Grundtatbestand, sondern der Vorsatz muss auch die erschwerenden Umstände der Tathandlung miterfassen. So ist es z.B. im Rahmen des Artikels 263 Abs. 2 Nr. 5 CP auch notwendig, dass der Täter voraussieht und in Kauf nimmt, dass die Tathandlung dazu führt, dass der Geschädigte ruiniert oder in eine schwierige wirtschaftliche Lage gebracht wird.[684] Der Vorsatz muss alle zum Tatbestand gehörenden Merkmale umfassen. Eine fahrlässige Begehung dieses Delikts ist daher zunächst nicht möglich. Eine Ausnahme hiervon stellt nunmehr die Regelung des Art. 267 CP dar, welche im Folgenden dargestellt wird.

7. Die fahrlässige Sachbeschädigung, Art. 267 CP

267. Durch schwere Fahrlässigkeit verursachte Sachbeschädigungen über 80.000 EURO sind unter Berücksichtigung ihrer Erheblichkeit mit Geldstrafe von drei bis zu neun Monaten zu bestrafen.

Die Straftaten, auf die sich dieser Artikel bezieht, können nur nach Strafanzeige der geschädigten Person oder ihres gesetzlichen Vertreters verfolgt werden. Ist die Person minderjährig, oder behindert und bedarf besonderen Schutzes, oder hilflos, kann auch die Staatsanwaltschaft Strafanzeige erstatten.

---

683 Vgl. z.Bsp. SAP La Coruña sec. 1 46/2015 22.01.2015; SAP Barcelona sec. 10 733/2012 16.06.2012; SAP Guipúzocoa se. 1 214/2012, 17.05.2012 zitiert nach *Romeo Casabona*, S. 391.

684 Vgl. *Mestre Delgado*, in: *Lamarca Pérez*, 2013, S. 382.

In diesen Fällen lässt die Verzeihung der geschädigten Person oder ihres gesetzlichen Vertreters die Strafe oder die Strafklage erlöschen, unbeschadet der Regelung des Art. 130 Ziff. 5 Abs. 2 dieses Gesetzbuches.

a) Anwendbarkeitsbereich der fahrlässigen Sachbeschädigung

Art. 267 CP enthält eine für das deutsche Strafrecht ungewöhnliche Vorschrift. Insoweit hat sich der spanische Gesetzgeber entschieden, Handlungen dem scharfen Schwert des Strafrechts zu unterwerfen, welche nach der deutschen Rechtsordnung allein Objekt der zivilrechtlichen Vorschriften sind: Die fahrlässige Beschädigung einer Sache.

Die Frage, ob es einer strafrechtlichen Regelung der fahrlässigen Sachbeschädigung bedarf, war bzw. ist in der spanischen Literatur seit langem umstritten. Entgegen vieler Stimmen in der Literatur,[685] sah sich der Gesetzgeber bei der Neufassung des CP dennoch veranlasst, einen entsprechenden Tatbestand im Rahmen der Reform des Jahres 1995 aufzunehmen.

Dabei ließ er jedoch die Bedenken der Gegner eines solchen Tatbestandes nicht gänzlich außen vor, sondern vielmehr schuf er, wie nunmehr darzustellen sein wird, einen vermittelnden Tatbestand, der in seiner Ausrichtung sowohl den Bedenken der Befürworter als auch denen der Gegner einer solchen Vorschrift zum Teil Rechnung trug.

Auch der Gesetzgeber war sich bewusst, dass es sich bei der Einführung einer Strafbarkeit für bloß fahrlässige Sachbeschädigung um eine argumentativ fragile Grenzziehung zwischen den Zielen des Strafrechts und dem Regelungsbereich des Zivilrechts handelte. Der Gesetzgeber hat daher versucht, den Anwendungsbereich des Strafrechts auf wenige besondere Fälle zu beschränken, um nicht alltägliche Handlungen generell zu kriminalisieren.

Diese Begrenzung des Anwendungsbereiches sollte hierbei durch vier verschiedene Elemente erreicht werden.

Zum ersten durch die tatbestandlich erforderliche enorme Schadenshöhe von zunächst 10.000.000,00 Pts / ca. 60.000,00 EURO im Jahre 1995 und nunmehr 80.000,00 EURO in der aktuellen Fassung. Dabei hat die Rechtsprechung deutlich gemacht, dass hinsichtlich der Berechnung des Schadens allein der Schaden der Antragsteller zu berücksichtigen ist und nicht etwa der verursachte Schaden insgesamt. Dieses geschieht aus dem Grund, dass das Gesetz es in die Hände

685 So der Großteil der spanischen Literatur, vgl. statt aller *Jorge Barreiro*, in: Comentarios al Código Penal, S. 759.

jedes einzelnen Opfers legt, seinen Schaden geltend zu machen oder nicht.[686] Dadurch, dass eine Beschädigung in geringerer Höhe nicht kodifiziert ist, kommt eine strafrechtliche Ahndung nicht in Betracht. Hierdurch wird aber nicht etwa festgestellt, dass solche Beschädigungen nicht rechtswidrig seien, allein fehlt es an einer strafrechtlichen Tatbestandsmäßigkeit der Handlung, wodurch allein der Zivilrechtsweg verbleibt.[687]

Zweite den Tatbestand einschränkende Voraussetzung der Anwendbarkeit des Art. 267 CP ist das Vorliegen einer groben Fahrlässigkeit.

Eine weitere Einschränkung der Anwendbarkeit erfährt die Regelung durch den Charakter des Art. 267 CP als Antragsdelikt. Antragsberechtigt sind dabei die geschädigte Person oder ihr gesetzlicher Vertreter. Bei Minderjährigkeit oder bei einer Unfähigkeit, die eigenen Rechte wahrzunehmen,[688] kann auch die Staatsanwaltschaft den Antrag stellen.

Letztlich entsteht eine Beschränkung des Anwendungsbereiches auch durch die Möglichkeit der Einstellung des Verfahrens durch das Verzeihen der Tat durch die geschädigte Person. Hierbei bleibt nach dem Wortlaut des Art. 267 CP die Regelung des Art. 130 Abs. 2 Nr. 4 CP unberührt. Dieser sieht vor, dass im Falle der Schädigung eines Minderjährigen oder Unfähigen die Gerichte nach Anhörung der Staatsanwaltschaft die Verzeihung zurückweisen und den Fortgang des Verfahrens anordnen können.

b) Vergleich

Im Rahmen eines Vergleichs mit der deutschen Rechtsordnung ist festzustellen, dass insoweit eine deutliche Diskrepanz zwischen beiden Rechtsordnungen besteht. Auch wenn der spanische Gesetzgeber durch die gewählte Ausgestaltung des Tatbestandes des Art. 267 CP versucht hat, den Anwendungsbereich der fahrlässigen Sachbeschädigung auf ein Minimum zu beschränken, handelt es sich dennoch um einen wesentlichen Unterschied in Bezug auf den Umfang des strafrechtlich gewährten Eigentumsschutzes.

---

686 Vgl. STS 06.05.1999.

687 Vgl. *Cardona Torres*, S. 283.

688 Diese Unfähigkeit richtet sich nach Art. 25 CP und ist insoweit vom zivilrechtlichen Begriff der Geschäftsunfähigkeit zu unterscheiden: „*A los efectos de este Código se considera incapaz a toda persona, haya sido o no declarada su incapacitación, que padezca una enfermedad de carácter persistente que le impida gobernar su persona o bienes por sí misma.*“.

Fraglich ist jedoch, ob in Deutschland eine zu schließende Lücke im strafrechtlichen Schutz des Eigentums besteht. Dieses ist nach Ansicht des Verfassers nicht der Fall.

Der deutsche Gesetzgeber hat sich im Rahmen des StGB bewusst dazu entschieden, fahrlässiges Verhalten im Rahmen der Sachbeschädigung strafrechtlich nicht zu sanktionieren. Mit den Argumenten der Gegner einer solchen Pönalisierung in Spanien ist einem solchen Vorgehen entgegenzuhalten, dass einer zivilrechtlichen Behandlung des Themenkreises der Vorzug zu geben ist. Es erscheint insbesondere willkürlich, allein aus dem entstandenen Schaden heraus, dessen Umfang oftmals dem Täter vorab nicht bekannt ist, eine strafrechtliche Konsequenz abzuleiten. Hier sei angemerkt, dass der tatsächlich eintretende Schaden im Falle einer fahrlässig begangenen Handlung regelmäßig allein von Zufällen abhängig ist, welche von der Einstellung des Täters zur Tat gänzlich unabhängig sind. So kann es vorkommen, dass exakt dieselbe Handlung eines Täters entweder zu einem enormen Schaden oder zu einem lediglich geringen Schaden führt.

Auch das Argument der anscheinenden Einschränkung der Anwendbarkeit durch die Ausgestaltung als Antragsdelikt ist bei näherer Betrachtung nicht überzeugend. Hier hängt es wiederum von vom Täter oder dessen Tathandlung völlig unabhängigen Faktoren ab, ob eine strafrechtliche Ahndung des Handelns erfolgt oder nicht.

Zusammenfassend lässt sich daher festhalten, dass es nach Auffassung des Verfassers einer Übertragung des vom spanischen Gesetzgeber gewählten Ansatzes auf die deutsche Rechtslage nicht bedarf.

VIII. Gemeinsame Regelungen Art. 268 bis 269 CP

Das X. Kapitel des XIII. Titels beinhaltet zwei Regelungen verschiedenen Zwecks, welche allein eine für eine Mehrzahl von Delikten verbindliche Ausrichtung verbindet. Art. 268 CP enthält einen Entschuldigungsgrund für Verwandte des Opfers einer Vermögensstraftat; Art. 269 CP stellt erstmals im spanischen Strafrecht die Verabredung und Anstiftung zu Vermögensdelikten unter Strafe.

1. Der Entschuldigungsgrund des Art. 268 CP

268. *1. Ehegatten, die nicht gesetzmäßig oder tatsächlich getrennt sind oder sich nicht in einem gerichtlichen Verfahren zur Trennung, Scheidung oder Nichtigkeitserklärung ihrer Ehe befinden, leibliche oder adoptierte Vorfahren, Abkömmlinge und Geschwister sowie Verschwägerte ersten Grades, soweit*

sie zusammenleben, sind von der strafrechtlichen Verantwortlichkeit für Vermögensstraftaten, die untereinander begangen wurden, ausgenommen und nur der zivilrechtlichen Haftung unterworfen, sofern keine Gewalt gegen Personen oder Einschüchterung oder die Ausnutzung der Hilflosigkeit des Opfers, sei diese durch das Alter des Opfers begründet, oder durch den Umstand, dass die Person behindert ist, vorlag.

2. *Diese Vorschrift ist auf Außenstehende, die an der Straftat teilnehmen, nicht anzuwenden.*

a) Inhalt der Regelung

Das Entfallen der Strafbarkeit bei gewaltlosen Vermögensdelikten begangen an Familienmitgliedern hat im spanischen Strafrecht Tradition.[689] Art. 268 CP reduziert dieser Tradition folgend den Unrechts- und Schuldgehalt einer Tat auf ein nicht mehr als strafwürdig angesehenes Maß. Eine Verantwortlichkeit in zivilrechtlicher Form aus unerlaubter Handlung bleibt jedoch aufgrund des volldeliktischen Handelns des Täters bestehen.[690]

Grund für den Ausschluss einer strafrechtlichen Verantwortung ist zum einen der angenommene geringe gesellschaftliche Schuldvorwurf und zum andern die Überzeugung, dass im familiären Bereich die Eingriffe durch das Strafrecht einer Beschränkung bedürfen.[691] Bei Konflikten im intimen familiären Bereich kann das Strafrecht nach einhelliger spanischer Auffassung nicht zur Lösung dienen, sondern verschärft diese lediglich, insbesondere durch das Erscheinen der Familie in der Verhandlung.[692]

Die Regelung des Art. 268 CP ist direkter Nachfolger der vormaligen Regelung des Art. 564 CP/1973, wenn sie auch im Vergleich zu dieser durch die Reform des Jahres 1995 verschiedene kleinere Modifikationen erfahren hat.

Verändert wurde insbesondere der Anwendungsbereich. Wie sich bereits aus der Überschrift des X. Kapitels ergibt, soll Art. 268 CP allein auf die vorhergehenden Kapitel anwendbar sein. Die folgenden Kapitel des XIII. Titels, wie die Straftaten im Zusammenhang mit dem geistigen und gewerblichen Eigentum, dem Markt und den Verbrauchern etc. werden mithin nicht erfasst. Hierdurch unterscheidet sich die Fassung von 1995 von ihrem Vorgänger, waren dort durch

---

689 Vgl. *Quintero Olivares*, S. 1210.

690 Vgl. *Quintero Olivares*, a.a.O..

691 Vgl. *Suarez Gonzales*, in: Comentarios al Código Penal, S. 760.

692 Vgl. *Gonzáles Rus*, in: ADP 1995, S. 489.

Art. 564/1973 CP auch die Straftaten in Zusammenhang mit dem gewerblichen Eigentum erfasst.[693]

Ferner soll nach dem Wortlaut allein bei Vermögensstraftaten ein Schuldausschluss erfolgen.[694] Die vorherige Regelung listete alle Delikte, bei denen ein Schuldausschluss erfolgen sollte, enumerativ auf. So fanden sich dort der Raub ohne Gewalt oder Einschüchterung gegen Personen, der Diebstahl, die betrügerischen Machenschaften, die widerrechtliche Zueignung und die Sachbeschädigung. 1995 wendet sich der Gesetzgeber von diesem Prinzip ab und gebraucht seit dem lediglich den Begriff der Vermögensstraftaten, wobei bei diesen jedoch keine Gewalt oder Einschüchterung vorgelegen haben darf.

Aus diesem Grund wird teilweise angenommen, dass die Preisänderung bei öffentlichen Ausschreibungen und Versteigerungen des Art. 262 CP nicht vom Art. 268 CP erfasst ist. Dieses folge aus dem Wesen der Vorschrift, welches nicht das einer Vermögensstraftat sei.[695] Gleiches gelte für die Konkursstraftat des Art. 261 CP sowie der Beschädigung von militärischen Anlagen.[696] Auch hinsichtlich verschiedener Qualifikationen ist eine Anwendung des Art. 268 CP nicht unumstritten, dienen sie doch dem Schutz von Rechtsgütern, die der Allgemeinheit zu dienen bestimmt sind und folglich Wirkung über den familiären Bereich hinaus entfalten.[697]

Zu beachten ist an dieser Stelle, dass der Allgemeine Teil des CP mit dem Art. 23 CP eine für alle Delikte geltende besondere Strafzumessungsregelung enthält. Gemäß Art. 23 CP kann der Umstand der Verwandtschaft mit dem Opfer die strafrechtliche Verantwortung des Täters erhöhen oder abschwächen, je nach der Natur und dem Zweck des Deliktes und den Folgen der Verwirklichung. Diese Vorschrift findet dabei auf diejenigen Delikte Anwendung, die nicht in den Regelungsbereich des Art. 268 CP fallen, so dass im Ergebnis bei allen Delikten des XIII. Titels die Verwandtschaft zwischen Opfer und Täter zu berücksichtigen ist.

---

693 Der Wegfall der Anwendbarkeit dieses Entschuldigungsgrundes für solche Delikte wird zum Teil kritisiert, ist doch auch hier eine Begehung durch den in Art. 268 CP bezeichneten Kreis denkbar, vgl. *Quintero Olivares*, S. 1210.

694 So ist Art. 268 CP zwar Entschuldigungsgrund für den Betrug, nicht aber für die Urkundenfälschung, welche dem Betrug vorhergeht, vgl. STS 30.06. 1981.

695 Vgl. *Rodríguez Morullo*, in: Comentarios al Código Penal, S. 290.

696 Vgl. *Gonzáles Rus*, in: ADP 1995, S. 489.

697 Vgl. Art. 235 CP, welcher den Schutz von Sachen mit künstlerischem, historischem oder wissenschaftlichen Wert oder solchen die für eine öffentliche Dienstleistung bestimmt sind, regelt.

Änderungen innerhalb dieses Entschuldigungsgrundes gab es auch hinsichtlich der umfassten Personengruppe. So wurde im CP/1995 vor allem das in der Praxis häufige Problem der Zueignung bei sich trennenden oder getrenntlebenden Ehegatten gelöst, welches durch die generelle Straflosigkeit von Ehegatten in der Regelung des Art. 564/1973 CP verursacht wurde. Der Regelung sieht hier seit 1995 vor, dass eine Straflosigkeit nunmehr allein dann bestehen soll, wenn die Ehegatten nicht gesetzmäßig getrennt sind und sich nicht in einem gerichtlichen Verfahren zur Trennung, Scheidung oder Nichtigkeitserklärung der Ehe befinden.

Verwunderlicher Weise hat der Gesetzgeber trotz des Anspruchs der Aktualität den Kreis der Personen nicht auf die eheähnliche Lebensgemeinschaft ausgeweitet. Dieses gilt insbesondere, da an anderen Stellen des CP der heutigen Lebensrealität Rechnung getragen wurde und so beispielsweise der Art. 23 CP diese miterfasst.

Eine Klarstellung erfolgte im Art. 268 CP hinsichtlich der Anwendung bei Verwandtschaftsverhältnissen, welche durch Adoption entstanden sind. Diese werden nun explizit genannt.

Art. 268 CP ist ein Entschuldigungsgrund, welcher sich allein aus der sozialen Nähe von Täter und Opfer ergibt. Es erscheint daher konsequent, dass dieser Umstand bei der Bewertung von Unrecht- und Schuldgehalt des Handelns von Außenstehenden, die an der Straftat teilnehmen nicht berücksichtigt wird. Dieses sich bereits aus dem Zweck des Entschuldigungsgrundes selbst ergebende Resultat, wird in Art. 268 Abs. 2 CP noch einmal explizit festgeschrieben.

b) Vergleich

Im Vergleich mit dem deutschen Strafrecht ergibt sich folgendes Bild:

Dem deutschen Strafrecht ist eine Regelung, welche dem Art. 268 CP entspricht, fremd. Zwar trägt der § 247 StGB gleichfalls der besonderen Nähe zwischen Opfer und Täter Rechnung, jedoch führt dieses nicht zu einem völligen Ausschluss der Strafbarkeit, sondern es setzt vor die Strafbarkeit lediglich eine Wahlmöglichkeit des Verletzten.[698] Im Übrigen gilt § 247 StGB allein für Diebstahl und Unterschlagung, während wie gezeigt in Spanien eine Vielzahl von Delikten der Strafverfolgung gänzlich entzogen wird.

Ursächlich dürften dabei der unterschiedliche Stellenwert der Familie sowie deren Umgrenzung in beiden Ländern sein. Wenn sich auch in allen Teilen Spaniens das gesellschaftliche Gefüge seit der Demokratisierung des Landes

---

698 Vgl. *Hohmann*, in: MünchKomm, § 247, Rdnr. 1.

in einem ständigen Wandel befindet, wird die Großfamilie dennoch in weiten Teilen bis heute gelebt. Anders als in Deutschland, wo aufgrund der Lebensverhältnisse mit der Industrialisierung in weiten Bevölkerungsschichten die familiären Bindungen zerfielen, ist daher die Familie in Spanien nach Auffassung des Gesetzgebers zur Wahrung der sozialethischen Wertordnung in vielen Bereichen selbst in der Lage. Dieses führt dazu, dass nach Auffassung des Gesetzgebers ein staatlicher Handlungsbedarf innerhalb dieser Sozialgemeinschaft nicht besteht.[699]

Eine Übertragung der Regelung erscheint im Lichte des verschiedenen sozialen Gefüges als nicht sinnvoll.

2. Strafbarkeit der Aufforderung, der Verabredung und des Vorschlages zur Begehung bestimmter Vermögensdelikte

269. *Die Aufforderung, die Verabredung und der Vorschlag zur Begehung von Raub, Erpressung, Betrug oder widerrechtlicher Zueignung sind mit der um einen Grad oder zwei Grade niedrigeren Strafe zu bestrafen als derjenigen für die betreffende Straftat.*

Ausgehend davon, dass Vorbereitungshandlungen zu gravierenden Straftaten bei einem konspirativen Zusammenwirken mehrerer Personen bereits vor dem Beginn des Versuchsstadiums gefährlich sind, enthalten die Art. 17 CP und 18 CP Regelungen betreffend die Aufforderung, die Verabredung und den Vorschlag zur Begehung von Straftaten.

Art. 17 Abs. 1 und 2 CP enthalten zunächst die Legaldefinitionen der Verabredung und des Vorschlags zur Begehung einer Straftat. Die Verabredung eines Verbrechens (*Conspiración*) besteht danach, wenn zwei oder mehr Leute zustimmen, ein Verbrechen durchzuführen und beschließen, es auszuführen. Die Verabredung eines Verbrechens im Sinne des Art. 17 Abs. 1 CP entspricht somit dem Begriff der Verabredung im § 30 Abs. 2 StGB. Auch hier ist Verabredung die Übereinkunft von mindestens zwei Personen, eine bestimmte Tat als Mittäter zu begehen.[700]

Ein Vorschlag zur Begehung eines Verbrechens (*Proposición*) im Sinne des 17 Abs. 2 CP liegt dagegen vor, wenn derjenige, der sich zu einer Straftat entschlossen hat, eine andere Person oder Personen dazu einlädt, daran teilzunehmen.

699 Vgl. *Rodríguez Morullo*, in: Comentarios al Código Penal, S. 291.

700 Vgl. BGHSt 53, 174, 176; NStZ 93, 137; 11, 570.

Art. 18 CP regelt eine Tathandlung, welche der im deutschen „Öffentliche Aufforderung zu Straftaten" benannten Vorschrift des § 111 StGB gleicht. Die Aufforderung (*Provocación*) zur Begehung einer Straftat hat dabei mittels Printmedien, Radioübertragung oder einem ähnlich geeigneten Medium zu erfolgen.

Um aber eine Ausweitung der Verlagerung der Strafbarkeit in das Vorbereitungsstadium auf leichtere Rechtsverletzungen zu verhindern, bestimmen Art. 17 Abs. 3 CP und 18 Abs. 2 CP, dass die Aufforderung, die Verabredung sowie der Vorschlag zu einer Straftat lediglich in den vom Gesetz bestimmten Fällen strafbar sind. Dadurch soll der Ausnahmecharakter der Vorverlagerung der Strafbarkeit deutlich werden.

Hinsichtlich der hier zu behandelnden Vermögensdelikte ergab sich durch die Reform des CP 1995 eine Änderung. Der Gesetzgeber erachtete es für notwendig, obige Vorbereitungshandlungen hinsichtlich der Begehung von Raub, Erpressung, Betrug und der widerrechtlichen Zueignung mit Strafe zu bewähren.

Die Schaffung von Strafbarkeiten in diesem Bereich ist auf weite Ablehnung in der spanischen Lehre gestoßen. Ausgehend von der Überlegung, dass die Art. 17 CP und 18 CP deutlich machen, dass eine Bestrafung von Handlungen aus dem Vorfeld der eigentlichen Tat lediglich ausnahmsweise bei schwerwiegenden Delikten zulässig ist, wird eine Ausweitung auf die genannten Vermögensdelikte als exzessiv angesehen. Anders als bei Delikten, welche sich gegen den Terrorismus wenden, das Leben, die Freiheit, die körperliche Unversehrtheit oder ähnlich wichtigen Rechtsgütern dienen, fehle es bei den aufgezählten Vermögensdelikten an einer kriminalpolitischen Notwendigkeit.[701]

Beim Vergleich mit einer Strafbarkeit von Vorbereitungshandlungen in Deutschland zeigt sich, dass dort allein dann eine Strafbarkeit besteht, wenn es sich um eine bedeutende Rechtsgutverletzung handelt. § 30 StGB, welcher im Wesentlichen die obigen Vorbereitungshandlungen erfasst, stellt eine in den Vorfeldbereich verschobene Strafausdehnungsnorm dar und dient folglich dem Schutz des durch die vorgestellte Tat bedrohten Rechtsguts.[702] Ein Schutz erfolgt durch § 30 StGB jedoch nur dann, wenn es sich um ein Verbrechen gemäß § 12 Abs. 1 StGB handelt.

Der Gesetzgeber verhindert durch diese klare Umgrenzung des Anwendungsbereiches eine nicht vertretbare Ausweitung auf Delikte, die aufgrund der Eingriffsintensität in ein Rechtsgut keines erweiterten Umfangs bedürfen. Dieses hat zur Folge, dass bei den Vermögensdelikten allein der schwere Bandendiebstahl,

---

701 Vgl. *Quintero Olivares*, S. 1210.

702 Vgl. *Kühl*, in: *Lackner/Kühl*, § 30, Rdnr. 1.

der Raub und die Räuberische Erpressung in den Anwendungsbereich des § 30 StGB fallen, wobei ersichtlich die Einstufung als Verbrechen nicht aufgrund des Umfanges, sondern allein aufgrund der Art des Eingriffs erfolgte.

Anders jedoch als in Spanien ist im § 111 StGB auch die Aufforderung zu Delikten strafbar, welche nicht als schwer im Sinne eines Verbrechens anzusehen sind.[703] Im Ergebnis lässt sich daher feststellen, dass der Umfang des gewährten Schutzes durch die Vorverlagerung der Strafbarkeit auf die Vorbereitungshandlungen auch bei Raub, Erpressung, Betrug und der widerrechtlichen Zueignung in Spanien umfangreicher ist als in Deutschland. Jedoch erscheint mit den Stimmen der Literatur ein solch umfangreicher Schutz auch nicht als notwendig.

703 Vgl. *Fischer*, § 111, Rdnr. 4.

D. Ergebnis des angestellten Rechtsvergleichs

Die oben jeweils zu den einzelnen Tatbeständen gefundenen Ergebnisse, sollen an dieser Stelle nicht wiederholt werden. Vielmehr soll hier zum Abschluss der Ausarbeitung eine zusammenfassende Betrachtung des Eigentumsschutzes auf allein übergeordneter Ebene erfolgen.

Der erfolgte Vergleich von Eigentumsschutz in Spanien und Deutschland führt in der Gesamtschau zu einem heterogenen Ergebnis. Zum einen Bestehen zwischen beiden Rechtsordnungen deutliche strukturelle Unterschiede bei der Behandlung der Eigentumsdelikte, zum anderen kann aber nicht übersehen werden, dass in funktionaler Hinsicht in allen wesentlichen Elementen nicht nur eine Nähe, sondern eine nahezu völlige Übereinstimmung des gewährten Umfanges des Eigentumsschutzes besteht. Die in der Einleitung erwähnte Nähe des spanischen zum deutschen Strafrecht tritt damit auch im Bereich des Eigentumsschutzes deutlich hervor.

Dieses gilt obgleich, oder besser gesagt, gerade aufgrund der bestehenden grundsätzlichen dogmatischen Unterschiede. Denn anders als zu erwarten war, zeigt der vorgenommene Vergleich, dass der in Spanien geltende, vom römischen Recht geprägte weite Ansatz des Vermögensschutzes einen fruchtbaren Nährboden für Elemente des deutsch-rechtlich geprägten Eigentumsschutzes bildet. Bei der Auseinandersetzung mit der spanischen Literatur fällt auf, dass dort ein starkes Augenmerk auf die in Deutschland bestehenden Problemfelder und die hiesigen Lösungen gelegt wird. So findet sich praktisch bei allen Delikten eine Beschäftigung mit den in Deutschland gefundenen Ansätzen für bestehende Problemstellungen bzw. den aktuellen Streitständen.[704]

In vielen Fällen wurden bzw. werden dabei die gewonnenen Erkenntnisse in die spanische Entwicklung eingeflochten. Dieses Ergebnis verwundert zunächst, erscheint doch eine Betrachtung anderer romanisch geprägter Rechtsordnungen, wie der Italiens oder Frankreichs, auf den ersten Blick sachnäher als die Beschäftigung mit der in weiten Teilen deutlich verschiedenen deutschen Rechtslage.

Verständlich wird das Vorgehen jedoch mit Blick auf die Art und Weise, wie die deutsche Strafrechtslehre in Spanien Berücksichtigung findet. Es ist auffällig, dass in allen Fällen, in denen deutsche Lösungsansätze in Spanien Berücksichtigung fanden, das hiesige Vorgehen nicht einfach übertragen wurde, sondern

704 Vgl. so z.Bsp. für die aus der Anwendung neuer Technologien in der Informationsgesellschaft aufkommenden Fragestellungen *Anarte Borrallo*, S. 191 ff..

vielmehr nahm man jeweils eine sorgfältige Einbettung von Teilelementen der deutschen Rechtslehre in das spanische System vor. Nie wurde hierbei das traditionelle spanische Verständnis in Bezug auf Struktur und Ausgestaltung des Vermögensschutzes den Anleihen aus dem StGB geopfert. Es entstanden vielmehr jeweils völlig eigenständige, fest in der spanischen Rechtstradition fußende Adaptionen.

Insoweit erscheint die vorhandene Vermischung von deutschen Ansätzen mit dem spanischen Recht als besonders fruchtbar, treffen doch hier zwei Systeme von deutlich unterschiedlicher Konzeption aufeinander. Während der CP im Bereich des Eigentumsschutzes dem römischen Ansatz eines Vermögensschutzes folgt und somit ein weites Umfeld für die hier besprochenen Rechtsgutverletzungen schafft, hat sich wie oben gezeigt in Deutschland der Eigentumsschutz dogmatisch vom Vermögen gelöst. Es gelingt daher in Spanien im Rahmen des weiten Vermögensschutzes, Teilelemente des Vermögens, nämlich die spezifischen Eigentumsrechte, in gleicher Schärfe zu bestimmen wie die deutsche Rechtslehre, ohne jedoch den Gesamtblick vom Vermögen als dem übergeordneten Rechtsgut abzuwenden. Jedoch ist anzumerken, dass wie dargelegt die Forderung nach einem Vermögenswert dazu führt, dass wirtschaftlich wertlose Gegenstände in Spanien keinerlei Schutz genießen. Es handelt sich hier wohl um das bedeutendste funktionale Delta zwischen beiden Rechtsordnungen.

Ein weiterer bemerkenswerter Punkt bei einem Gesamtvergleich der obigen Ergebnisse ist die deutlich unterschiedliche Strafhöhe in beiden Rechtsordnungen. Eine Betrachtung der statistischen Erhebungen zur Rechtspflege in beiden Ländern relativiert jedoch diesen Unterschied, sind doch die tatsächlichen Auswirkungen auf den gewährten Eigentumsschutz gering.

So gilt, dass es in Spanien im Jahr 2017 im Bereich der Delikte gegen das Vermögen und die Sozio-ökonomische Ordnung zu insgesamt 194.849 Verurteilungen kam.[705] Lediglich in 55.287 Fällen (ca. 28 %) wurden Haftstrafen ausgesprochen. Dabei wurde in 51.549 aller Fälle (ca. 93 %) eine Strafe von bis zu zwei Jahren ausgeurteilt. Eine Verurteilung zu Haftstrafen von zwei bis zu 5 Jahren erfolgte lediglich 3.603 mal, was ca. 6,5 % entspricht. Eine Verurteilung zu mehr als fünf Jahren sogar nur in 135 Fällen also ca. 0,24 %.

Die Situation ist damit bei einem kursorischen Vergleich fast identisch mit der in Deutschland. Hier kam es, allerdings bezogen allein auf Diebstahl und Untreue, zu insgesamt 122.642 Verurteilungen. Allein in 27.742 Fällen (ca. 23 %)

705 Vgl. Estadística Condenados. Adultos, Bl. 5.4.

kam es zu einer Haftstrafe.[706] Dabei wurden in 26.437 Fällen (ca. 95 %) Haftstrafen bis zu 2 Jahren ausgeurteilt. Darüberhinausgehende Verurteilungen erfolgten nur in 1.305 Fällen (ca. 4,7 %). Lediglich einmal kam es zu einer Verurteilung von mehr als zehn Jahren. Von der in Deutschland vorgesehenen weit höheren Strafandrohung wird demnach in der Praxis kaum Gebrauch gemacht, so dass der bestehende Unterschied in der Strafandrohung in der Rechtspraxis keinerlei Auswirkungen zu haben scheint.

Um nunmehr auf die Ausgangsfrage der hier vorliegenden Arbeit zurückzukommen, inwieweit im Vergleich der Rechtsordnungen ein verschiedener Umfang des Eigentumsschutzes gewährt wird, welcher im Zuge einer weiteren Europäisierung einer Anpassung bedarf, um ein Ausweichen von Tätern auf die jeweils günstigere Rechtsordnung zu verhindern, bleibt folgendes festzuhalten:

Obgleich des in Teilen verschiedenen dogmatischen Ansatzes bestehen in funktionaler Hinsicht zwischen beiden Rechtsordnungen nur minimale Unterschiede. Das gewährte Schutzniveau für das in beiden Ländern verfassungsmäßig geschützte Rechtsgut Eigentum ist als ebenbürtig anzusehen. Einer Angleichung des gewährte Schutzumfanges bedarf es daher nicht. Es wirkt, als habe insoweit die bestehende enge wissenschaftliche Verbindung im Sinne kommunizierender Röhren bereits zu einer Nivellierung des Eigentumsschutzes in beiden Strafrechtssystemen geführt, ohne dass der traditionelle Charakter und die Besonderheiten der jeweiligen nationalen Rechtsordnung aufgegeben wurden.

Für die Zukunft ist zu wünschen, dass die bestehende enge Kooperation zwischen beiden Ländern fortlebt und so weiter einen Motor der Harmonisierung in der Europäischen Union darstellt.

706 Fälle der Strafaussetzung eingeschlossen, vgl. Rechtspflege Strafverfolgung, S. 440 f..

E. Anhang

I. Literaturverzeichnis

Achenbach, Hans: *Zur aktuellen Lage des Wirtschaftstrafrechts in Deutschland,* in: Goltdammer's Archiv für Strafrecht 2004, S. 559.
(zitiert: *Achenbach*, in: GA, Jahr, S.)

Alonso Pérez, Francisco: Delitos contra el patrimonio y contra el orden socio-económico. Aspectos penales y criminológicos, Valencia 2003.
(zitiert: *Alonso Pérez*, S.)

Anarte Borrallo, Enrique: *Incidencia de las nuevas tecnologías en el sistema penal. Aproximación al Derecho penal en la sociedad de la información,* in: Derecho y conocimiento, I, S. 191 ff.
(zitiert: *Anarte Borrallo*, S.)

Antolínez Quijano, Crescensio: Fachwörterbuch für Recht und Verwaltung 2. Auflage Köln 1982.
(zitiert: *Antolínez Quijano*, S.)

Antón Oneca, José: *Las estafas y otros engaños en el Código penal y en la jurisprudencia,* in: Nueva Enciclopedia Jurídica t. IX Barcelona 1957.
(zitiert: *Antón Oneca*, S.)

Asua Batarrita, Adela: *El daño patrimonial en la estafa de prestaciones unilaterales. La teoría de la frustración del fin,* in: Anuario del Derecho Penal y Ciencias Penales 1993, S. 98.
(zitiert: *Asua Batarrita*, in: ADP 1993, S.)

Bacigalupo, Enrique: *El método comparativo en la elaboración del derecho penal europeo,* in: Cuadernos de política criminal 2004 (Nr. 83), S. 5.
(zitiert: *Bacigalupo*; in: CPC 2004, S.)

derselbe: *La administración desleal en el nuevo Código Penal,* in: Cuadernos de la política criminal 1999 (Nr.69), S.521.
(zitiert: *Bacigalupo*, in: CPC 1999, S.)

Bajo Fernández, Miguel und andere: Manual de Derecho Penal (Parte Especial). Band II. Delitos patrimoniales y económicos 2. Auflage Madrid 1998.
(zitiert: *Bajo Fernández*, S.)

derselbe: Los delitos de estafa en el Código Penal Madrid 2004.
(zitiert: *Bajo Fernandez*, Estafa, S.)

Barreiro y Suay, Jorge: *El delito de daños en el Código Penal español,* in: Anuario del Derecho Penal y Ciencias Penales 1983, S. 505.
(zitiert: *Barreiro y Suay*, in: ADP 1983, S.)

Baucells i Llados, Joan: La ocupación de inmuebles en el Código Penal de 1995 Valencia 1997.
(zitiert: *Baucells i Llados*, S.)

Baumann, Jürgen: *Über die notwendigen Veränderungen im Bereich des Vermögensschutzes,* in: Juristenzeitung 1972, S. 2.
(zitiert: *Baumann*, in: JZ 1972, S.)

Baza de la Fuente, Lourdes: *El delito de ursupación no violenta en los proyectos del Código Penal de 1992 y 1994,* in: Cuadernos de política criminal 1995 (Nr. 57) S. 895.
(zitiert: *Baza la Fuenta*, in: CPC, S.)

Behm, Ulrich: *Oberflächeneinwirkung und Substanzverletzung nach § 303 StGB,* in: Strafverteidiger 1982, S. 596.
(zitiert: *Behm*, in: StV, S.)

Beltran Ballester, Enrique: *Otra opinión sobre el Art. 516 bis del Codigo penal,* in: Anuario del Derecho Penal y Ciencias Penales 1981, S. 381.
(zitiert: *Beltran Ballester*, in: ADP 1981, S.)

Beukelmann, Stephan: *Cyber-Attacken-Erscheinungsformen, Strafbarkeit und Prävention,* in: NJW-Spezial 2017, S. 376.
(zitiert: *Beukelmann*, NJW-Spezial 2017, S. 376)

Binding, Karl: Die Normen und ihre Übertretungen 4. Auflage Leipzig 1922.
(zitiert: *Binding*, Normen, S.)

Blanco Lozano, Carlos: *El delito de ursupación en sus orígenes y en el Código Penal de 1995,* in: Revista de Derecho Penal 1996 (Nr. 6), S. 193.
(zitiert: *Blanco Lozano*, Ursupación, S.)

derselbe: *Robo y hurto de uso de vehiculos,* in: Cuadernos de política criminal 2004 (83), S. 461.
(zitiert: *Blanco Lozano*, Robo y hurto, S.)

Bock, Dennis: *Unbefugter Gebrauch eines Fahrzeugs, § 248b StGB,* in: Juristische Ausbildung 2016, S. 342.
(zitiert: *Bock*, in: JA, S.)

Bockelmann, Paul: *Zum Begriff des Vermögensschadens beim Betrug,* in: Juristenzeitung 1952.
(zitiert: *Bockelmann*, in: JZ 1952, S.)

Boldova Pasamar, Miguel Ángel: *La desaparición de las faltas en el Proyecto de Reforma de Código Penal de 2013,* in: Revista Electrónica de Ciencia Penal y Criminología (en línea) 2014, núm. 16-12, S. 12:01-12:20.
(zitiert: *Boldova Pasamar*, La desaparición de las faltas, S.)

Boldova Pasamar, Miguel Ángel: *La introducción de la responsabilidad penal de las personas jurídicas en la Legislación española*, in: Estudios Penales y Criminológicos, Vol. XXXIII 2013, S. 219–263.
(zitiert: *Boldova Pasamar*, in: Estudios Penales y Criminológicos, S.)

Borja Jiménez, Emiliano: *Algunos planteamientos dogmaticos en la teoria juridica del delito en Alemania, Italia y España*, in: Cuadernos de política criminal 1997 (Nr. 63), S. 595.
(zitiert: *Borja Jiménez*, in: CPC 1997 S.)

Bruns, Hans Jürgen: Befreiung des Strafrechts von zivilistischem Denken Berlin 1938.
(zitiert: *Bruns*, S.)

Bundesministerium des Inneren: Polizeiliche Kriminalstatistik, Bundesrepublik Deutschland, Jahrbuch 2016, Einzelne Straftaten/-gruppen und ausgewählte Formen der Kriminalität abrufbar im Internet: https://www.bka.de/DE/AktuelleInformationen/StatistikenLagebilder/PolizeilicheKriminalstatistik/PKS2016/pks2016_node.html.
(zitiert: „Polizeiliche Kriminalstatistik, Bundesrepublik Deutschland, S.)

Bussmann, Kai: Konservative Anmerkungen zur Ausweitung des Strafrechts nach dem Sechsten Strafrechtsreformgesetz, in: Strafverteidiger 1999, S. 613.
(zitiert: *Bussmann*, in: StV 1999, S)

Bustos Ramírez, Juan: Manual del Derecho Penal, Parte Especial 2. Auflage Barcelona 1991.
(zitiert: *Bustos*, S.)

Cáceres, Luis: Delitos contra el patrimonio. Aspectos penales y criminológicos Especial referencia a Badajoz 2006 Madrid.
(zitiert: *Cáceres*, S.)

Capilla Roncero, Francisco und andere: Introducción al derecho patrimonial privado 5. Auflage Valencia 2001.
(zitiert: *Capilla Roncero*, S.)

Cardona Torres, Juan: Derecho Penal, Parte Especial Adaptado a la reforma de la Ley Orgánica 5/2010, de 22 de Junio Barcelona 2010.
(zitiert: *Cardona Torres*, S,)

Carmona Salgado, Concepción und andere: Manual de Derecho Penal (Parte Especial) II. Delitos contra la propiedad Madrid, 1992.
(zitiert: *Carmona Salgado*, S.)

Carpio Delgado, Juana del: *Sobre la inneccesaria reforma de los delitos del hurto. A propósito del Anteproyecto de 2012 de reforma del Código Penal*, in: Foro Nueva época, vol 16, núm. 2 (2013), S. 83–137.
(zitiert: *Carpio Delgado*, in: Nueva época, S.)

dieselbe: *Análisis crítico sobre la regulación de los delitos del robo en el Proyecto de 2013 de la reforma del Código Penal (1),* in: Diario La Ley, N° 8300, Sección Doctrina, 29 April 2014.
(zitiert: *Del Carpio Delgado,* in: La Ley, 2014, S.)

Cerezo Mir, José: *La estafa procesal,* in: Anuario de Derecho penal y ciencias penales 1966, S. 179 ff.
(zitiert: *Cerezo Mir*, La estafa procesal, in ADPC 1966, S.)

derselbe: *Das neue spanische Gesetzbuch von 1995,* in: ZStW 1996, S. 857.
(zitiert: *Cerezo Mir*, in: ZStW 1996, S.)

Cobo del Rosal, Manuel und andere: Compendio de Derecho Penal Español (Parte especial) Madrid, Barcelona 2005 2. Auflage.
(zitiert: *Bearbeiter*, in: *Cobo del Rosal*, S.)

Comentarios al Código Penal: Parte Especial. Tomo I. Madrid 2004.
(zitiert: *Bearbeiter*, in: Comentarios al Código Penal, S.)

Conde-Pumpido Ferreiro, Cándido: Código Penal Comentado Doctrina y Jurisprudencia Actualización 2004 Barcelona 2004.
(zitiert: *Conde-Pumpido* Ferreiro, S.)

derselbe: Apropiaciones indebidas Valencia 1997.
(zitiert: *Conde-Pumpido Ferreiro*, Apropiaciones indebidas, S.)

derselbe: Contestaciones de Derecho Penal al Programa de Judicatura. Parte Especial. Temas 27 a 60 2. Auflage Madrid 1998.
(zitiert: *Conde-Pumpido Ferreiro*, Temas, S.)

Consejo General del Poder Judicial: Estadística Condenados Adultos – Penas – Año 2017 abrufbar im Internet unter: http://www.poderjudicial.es/cgpj/es/Temas/Estadistica-Judicial/Estadistica-por-temas/Datos-penales--civiles-y-laborales/Delitos-y-condenas/Condenados--explotacion-estadistica-del-Registro-Central-de-Penados-/
(zitiert: Estadística Condenados Adultos, Bl.)

Consejo General del Poder Judicial: *Delitos contra la Propiedad,* in: Cuadernos de Derecho Judicial Madrid 1995.
(zitiert: C.G.P.J., S.)

Corcoy Bidasolo, Mirentxu und andere: Manual Práctico de Derecho Penal Parte Especial I Valencia 2002.
(zitiert: *Corcoy Bidasolo*, S.)

Cramer, Peter: Vermögensbegriff und Vermögensschaden im Strafrecht Bad Homburg 1991.
(zitiert: *Cramer*, Vermögensbegriff, S.)

Crome, Carl: Grundzüge des Römischen Privatrechts 2. Auflage Bonn 1922.
(zitiert: *Crome*, Gründzüge des Römischen Privatrechts, S.)

Cuello Calón, Eugenio: Derecho Penal. II Parte especial, 14. Auflage Barcelona 1975.
(zitiert: *Cuello Calón*, S.)

De la Mata Barranco, Norberto: Tutela penal de la propiedad y delitos de apropiación Barcelona 1994.
(zitiert: *De la Mata Baranco*, S.)

De Vicente Martínez, Rosario: El delito de robo con fuerza en las cosas Valencia 1999.
(zitiert: *De Vicente Martínez*, S.)

Del Rosal Blasco, Bernardo: Estudios sobre el nuevo Código Penal de 1995: Valencia 1997.
(zitiert: *Del Rosal Blasco*, S.)

Eisele, Jörg: Strafrecht Besonderer Teil II Eigentums- und Vermögensdelikte 4. Auflage 2017.
(zitiert: *Eisele*, BT II, Rdnr.)

Elguero y Merino, Jose Maria: La estafa de seguro Madrid 1988.
(zitiert: *Elguero y Merino*, S.)

Exner, Thomas: *Minderjährige im StGB,* in: Juristische Ausbildung 2013, S. 103 bis 110.
(zitiert: *Exner*, in: JA, 2013 S.)

Faraldo Cabana, Patricia: *Los delitos contra el patrimonio tras la reforma de 2010,* in: La Ley Nummer 81, 2011 (S.25 bis 44).
(zitiert: *Faraldo Cabana*, in: Lay Ley 81, S.)

Fernández Albor, Agustín: *Robo y Hurto de uso de vehiculos motor,* in: Revista de Derecho de la Circulación, núm. 5, September-Oktober 1970.
(zitiert : *Fernández Albor*, in: RDCir. 1970)

Fernández Aparicio, Juan Manuel: *Comentario al nuevo articulo 245 parrafo 2 del Código Penal,* in: La Ley 1997, D-223, S.1316.
(zitiert: *Fernández Aparicio*, in: LL 1997, D-223, S. 1316)

Fernández Rodríguez, María Dolores: El Robo con fractura exterior Barcelona 1997.
(zitiert: *Fernández Rodríguez*, S.)

dieselbe: *Robo con escalamiento,* in: Homenaje al Prof. Fernández Albor, Santiago, 1989 S. 271–288.
(zitiert: *Fernández Rodríguez,* Robo con escalamiento, S.)

dieselbe: *Llaves falsas y delincuencia patrimonial* Estudios penales y criminológicos, N°. 10, 1985–1986, S. 139–166.
(zitiert: *Fernández Rodríguez,* Llaves falsas y delincuencia patrimonial, S.)

Feuerbach, Anselm: Lehrbuch des gemeinen in Deutschland gültigen peinlichen Rechts, 4. Auflage Gießen 1808.
(zitiert: *Feuerbach*, §).
abrufbar im Internet unter: https://reader.digitale-sammlungen.de/de/fs1/object/display/bsb10726480_00007.html

Fischer, Thomas: Strafgesetzbuch mit Nebengesetzen 65. Auflage 2018.
(zitiert: *Fischer*, StGB, §, Rdnr.)

Font Galan, Juan Ignacio: *Notas sobre el modelo económico de la Constitución española,* in: Revista de Derecho Mercantil 1979, S. 205.
(zitiert: *Font Galan*, in: RDM 1979, S.)

Fontán Tirado, Rafael: *La utilicación ilegitíma de vehículo de motor y la progresión delictiva. Estudio Jurisprudencial,* in: Revista de Derecho Penal y Criminología 1994 (Nr.4) S. 301.
(zitiert: *Fontán Tirado*, in: RDP 1994, S.)

Fründt, Steffen: Auf Deutschlands Bauernhöfen verschwinden die Kühe Die Welt vom 29.05.2014, abrufbar im Internet: https://www.welt.de/wirtschaft/article128487746/Auf-Deutschlands-Bauernhoefen-verschwinden-die-Kuehe.html.
(zitiert: *Fründt*, Auf Deutschlands Bauernhöfen verschwinden die Kühe)

Galán Muñoz, Alfonso: El fraude y la estafa mediante sistemas informáticos. Análisis del Artículo 248.2 CP. Valencia 2005.
(zitiert: *Galán Muñoz*, S.)

García Arán, Mercedes: El delito del hurto Valencia 1998.
(zitiert: *García Arán*, S.)

Gómez Benitez, José Manuel: *Delitos contra el patrimonio en el Anteproyecto de CP de 1983,* in: Revista de la Universidad Complutense 1983 (Nr. 6), S. 331.
(zitiert: *Gómez Benitez*, in: Revista de la Universidad Complutense 1983, S.)

Gonzáles Cussac, José Luis: Commentarios a la reforma del Código Penal de 2015 Valencia 2015 2. Auflage.
(zitiert: *Bearbeiter*, in: *Gonzáles Cussac*, 2015, S.)

Gonzáles Rus, Juan José: *Puntos de partida de la protección del patrimonio histórico, cultural y artístico,* in: Anuario de Derecho Penal y Ciencias Penales 1995 S. 33.
(zitiert: *Gonzáles Rus*, in: ADP 1995, S.)

Gropp, Walter: *Se ut dominum gerere – Überlegungen zur Renaissance des Zueignungsbegriffs,* in: Gerechte Strafe und legitimes Strafrecht.: Festschrift für Manfred Maiwald zum 75. Geburtstag. (Schriften zum Strafrecht).
(zitiert: *Gropp*, in: *Maiwald*-FS, S.)

Heger, Martin: *Den Helfern zu Hilfe: verbesserter Schutz für professionelle zivile Helfer durch § 305a und § 114 Abs. 3 StGB?*, in: Juristische Rundschau 2015, S. 508.
(zitiert: *Heger*, in: JR 2015, S.)

Heintschel-Heinegg, Bernd: Beck'scher Online Kommentar StGB 29. Edition Stand 01.12.2017.
(zitiert: *Bearbeiter* in Beck'scher Online; §, Rdnr.)

Hepp, Carl Theodor: Versuche über einzelne Lehren der Strafrechtswissenschaft Heidelberg 1827.
(zitiert: *Hepp*, S.)

Hernández Gil, Antonio: Obras Completas Band II La posesión como institución jurídica y social Madrid 1987.
(zitiert: *Hernández Gil*, S.)

Herrero, César: Infracciónes penales patrimoniales Madrid 2000.
(zitiert: *Herrero*, S.)

Herzberg, Rolf Dietrich Hardtung, Bernhard: *Irrtümer eines Hotelgastes – Ein Bericht über eine strafrechtliche Hausarbeit,* in: Juristische Schulung1994, 492.
(zitiert: *Herzberg/Hardtung*, in: JuS 1994, S.)

Heubel, Horst: *Grundprobleme des Diebstahltatbestandes,* in: Juristische Schulung 1984, S. 445.
(zitiert: *Heubel*, in: JuS 1984, S.)

Hillenkamp, Thomas: *Zum Schutz „deliktischen" Besitzes durch die Strafgerichte.* Festschrift für Hans Achenbach Heidelberg 2011 Seiten 189–204.
(zitiert: *Hillenkamp*, in: FS-Achenkamp, S.)

Hoffmann, Markus Cancio Meliá, Manuel: Das spanische Strafgesetzbuch · Código Penal vom 23. November 1995 nach dem Stand vom 31. Dezember 2001 Zweisprachige Ausgabe Freiburg 2002.

Huerta Tocildo, Susana: La proteción del patrimonio inmobiliario Madrid 1980.
(zitiert: *Huerta Tocildo*, S.)

Instituto Nacional de Estadística : Press Release, 19.09.2013.
(zitiert: *Instituto Nacional de Estadística*, Press Release, 19.09.2013, S.)

Instituto Nacional de Estadísticas: Notas de prensa, 24 de septiembre de 2015 Abrufbar im Internet unter: http://www.ine.es/prensa/np932.pdf.
(zitiert: Notas de prensa Instituto Nacional de Estadística, 24 de septiembre de 2015, S.)

Jaen Vallejo, Manuel: *Las insolvencias punibles,* in: Cuadernos de política criminal 1996 (Nr. 58), S. 27.
(zitiert: *Jaen Vallejo*, in: Cuadernos de política criminal 1996, S.)

Jäger, Christian: *Unterschlagung nach dem 6. Strafrechtsreformgesetz – Ein Leitfaden für Studium und Praxis,* in: Juristische Schulung 2000, S. 167.
(zitiert: *Jäger*, in: JUS 2000, S.)

Jehle, Jörg-Martin: Bundesministerium der Justiz und für Verbraucherschutz Strafrechtspflege in Deutschland 6. Auflage 2015,.
(zitiert: Strafrechtspflege in Deutschland, S.)

Jescheck, Hans-Heinrich: Lehrbuch des Strafrechts Allgemeiner Teil Berlin 1972.
(zitiert: *Jescheck*, AT, §, S.)

Jimenez Villarejo, José: *Las Barreras de defensa en los delitos contra el patrimonio. Entre la confianza y la desconfianza,* in: Cuadernos de política criminal 1999 (Nr. 68) S. 269.
(zitiert: *Jimenez Villarejo* in Cuadernos de política criminal 1999, S.)

Joerden, Jan: *Gewaltsame Wiederbeschaffung des Hehlgutes für den Eigentümer,* in: Juristische Ausbildung, 1986, S. 80.
(zitiert: *Joerden*, in: JA 1986, S.)

Katzer, Hans: *Sachbeschädigung durch unbefugtes Plakatieren,* in: Neue Juristische Wochenschrift, 1981, S. 2036.
(zitiert: *Katzer*, in: NJW 1981, S.)

Kindhäuser, Urs Neumann, Ulfried Paeffgen, Hans-Ulrich: Strafgesetzbuch Band 3 5. Auflage Baden 2017.
(zitiert: *Bearbeiter*, in: *Kindhäuser*, §, Rdnr.)

Kindhäuser, Urs Böse, Martin: Strafrecht. Besonderer Teil II. Straftaten gegen Vermögensrechte 10. Auflage 2019 Baden Baden.
(zitiert: *Kindhäuser*, BT II, §, Rdnr.)

Köbler, Gerhard: Rechtsspanisch München 1997.
(zitiert: *Köbler*, S.)

Korves, Robert: Eigentumsunfähige Sachen? Tübingen 2014.
(zitiert: *Korves*, Eigentumsunfähige Sachen, S.)

Krey, Volker Hellmann, Uwe Heinrich, Manfred: Strafrecht. Besonderer Teil. Band 2: Vermögensdelikte 17. Auflage 2015.
(zitiert: *Krey*, Strafrecht BT II, Rdnr.)

Küper, Wilfried: Die „Sache mit den Tieren“ oder: Sind Tiere strafrechtlich noch „Sachen“?, in: Juristenzeitung 1993, 435.
(zitiert: *Küper*, in: JZ 1993, S.)

Küper, Wilfried, Zopf, Jan: Strafrecht. Besonderer Teil 10. Auflage Heidelberg 2018.
(zitiert: *Küper*, BT, Rdnr.)

Laburu, Anrantza: *Graffitis. Sanción, condena penal o manefestación Artística,* in: Revista sobre patrimonio cultural: Regulación. Propiedad intellectual e industrial N° 5–6; S. 295–300.
(zitiert: *Laburu*, Graffitis, S.)

Lackner, Karl Kühl, Kristian Heger, Martin: Strafgesetzbuch Kommentar 29. Auflage München 2018.
(zitiert: *Bearbeiter*, in: *Lackner/Kühl*, §, Rdnr.)

Lamarca Pérez, Carmen und andere: Delitos. La parte especial del Derecho Penal 3. Auflage Madrid 2015.
(zitiert: *Bearbeiter*, in: *Lamarca Pérez*, 2015, S.)

dieselbe: Delitos y faltas La parte especial del Derecho penal 2. Auflage Madrid 2013.
(zitiert: *Bearbeiter*, in: *Lamarca Pérez*, 2013, S.)

dieselbe: Derecho Penal Parte Especial 6. Auflage Madrid 2011.
(zitiert: *Bearbeiter*, in: *Lamarca Pérez*, 2011, S.)

Lampe, Ernst-Joachim: *Objektiver und subjektiver Tatbestand beim Diebstahl,* in: Goltdammers Archiv für Strafrecht.
(zitiert: *Lampe*, in: GA 1966, S.)

Landecho Velasco, Carlos María Blázquez, Molina: Derecho Penal Español. Parte General. Redactado conforme al nuevo Código Penal de 23 de noviembre de 1995. 5. Auflage Madrid 1996.
(zitiert: *Landecho Velasco*, S.)

Larenz, Karl Canaris, Claus-Wilhelm : Methodenlehre der Rechtswissenschaft 3. Auflage 1995.
(zitiert: *Larenz/Canaris*, S.)

Leipziger Kommentar: Strafgesetzbuch Großkommentar 12. neu bearbeitete Auflage Berlin 2010.
(zitiert: *Bearbeiter*, in: LK, §, Rdnr.)

Loos, Fritz: *Gemeinschädliche Sachbeschädigung (§ 304 StGB) durch Überkleben von Wahlplakaten ? – LG Wiesbaden, NJW 1978, 2017,* in : Juristische Schulung, S. 699.
(zitiert : *Loos*, in : JuS 1979, S.)

López Garrido, Diego García Arán, Mercedes: El Código Penal de 1995 y la voluntad del legislador Commentario al texto y al debate parlamentario Madrid 1996.
(zitiert: *López Garrido*, S.)

López Hernandez, Gerardo: *Sobre la tutela penal del patrimonio,* in: Anuario del Derecho Penal y Ciencias Penales 1965, S. 513.
(zitiert: *López Hernandéz*, in: ADP 1965, S.)

Luzón Cánovas, María: *La tipificación penal de la organización y el grupo criminal. Problemas concursales,* in: EL Derecho abrufbar im Internet unter http://www.elderecho.com/penal/tipificacion-organizacion-criminal-Problemas-concursales_11_283555005.html.
(zitiert: *Luzón Cánovas*)

Luzón Cuesta, José María: Compendio del Derecho Penal. Parte Especial. Madrid 2001.
(zitiert: *Luzón Cuesta*, Compendio del Derecho Penal. Parte Especial, S.)

Magro Servet, Vicente: *Los contractos civiles criminalizados. Análisis de las diferencias existentes en el delito de estafa y los meros incumplimientos contractuales del orden civil,* in: La Ley. September 2001, S. 4.
(zitiert: *Margo Servet*, in: La Ley, S.)

Manjón-Cabezas: Una nueva concepción de la apropiación indebida Madrid 1988.
(zitiert: *Manjón-Cabezas*, S.)

Manzanares Samaniego, José Luis: *La llamada usurpación pacífica: Art. 245.2 del Código Penal,* in: Audiencia Provincial 1997 S. 908.
(zitiert: *Manzanares*, S.)

Marcelli, Walter: *Diebstahl „verbotener" Sachen,* in: Neue Zeitschrift für Strafrecht 1992, S. 220.
(zitiert: *Marcelli*, in: NStZ 1992, S.)

Marchena Gómez, Manuel Moreno Verdejo, Jaime: El delito de robo en el Código Penal de 1995 Madrid 1998.
(zitiert: *Marchena Gómez*, S.)

Martos Muñoz, Juan Antonio: El perjuicio patrimonial en el delito de estafa Madrid 1990.
(zitiert: *Martos Muñoz*, S.)

Mata y Martín, Ricardo: El delito de robo con fuerza en las cosas Valencia 1995.
(zitiert: *Mata y Martín*; S.)

Maurach, Reinhart Zipf, Heinz: Strafrecht Allgemeiner Teil Teilband 1 Grundlehren des Strafrechts und Aufbau der Straftat 8. Auflage Heidelberg 1992.
(zitiert: *Maurach/Zipf*, Bd. I, §, Rdnr.)

Maurach, Reinhart Schroeder, Christian Maiwald, Manfred : Strafrecht Besonderer Teil. Teilband 1 Straftaten gegen Persönlichkeits- und Vermögenswerte 10. Auflage 2009.
(zitiert: *Maurach/Schroeder/Maiwald*, BT, §, Rdnr.)

Maza Martín, José Manuel und andere: Tarjetas bancarias y Derecho Penal Madrid 2002.
(zitiert: *Maza Martín*, S.)

Meyer, Hugo: Lehrbuch des deutschen Strafrechts Sechste Auflage Leipzig 1907. (zitiert: *Meyer*, §, S.)

Mir Puig, Santiago: *Objeto del delito*, in: Nueva Enceclopedia Jurídica, T. XVIII, S. 764/70 Sechste Auflage Barcelona 1990. (zitiert: *Mir Puig*, in: NEJ T. XVIII, S.)

derselbe: Derecho Penal.Parte General. 7. Auflage Barcelona 2004. (zitiert: *Mir Puig*, P.G., S.)

derselbe: *Das Strafrechtssystem im heutigen Europa Bausteine des europäischen Strafrechts* Coimbra – Symposium für Claus Roxin Köln 1995. (zitiert: *Bearbeiter* in Coimbra – Symposium, S.)

Mitsch, Wolfgang: Strafrecht Besonderer Teil 2 Vermögensdelikte (Kernbereich)/ Teilband 1. (zitiert: Mitsch, BT 2, §, Rdnr.)

Molina, María del Carmen: *Comentario a las Leyes Orgánicas 1/2015 y 2/2015, de 30 de marzo, por las que se modifica la LO 10/1995, de 23 de noviembre, del Código Penal: los aspectos más destacados de la reforma* Artículo Monográfico. April 2015, abrufbar im Internet unter: ‹http://www.sepin.es/abogado-pena lista/VerDoc.asp?referencia=SP%2FDOCT%2F19007&cod=0010fA1DE0GB 0Lj1iR0HG01g0G90H603D0m209Q01i00n07b0Le1iS07b01g1y_0JQ0FX293 0Gp2MQ1jV#23023148›. (zitiert: *Molina*, Comentario, Abs.)

Mommsen, Theodor: Römisches Strafrecht Leipzig 1899. (zitiert: *Mommsen*, Römisches Recht, S.) abrufbar im Internet unter: https://archive.org/details/rmischesstrafre00momm goog/page/n7

Montes, Vicente L.: La propiedad privada en el sistema del derecho Civil contemporáneo Madrid 1980. (zitiert: *Montes*, S.)

Morales, Oscar: Festschrift für Professor Juan Luis Iglesias Prada 2011, S. 142–154. (zitiert: *Morales*, in: FS *Iglesias Prada* , S.)

Moreno Cánoves, Antonio Ruiz Marco, Francisco: Delitos Socioeconómicos Barcelona 1996. (zitiert: *Moreno Cánoves/Ruiz Marco*, Delitos Socioeconómicos, S.)

Moreno Verdejo, Jaime Marchena Gómez, Manuel: El delito de Apropiación indebida en el Código Penal de 1995. Jurisprudencia del Tribunal Supremo y de las Audiencias Provinciales. Consultas de la Fiscalía General del Estado. Madrid 1998. (zitiert: *Moreno Verdejo/Marchena Gómez*, S.)

Morillas Cueva, Lorenzo: *La cuestión de la responsabilidad penal de las personas jurídicas*, in: Anales de Derecho, Número 29, 2011, S. 1–33.
(zitiert: *Morillas Cueva*, Anales de Derecho, S.)

Morillas Cueva, Lorenzo: *Proteccíon del Agua*, in: Cuadernos de la política criminal 2004 (Nr. 82), S. 39.
(zitiert: *Morillas Cueva*, in : Cuadernos de la política criminal 2004, S.)

Münchner Kommentar: Münchner Kommentar zum Strafgesetzbuch Gesamtwerk in 8 Bänden 3. Auflage München 2017.
(zitiert: *Bearbeiter*, in: MünchKomm, §, Rdnr.)

Muñoz Clares, José: El robo con violencia o intimidación Valencia 2003.
(zitiert: *Muñoz Clares*, S.)

Muñoz Conde, Francisco: Derecho Penal Parte Especial 20ª edición, completamente revisada y puesta al día conforme a las Leyes Orgánicas 1/2015 y 2/2015, de 30 de marzo.
(zitiert: *Muñoz Conde*, 2015, S.)

derselbe: Derecho Penal, Parte Especial 25. Auflage Valencia 2004.
(zitiert: *Muñoz Conde*, S.)

derselbe: *Protección de bienes Jurídicos como limite constitucional del Derecho Penal*, in: El Nuevo Derecho Penal Español. Estudios Penales en Memoria del Profesor José Manuel Valle Muñiz Elcano (Navarra) 2001.
(zitiert: *Muñoz Conde*, in: NDPE, S.)

Muñoz Cuesta, Javier Arroyo de las Heras, Alfonso Goyena Huerta, Jaime: El hurto, el robo y el hurto y robo de uso de vehículos Pamplona 1998.
(zitiert: *Bearbeiter*, in: *Muñoz Cuesta*, S.)

Nuñez Castaño, Elena: La estafa de crédito Valencia 1998.
(zitiert: *Nuñez Castaño*, S.)

Oneca, Antón: : Estafa, in: Nueva Enceclopedia Jurídica IX, 1958.
(zitiert: *Antón Oneca*, Estafa, in: NEJ IX)

Orts Berenguer, Enrique und andere: Compendio de Derecho Penal (Parte General y Parte Especial) Valencia 2004.
(zitiert: *Orts Berenguer*, S.)

Otto, Harro: Die Struktur des strafrechtlichen Vermögenschutzes Berlin 1970.
(zitiert: *Otto*, S.)

derselbe: *Die neuere Rechtsprechung zu den Vermögensdelikten*, in: Juristenzeitung 1993, S. 559.
(zitiert: *Otto*, in: JZ 1993, S.)

Pastor Muñoz, Nuria: La determinación del engaño típico en el delito de estafa Barcelona 2004.
(zitiert: *Pastor Muñoz*, S.)

Peréz Alonso, Juan Alonso: Teoría general de las circunstancias: especial consideracion de l as agravantes indeterminadas en los delitos contra la propiedad y el patrimonio Granada 1995.
(zitiert: *Peréz Alonso*, S.)

Pérez-Fajardo, Bénitez: *Robo y hurto (delito y falta)* in AA.VV., Reforma Penal, memento Experto Francis Lefebvre Madrid 2010.
(zitiert: *Pérez-Fajardo*, S.)

Picotti, Lorenzo: *Las relaciones entre Derecho Penal y Derecho Comunitario: Estado actual y perspectivas,* in: Revista del Derecho Penal y Criminología 2004, Nr. 13, S. 151.
(zitiert: *Picotti*, in: RDP 2004, S.)

Prieto del Pino, Ana María: *Una contribución al estudio de la delincuencia económica: El sistema económico deseñado por la constitución española,* in: Revista del Derecho Penal y Criminología 2003 (Nr.12), S. 95.
(zitiert: *Prieto del Pino*, in: RDP 2003, S.)

Puig Peña, Frederico: Derecho Penal. Parte especial. Vol. IV. Revista de Derecho privado Madrid 1969.
(zitiert: *Puig Peña*, S.)

Queralt Jiménez, Joan J.: Derecho Penal Español: Parte especial 4. Auflage Barcelona 2002.
(zitiert: *Queralt Jiménez*, 2002, S.)

derselbe: Derecho Penal Español: Parte especial 5. Auflage Barcelona 2008.
(zitiert: *Queralt Jiménez*, 2008, S.)

Quintano Ripollés, Antonio: Tratado de la Parte Especial del Derecho penal.
(zitiert : *Quintano Ripollés*, Tratado de la Parte Especial, S.)

Quintero Olivares, Gonzalo: Commentario a la reforma penal del 2015 Pamplona 2015.
(zitiert: *Quintero Olivares*, 2015, S.)

derselbe: Comentarios al Nuevo Código Penal 1. Auflage Pamplona 1996.
(zitiert: *Quintero Olivares*, S.)

Remón Peñalver, Enrique: Administracion Desleal y Apropiacion indebida tras la reforma de Código Pebnal operada por la Ley Organica 1/2015 de 30 de marzo abrufbar im Internet unter: https://www.fiscal.es/fiscal/PA_WebApp_SGNTJ_NFIS/descarga/Rem%C3%B3n%20Pe%C3%B1alver.pdf?idFile=0e8af0e0-1bec-4167-a047-34cbb7451ca6.
(zitiert: *Remón Peñalver*, S.)

Renart García, Felipe: El delito de daños al patrimonio cultural español. Análisis del Art. 323 del Código Penal de 1995. Granada 2002.
(zitiert: *Ranart García*, S.)

Rengier, Rudolf: Strafrecht Besonderer Teil I Vermögensdelikte 20. Auflage München 2018.
(zitiert: Rengier, Rdnr.)

Robledo Villar, Antonio: Delitos contra el patrimonio y el orden socioeconómico Barcelona 1997.
(zitiert: *Robledo Villar*, S.)

Rodríguez Devesa, José María: Derecho Penal Español. Parte Especial Madrid 1995.
(zitiert: *Rodríguez Devesa*, S.)

derselbe: *Defraudaciones de energía eléctrica y análogas,* in: Nueva Enciclopedia Juridíca IV, 1954.
(zitiert: *Rodríguez Devesa*, in : NEJ, IV, 1954)

derselbe: *Hurto de uso,* in: Nueva Enciclopedia Juridíca XI, 1963, S. 230 Sechste Auflage Barcelona 1963.
(zitiert: *Rodríguez Devesa*, Hurto, in: NEJ, XI, 1963, S.)

Rodriguez Morullo, Gonzalo: *La protección penal del chaque y de la letra de cambio,* in: Derecho Cambiario. Estudios sobre la Ley Cambiaria y del Cheque, S. 936 Madrid 1986.
(zitiert: *Rodriguez Morullo*, La protección penal del chaque y de la letra de cambio, S.)

Rodríguez Ramos, Luis: *Los nuevos delitios de robo,* in: La Ley 1996 S. 1384.
(zitiert: *Rodríguez Ramos*, in: La Ley 1996, S.)

derselbe: *El hurto de uso en general,* in: Cuadernos de política criminal 1977 (Nr.1) S. 138.
(zitiert: *Rodríguez Ramos*, in: CPC 1977, S.)

derselbe: *El vehículo de motor en el Código Penal,* in: Revista de Derecho de la Ciculación 1973 S. 251.
(zitiert: *Rodríguez Ramos*, in: RDCir 1973, S.)

Romeo Casabona, Carlos María: Derecho Penal, Parte Especial Conforme a las Leyes Orgánicas: 1/2015, de 30 marzo Granada 2016.
(zitiert: *Romeo Casabona*, S.)

Romero, Gladys: Los elementos del tipo de estafa.
(zitiert: *Romero*, Estafa, S.)

Ron Martin, Irene: *La transmutación del hurto al robo con violencia o intimidación en las personas,* in: Cuadernos de política criminal1999 (Nr. 67) S. 217.
(zitiert: *Ron Martin* in Cuadernos de política criminal 1999, S.)

Sainz-Pardo Casanova, José A.: El delito de apropiación indebida Barcelona 1978.
(zitiert: *Sainz-Pardo Casanova*, S.)

Salinero Alonso, Carmen: La proteccion del patrimonio historico en la codigo penal de 1995 Barcelona 1997.
(zitiert: *Salinero Alonso*, S.)

Salom Escrivá, Juan-Salvador: *Los delitos de ursupación de inmuebles y derechos reales*, in: R.G.D. Januar, Februar 1986.
(zitiert: *Salom Escrivá*, J.S., S.)

Satzger, Helmut Schluckebier, Wilhelm Widmaier, Gunter: StGB Kommentar zum Strafgesetzbuch 3. Auflage 2017.
(zitiert: *Bearbeiter*, in: SSW, §, Rdnr.)

Schönke, Adolf Schröder, Horst: Strafgesetzbuch: StGB Kommentar 29. Auflage München 2014.
(zitiert: *Bearbeiter*, in: *Schönke/Schröder*, §, Rdnr.)

Schuhr, Jahn: *Verändern des Erscheinungsbildes einer Sache als Straftat*, in: Juristische Ausbildung, 2009, S. 169.
(zitiert: *Schuhr*, in: JA, S.)

Serrano Gómez, Alfonso: Derecho Penal Parte Especial 9. Auflage Madrid 2004.
(zitiert: *Serrano Gómez*, S.)

derselbe: *Robo y hurto de uso de vehículos de motor. Estudio y comentario criminológico*, in: Anuario de Derecho Penal y Ciencias Penales 1969, S. 69.
(zitiert: *Serrano Gómez*, in: ADP 1969, S.)

Sieber, Ulrich Böckel, Marion: Logistik der Organisierten Kriminalität. Wirtschaftswissenschaftlicher Forschungsansatz und Pilotstudie zur internationalen KFZ-Verschiebung, zur Ausbeutung von Prostitution, zum Menschenhandel und zum illegalen Glücksspiel. Wiesbaden 1993.
(zitiert: *Sieber/Böckel*, S.)

Siegelnstein, Tobias Puschke, Jens: *Polizei, Gewalt und das Strafrecht – Zu den Änderungen beim Widerstand gegen Vollstreckungsbeamte*, in: Neue Juristische Wochenschrift, S. 3473.
(zitiert: *Singelnstein/Puschke*, in: NJW 11, S.)

Silva Cataño, María Luisa: El delito de apropiación indebida y la administración desleal de dinero ajeno Madrid 1997.
(zitiert: *Silva Cataño*, S.)

Soriano, José Ramón: Las agravantes especificas comunes al Robo y hurto Valencia 1993.
(zitiert: *Soriano*, S.)

Stampa, José Maria Bacigalupo, Enrique: *La reforma del Derecho Penal económico español*, in: Informes del Instituto de Estudios Económicos Madrid 1980.
(zitiert: *Stampa/Bacigalupo*, S.)

Statista, Rheinische Fachhochschule Köln University of Applied Sciences: Europäische Union: Anteile der Wirtschaftssektoren am Bruttoinlandsprodukt (BIP) der Mitgliedsstaaten im Jahr, abrufbar im Internet: https://de.statista.com/statistik/daten/studie/249080/umfrage/anteile-der-wirtschaftssektoren-am-bruttoinlandsprodukt-bip-der-eu-laender/
(zitiert: *Statista*, Europäische Union: Anteile der Wirtschaftssektoren am Bruttoinlandsprodukt (BIP) der Mitgliedsstaaten im Jahr)

Statistisches Bundesamt: Fachserie 10 Reihe 3 Rechtspflege. Strafverfolgung Wiesbaden 2017 abrufbar im Internet unter : https://www.destatis.de/DE/Publikationen/Thematisch/Rechtspflege/StrafverfolgungVollzug/Strafverfolgung2100300157004.pdf?__blob=publicationFile.
(zitiert : Rechtspflege Strafverfolgung, S.)

Stöckl, Willi: *Ist durch die Neufassung des § 1 StGB durch das 1. Strafrechtsreformgesetz der Theorienstreit über die Dreiteilung der Straftaten beendet?*, in: Goldammers Archiv 1971, S.
(zitiert: *Stöckl*, in: GA 71, S.)

Suárez Montes, Rodrigo Fabio: *Estafa mediante cheque en el Código Penal de 1995*, in: Anuario de Derecho Penal y Ciencias Penales 1995 S. 689.
(zitiert: *Suárez Montes*, in: Anuario de Derecho Penal y Ciencias Penales 1995, S.)

derselbe: El cheque en decubierto Barcelona 1965.
(zitiert: *Suárez Montes*, El cheque en decubierto, S.)

Tiedemann, Klaus: *Europäisches Gemeinschaftsrecht und Strafrecht,* in: NJW 1993, 23 f.
(zitiert: *Tiedemann*, in: NJW 1993, S.)

derselbe: Wirtschaftsstrafrecht und Wirtschaftskriminalität Bd. 1, 1976.
(zitiert: *Tiedemann*, Wirtschaftsstrafrecht und Wirtschaftskriminalität, S.)

Torres del Moral, Antonio: Principios de derecho constitucionál español Tomo I: Sistemas de fuentes. Sistema de los derechos. 5. Auflage Madrid 2004.
(zitiert: *Torres del Moral*, S.)

v. Heintschel-Heinegg, Bernd: Beck' scher Online Kommentar StGB, 32. Edition Stand: 01.09.2016.
(zitiert: *Bearbeiter*, in: Beck' scher Online Kommentar StGB, §, Rdnr.)

Valle Muñiz, José Manuel: *Tipicidad y atipicidad en las conductas omisivas en el delito de estafa*, in: ADP 1986, S. 867 ff.
(zitiert: *Valle Muñiz*, in: ADP 1986, S.)

derselbe: El delito de estafa. Delimitación jurídico-penal con el fraude civil. Barcelona 1992.
(zitiert: *Valle Muñiz*, S.)

Valmaña Ochaita, Silvia: El tipo objektivo de robo con fuerza en las cosas Madrid 1993.
(zitiert: *Valmaña Ochaita*, S.)

Varona Gómez, Daniel: Estafa y Falsedad en Títulos- Valores (Cheque, Pagaré y Letra de Cambio) Cizur Menor 2002.
(zitiert: *Varona Gómez*, S.)

Vázques Iruzubieta, Carlos: Código Penal Comentado (Actualizado por las Leyes Orgánicas 1/2015, de 30 de marzo y 2/2015 de 30 de marzo) Barcelona 2015.
(zitiert: *Vázques Iruzubieta*, S.)

Vives Antón, Thomas. S. und andere: Derecho Penal Parte Especial 4. Auflage Valencia 2015.
(zitiert: *Bearbeiter*, in: *Vives Antón*, 2015, S.)

derselbe: Derecho Penal Parte Especial Valencia 2004.
(zitiert: *Bearbeiter* in *Vives Antón*, S.)

derselbe: Derecho Penal Parte Especial 3. Auflage Valencia 1999.
(zitiert: *Bearbeiter*, in: Vives Antón, 1999, S.)

Welzel, Hans: Das deutsche Strafrecht. Eine systematische Darstellung. 11. Auflage Berlin 1969.
(zitiert: *Welzel*, S.)

Wessels, Johannes Hillenkamp, Thomas: Strafrecht Besonderer Teil 2 Straftaten gegen Vermögenswerte 40. Auflage Heidelberg 2017.
(zitiert: *Wessels/Hillenkamp*, Rdnr.)

Wolter, Jürgen: Systematischer Kommentar zum Strafgesetzbuch SK-StGB 9. Auflage Köln 2016.
(zitiert: *Bearbeiter*, in: SK-StGB, §, Rdnr.)

Zöller, Mark Steffens, Marion: *Grundprobleme des Widerstandes gegen Vollstreckungsbeamte (§ 113 StGB)*, in: Juristische Ausbildung, 2010, S. 161.
(zitiert: *Zöller*, in: JA 2010, S.)

Zugaldía Espinar, José Miguel: *Los delitos contra el patrimonio y el orden socioeconomico en el nuevo Código Penal*, in: Cuadernos de política criminal 1996 (Nr. 59) S. 417.
(zitiert: *Zugaldía*, in: CPC 1996, S.)

derselbe: Delitos contra la propiedad y el patrimonio Madrid 1988.
(zitiert: *Zugaldía*, Patrimonio, S.)

II. Abkürzungsverzeichnis

a.A.	anderer Auffassung
a.a.O.	am angegebenen Ort
a.E.	am Ende
a.F.	alte Fassung
Abs.	Absatz
Anm.	Anmerkung
Art.	Artikel oder artículo/s
BGB	Bürgerliches Gesetzbuch vom 18. August 1896 (RGBl S 195; BGBl III 400-2)
BGH	Bundesgerichtshof
BOE	Boletín Oficial del Estado
Bsp.	Beispiel
bzw.	beziehungsweise
bzgl.	bezüglich
CE	Constitución Española
D	Decreto
DL	Decreto Ley
E	Entwurf eines neuen Código Penal
EU	Europäische Union
f.	und die folgende
ff.	und die folgenden
FN	Fußnote(n)
FS	Festschrift
h.M.	herrschende Meinung
i.V.m.	in Verbindung mit
idF.	in der Fassung
m.w.N.	mit weiteren Nachweisen
Nr.	Nummer
Nrn.	Nummern
Rdnr.	Randnummer
S.	Seite
STS	Sentencia Tribunal Supremo
sog.	sogenannt
Urt.	Urteil
usw.	und so weiter
vgl.	vergleiche
z.Bsp.	zum Beispiel

III. Spanischer Gesetzestext:

Auszug aus dem CÓDIGO PENAL[707]:

LIBRO II

Delitos y sus penas

TÍTULO XIII

Delitos contra el patrimonio y contra el orden socioeconómico

CAPÍTULO I

De los hurtos

Artículo 234.

1. El que, con ánimo de lucro, tomare las cosas muebles ajenas sin la voluntad de su dueño será castigado, como reo de hurto, con la pena de prisión de seis a dieciocho meses si la cuantía de lo sustraído excediese de 400 euros.
2. Se impondrá una pena de multa de uno a tres meses si la cuantía de lo sustraído no excediese de 400 euros, salvo si concurriese alguna de las circunstancias del artículo 235.
3. Las penas establecidas en los apartados anteriores se impondrán en su mitad superior cuando en la comisión del hecho se hubieran neutralizado, eliminado o inutilizado, por cualquier medio, los dispositivos de alarma o seguridad instalados en las cosas sustraídas.

Artículo 235.

1. El hurto será castigado con la pena de prisión de uno a tres años:
   1.º Cuando se sustraigan cosas de valor artístico, histórico, cultural o científico.
   2.º Cuando se trate de cosas de primera necesidad y se cause una situación de desabastecimiento.
   3.º Cuando se trate de conducciones, cableado, equipos o componentes de infraestructuras de suministro eléctrico, de hidrocarburos o de los servicios

707 Zugrundegelegt wird der CÓDIGO PENAL gültig seit dem 1. Juli 2015.

de telecomunicaciones, o de otras cosas destinadas a la prestación de servicios de interés general, y se cause un quebranto grave a los mismos.

4.º Cuando se trate de productos agrarios o ganaderos, o de los instrumentos o medios que se utilizan para su obtención, siempre que el delito se cometa en explotaciones agrícolas o ganaderas y se cause un perjuicio grave a las mismas.

5.º Cuando revista especial gravedad, atendiendo al valor de los efectos sustraídos, o se produjeren perjuicios de especial consideración.

6.º Cuando ponga a la víctima o a su familia en grave situación económica o se haya realizado abusando de sus circunstancias personales o de su situación de desamparo, o aprovechando la producción de un accidente o la existencia de un riesgo o peligro general para la comunidad que haya debilitado la defensa del ofendido o facilitado la comisión impune del delito.

7.º Cuando al delinquir el culpable hubiera sido condenado ejecutoriamente al menos por tres delitos comprendidos en este Título, siempre que sean de la misma naturaleza. No se tendrán en cuenta antecedentes cancelados o que debieran serlo.

8.º Cuando se utilice a menores de dieciséis años para la comisión del delito.

9.º Cuando el culpable o culpables participen en los hechos como miembros de una organización o grupo criminal que se dedicare a la comisión de delitos comprendidos en este Título, siempre que sean de la misma naturaleza.

2. La pena señalada en el apartado anterior se impondrá en su mitad superior cuando concurrieran dos o más de las circunstancias previstas en el mismo.

Artículo 236.

1. Será castigado con multa de tres a doce meses el que, siendo dueño de una cosa mueble o actuando con el consentimiento de éste, la sustrajere de quien la tenga legítimamente en su poder, con perjuicio del mismo o de un tercero.
2. Si el valor de la cosa sustraída no excediera de 400 euros, se impondrá la pena de multa de uno a tres meses.

CAPÍTULO II

De los robos

Artículo 237.

Son reos del delito de robo los que, con ánimo de lucro, se apoderaren de las cosas muebles ajenas empleando fuerza en las cosas para acceder o abandonar el lugar donde éstas se encuentran o violencia o intimidación en las personas, sea al cometer el delito, para proteger la huida, o sobre los que acudiesen en auxilio de la víctima o que le persiguieren.

Artículo 238.

Son reos del delito de robo con fuerza en las cosas los que ejecuten el hecho cuando concurra alguna de las circunstancias siguientes:

1.º Escalamiento.
2.º Rompimiento de pared, techo o suelo, o fractura de puerta o ventana.
3.º Fractura de armarios, arcas u otra clase de muebles u objetos cerrados o sellados, o forzamiento de sus cerraduras o descubrimiento de sus claves para sustraer su contenido, sea en el lugar del robo o fuera del mismo.
4.º Uso de llaves falsas.
5.º Inutilización de sistemas específicos de alarma o guarda.

6. Artículo 239.

Se considerarán llaves falsas:

1. Las ganzúas u otros instrumentos análogos.
2. Las llaves legítimas perdidas por el propietario u obtenidas por un medio que constituya infracción penal.
3. Cualesquiera otras que no sean las destinadas por el propietario para abrir la cerradura violentada por el reo.

A los efectos del presente artículo, se consideran llaves las tarjetas, magnéticas o perforadas, los mandos o instrumentos de apertura a distancia y cualquier otro instrumento tecnológico de eficacia similar.

Artículo 240.

1. El culpable de robo con fuerza en las cosas será castigado con la pena de prisión de uno a tres años.

2. Se impondrá la pena de prisión de dos a cinco años cuando concurra alguna de las circunstancias previstas en el artículo 235.

Artículo 241.

1. El robo cometido en casa habitada, edificio o local abiertos al público, o en cualquiera de sus dependencias, se castigará con una pena de prisión de dos a cinco años.
   Si los hechos se hubieran cometido en un establecimiento abierto al público, o en cualquiera de sus dependencias, fuera de las horas de apertura, se impondrá una pena de prisión de uno a cinco años.
2. Se considera casa habitada todo albergue que constituya morada de una o más personas, aunque accidentalmente se encuentren ausentes de ella cuando el robo tenga lugar.
3. Se consideran dependencias de casa habitada o de edificio o local abiertos al público, sus patios, garajes y demás departamentos o sitios cercados y contiguos al edificio y en comunicación interior con él, y con el cual formen una unidad física.
4. Se impondrá una pena de dos a seis años de prisión cuando los hechos a que se refieren los apartados anteriores revistan especial gravedad, atendiendo a la forma de comisión del delito o a los perjuicios ocasionados y, en todo caso, cuando concurra alguna de las circunstancias expresadas en el artículo 235.

Artículo 242.

1. El culpable de robo con violencia o intimidación en las personas será castigado con la pena de prisión de dos a cinco años, sin perjuicio de la que pudiera corresponder a los actos de violencia física que realizase.
2. Cuando el robo se cometa en casa habitada, edificio o local abiertos al público o en cualquiera de sus dependencias, se impondrá la pena de prisión de tres años y seis meses a cinco años.
3. Las penas señaladas en los apartados anteriores se impondrán en su mitad superior cuando el delincuente hiciere uso de armas u otros medios igualmente peligrosos, sea al cometer el delito o para proteger la huida, y cuando atacare a los que acudiesen en auxilio de la víctima o a los que le persiguieren.
4. En atención a la menor entidad de la violencia o intimidación ejercidas y valorando además las restantes circunstancias del hecho, podrá imponerse la pena inferior en grado a la prevista en los apartados anteriores.

CAPÍTULO III

De la extorsión

Artículo 243.

El que, con ánimo de lucro, obligare a otro, con violencia o intimidación, a realizar u omitir un acto o negocio jurídico en perjuicio de su patrimonio o del de un tercero, será castigado con la pena de prisión de uno a cinco años, sin perjuicio de las que pudieran imponerse por los actos de violencia física realizados.

CAPÍTULO IV

Del robo y hurto de uso de vehículos

Artículo 244.

1. El que sustrajere o utilizare sin la debida autorización un vehículo a motor o ciclomotor ajenos, sin ánimo de apropiárselo, será castigado con la pena de trabajos en beneficio de la comunidad de treinta y uno a noventa días o multa de dos a doce meses, si lo restituyera, directa o indirectamente, en un plazo no superior a cuarenta y ocho horas, sin que, en ningún caso, la pena impuesta pueda ser igual o superior a la que correspondería si se apropiare definitivamente del vehículo.
2. Si el hecho se ejecutare empleando fuerza en las cosas, la pena se aplicará en su mitad superior.
3. De no efectuarse la restitución en el plazo señalado, se castigará el hecho como hurto o robo en sus respectivos casos.
4. Si el hecho se cometiere con violencia o intimidación en las personas, se impondrán, en todo caso, las penas del artículo 242.

CAPÍTULO V

De la usurpación

Artículo 245.

1. Al que con violencia o intimidación en las personas ocupare una cosa inmueble o usurpare un derecho real inmobiliario de pertenencia ajena, se le impondrá, además de las penas en que incurriere por las violencias ejercidas,

la pena de prisión de uno a dos años, que se fijará teniendo en cuenta la utilidad obtenida y el daño causado.

2. El que ocupare, sin autorización debida, un inmueble, vivienda o edificio ajenos que no constituyan morada, o se mantuviere en ellos contra la voluntad de su titular, será castigado con la pena de multa de tres a seis meses.

Artículo 246.

1. El que alterare términos o lindes de pueblos o heredades o cualquier clase de señales o mojones destinados a fijar los límites de propiedades o demarcaciones de predios contiguos, tanto de dominio público como privado, será castigado con la pena de multa de tres a dieciocho meses.
2. Si la utilidad reportada no excediere de 400 euros, se impondrá la pena de multa de uno a tres meses.

Artículo 247.

1. El que, sin hallarse autorizado, distrajere las aguas de uso público o privativo de su curso, o de su embalse natural o artificial, será castigado con la pena de multa de tres a seis meses.
2. Si la utilidad reportada no excediere de 400 euros, se impondrá la pena de multa de uno a tres meses.

CAPÍTULO VI

De las defraudaciones

Sección 1.ª De las estafas

Artículo 248.

1. Cometen estafa los que, con ánimo de lucro, utilizaren engaño bastante para producir error en otro, induciéndolo a realizar un acto de disposición en perjuicio propio o ajeno.
2. También se consideran reos de estafa:
   a) Los que, con ánimo de lucro y valiéndose de alguna manipulación informática o artificio semejante, consigan una transferencia no consentida de cualquier activo patrimonial en perjuicio de otro.
   b) Los que fabricaren, introdujeren, poseyeren o facilitaren programas informáticos específicamente destinados a la comisión de las estafas previstas en este artículo.

c) Los que utilizando tarjetas de crédito o débito, o cheques de viaje, o los datos obrantes en cualquiera de ellos, realicen operaciones de cualquier clase en perjuicio de su titular o de un tercero.

Artículo 249.

Los reos de estafa serán castigados con la pena de prisión de seis meses a tres años. Para la fijación de la pena se tendrá en cuenta el importe de lo defraudado, el quebranto económico causado al perjudicado, las relaciones entre éste y el defraudador, los medios empleados por éste y cuantas otras circunstancias sirvan para valorar la gravedad de la infracción.

Si la cuantía de lo defraudado no excediere de 400 euros, se impondrá la pena de multa de uno a tres meses.

Artículo 250.

1. El delito de estafa será castigado con las penas de prisión de uno a seis años y multa de seis a doce meses, cuando:
   1.º Recaiga sobre cosas de primera necesidad, viviendas u otros bienes de reconocida utilidad social.
   2.º Se perpetre abusando de firma de otro, o sustrayendo, ocultando o inutilizando, en todo o en parte, algún proceso, expediente, protocolo o documento público u oficial de cualquier clase.
   3.º Recaiga sobre bienes que integren el patrimonio artístico, histórico, cultural o científico.
   4.º Revista especial gravedad, atendiendo a la entidad del perjuicio y a la situación económica en que deje a la víctima o a su familia.
   5.º El valor de la defraudación supere los 50.000 euros, o afecte a un elevado número de personas.
   6.º Se cometa con abuso de las relaciones personales existentes entre víctima y defraudador, o aproveche éste su credibilidad empresarial o profesional.
   7.º Se cometa estafa procesal. Incurren en la misma los que, en un procedimiento judicial de cualquier clase, manipularen las pruebas en que pretendieran fundar sus alegaciones o emplearen otro fraude procesal análogo, provocando error en el juez o tribunal y llevándole a dictar una resolución que perjudique los intereses económicos de la otra parte o de un tercero.
   8.º Al delinquir el culpable hubiera sido condenado ejecutoriamente al menos por tres delitos comprendidos en este Capítulo. No se tendrán en cuenta antecedentes cancelados o que debieran serlo.

2. Si concurrieran las circunstancias incluidas en los numerales 4.º, 5.º, 6.º o 7.º con la del numeral 1.º del apartado anterior, se impondrán las penas de prisión de cuatro a ocho años y multa de doce a veinticuatro meses. La misma pena se impondrá cuando el valor de la defraudación supere los 250.000 euros.

Artículo 251.

Será castigado con la pena de prisión de uno a cuatro años:

1.º Quien, atribuyéndose falsamente sobre una cosa mueble o inmueble facultad de disposición de la que carece, bien por no haberla tenido nunca, bien por haberla ya ejercitado, la enajenare, gravare o arrendare a otro, en perjuicio de éste o de tercero.
2.º El que dispusiere de una cosa mueble o inmueble ocultando la existencia de cualquier carga sobre la misma, o el que, habiéndola enajenado como libre, la gravare o enajenare nuevamente antes de la definitiva transmisión al adquirente, en perjuicio de éste, o de un tercero.
3.º El que otorgare en perjuicio de otro un contrato simulado.

Artículo 251 bis.

Cuando de acuerdo con lo establecido en el artículo 31 bis una persona jurídica sea responsable de los delitos comprendidos en esta Sección, se le impondrán las siguientes penas:

a) Multa del triple al quíntuple de la cantidad defraudada, si el delito cometido por la persona física tiene prevista una pena de prisión de más de cinco años.
b) Multa del doble al cuádruple de la cantidad defraudada, en el resto de los casos.

Atendidas las reglas establecidas en el artículo 66 bis, los jueces y tribunales podrán asimismo imponer las penas recogidas en las letras b) a g) del apartado 7 del artículo 33.

Sección 2.ª De la administración desleal

Artículo 252.

1. Serán punibles con las penas del artículo 249 o, en su caso, con las del artículo 250, los que teniendo facultades para administrar un patrimonio ajeno, emanadas de la ley, encomendadas por la autoridad o asumidas mediante un

negocio jurídico, las infrinjan excediéndose en el ejercicio de las mismas y, de esa manera, causen un perjuicio al patrimonio administrado.

2. Si la cuantía del perjuicio patrimonial no excediere de 400 euros, se impondrá una pena de multa de uno a tres meses.

Sección 2.ª bis De la apropiación indebida

Artículo 253.

1. Serán castigados con las penas del artículo 249 o, en su caso, del artículo 250, salvo que ya estuvieran castigados con una pena más grave en otro precepto de este Código, los que, en perjuicio de otro, se apropiaren para sí o para un tercero, de dinero, efectos, valores o cualquier otra cosa mueble, que hubieran recibido en depósito, comisión, o custodia, o que les hubieran sido confiados en virtud de cualquier otro título que produzca la obligación de entregarlos o devolverlos, o negaren haberlos recibido.
2. Si la cuantía de lo apropiado no excediere de 400 euros, se impondrá una pena de multa de uno a tres meses.

Artículo 254.

1. Quien, fuera de los supuestos del artículo anterior, se apropiare de una cosa mueble ajena, será castigado con una pena de multa de tres a seis meses. Si se tratara de cosas de valor artístico, histórico, cultural o científico, la pena será de prisión de seis meses a dos años.
2. Si la cuantía de lo apropiado no excediere de 400 euros, se impondrá una pena de multa de uno a dos meses.

Sección 3.ª De las defraudaciones de fluido eléctrico y análogas

Artículo 255.

1. Será castigado con la pena de multa de tres a doce meses el que cometiere defraudación utilizando energía eléctrica, gas, agua, telecomunicaciones u otro elemento, energía o fluido ajenos, por alguno de los medios siguientes:
   1.º Valiéndose de mecanismos instalados para realizar la defraudación.
   2.º Alterando maliciosamente las indicaciones o aparatos contadores.
   3.º Empleando cualesquiera otros medios clandestinos.
2. Si la cuantía de lo defraudado no excediere de 400 euros, se impondrá una pena de multa de uno a tres meses.

Artículo 256.

1. El que hiciere uso de cualquier equipo terminal de telecomunicación, sin consentimiento de su titular, y causando a éste un perjuicio económico, será castigado con la pena de multa de tres a doce meses.
2. Si la cuantía del perjuicio causado no excediere de 400 euros, se impondrá una pena de multa de uno a tres meses.

CAPÍTULO VII

Frustración de la ejecución

Artículo 257.

1. Será castigado con las penas de prisión de uno a cuatro años y multa de doce a veinticuatro meses:
   1.º El que se alce con sus bienes en perjuicio de sus acreedores.
   2.º Quien con el mismo fin realice cualquier acto de disposición patrimonial o generador de obligaciones que dilate, dificulte o impida la eficacia de un embargo o de un procedimiento ejecutivo o de apremio, judicial, extrajudicial o administrativo, iniciado o de previsible iniciación.
2. Con la misma pena será castigado quien realizare actos de disposición, contrajere obligaciones que disminuyan su patrimonio u oculte por cualquier medio elementos de su patrimonio sobre los que la ejecución podría hacerse efectiva, con la finalidad de eludir el pago de responsabilidades civiles derivadas de un delito que hubiere cometido o del que debiera responder.
3. Lo dispuesto en el presente artículo será de aplicación cualquiera que sea la naturaleza u origen de la obligación o deuda cuya satisfacción o pago se intente eludir, incluidos los derechos económicos de los trabajadores, y con independencia de que el acreedor sea un particular o cualquier persona jurídica, pública o privada.
   No obstante lo anterior, en el caso de que la deuda u obligación que se trate de eludir sea de Derecho público y la acreedora sea una persona jurídico pública, o se trate de obligaciones pecuniarias derivadas de la comisión de un delito contra la Hacienda Pública o la Seguridad Social, la pena a imponer será de prisión de uno a seis años y multa de doce a veinticuatro meses.
4. Las penas previstas en el presente artículo se impondrán en su mitad superior en los supuestos previstos en los numerales 5.º o 6.º del apartado 1 del artículo 250.

5. Este delito será perseguido aun cuando tras su comisión se iniciara un procedimiento concursal.

Artículo 258.

1. Será castigado con una pena de prisión de tres meses a un año o multa de seis a dieciocho meses quien, en un procedimiento de ejecución judicial o administrativo, presente a la autoridad o funcionario encargados de la ejecución una relación de bienes o patrimonio incompleta o mendaz, y con ello dilate, dificulte o impida la satisfacción del acreedor.
   La relación de bienes o patrimonio se considerará incompleta cuando el deudor ejecutado utilice o disfrute de bienes de titularidad de terceros y no aporte justificación suficiente del derecho que ampara dicho disfrute y de las condiciones a que está sujeto.
2. La misma pena se impondrá cuando el deudor, requerido para ello, deje de facilitar la relación de bienes o patrimonio a que se refiere el apartado anterior.
3. Los delitos a que se refiere este artículo no serán perseguibles si el autor, antes de que la autoridad o funcionario hubieran descubierto el carácter mendaz o incompleto de la declaración presentada, compareciera ante ellos y presentara una declaración de bienes o patrimonio veraz y completa.

Artículo 258 bis.

Serán castigados con una pena de prisión de tres a seis meses o multa de seis a veinticuatro meses, salvo que ya estuvieran castigados con una pena más grave en otro precepto de este Código, quienes hagan uso de bienes embargados por autoridad pública que hubieran sido constituidos en depósito sin estar autorizados para ello.

Artículo 258 ter.

Cuando de acuerdo con lo establecido en el artículo 31 bis una persona jurídica sea responsable de los delitos comprendidos en este Capítulo, se le impondrán las siguientes penas:

a) Multa de dos a cinco años, si el delito cometido por la persona física tiene prevista una pena de prisión de más de cinco años.
b) Multa de uno a tres años, si el delito cometido por la persona física tiene prevista una pena de prisión de más de dos años no incluida en el inciso anterior.

c) Multa de seis meses a dos años, en el resto de los casos.

Atendidas las reglas establecidas en el artículo 66 bis, los jueces y tribunales podrán asimismo imponer las penas recogidas en las letras b a g del apartado 7 del artículo 33.

CAPÍTULO VII bis

De las insolvencias punibles

Artículo 259.

1. Será castigado con una pena de prisión de uno a cuatro años y multa de ocho a veinticuatro meses quien, encontrándose en una situación de insolvencia actual o inminente, realice alguna de las siguientes conductas:
   1.ª Oculte, cause daños o destruya los bienes o elementos patrimoniales que estén incluidos, o que habrían estado incluidos, en la masa del concurso en el momento de su apertura.
   2.ª Realice actos de disposición mediante la entrega o transferencia de dinero u otros activos patrimoniales, o mediante la asunción de deudas, que no guarden proporción con la situación patrimonial del deudor, ni con sus ingresos, y que carezcan de justificación económica o empresarial.
   3.ª Realice operaciones de venta o prestaciones de servicio por precio inferior a su coste de adquisición o producción, y que en las circunstancias del caso carezcan de justificación económica.
   4.ª Simule créditos de terceros o proceda al reconocimiento de créditos ficticios.
   5.ª Participe en negocios especulativos, cuando ello carezca de justificación económica y resulte, en las circunstancias del caso y a la vista de la actividad económica desarrollada, contrario al deber de diligencia en la gestión de asuntos económicos.
   6.ª Incumpla el deber legal de llevar contabilidad, lleve doble contabilidad, o cometa en su llevanza irregularidades que sean relevantes para la comprensión de su situación patrimonial o financiera. También será punible la destrucción o alteración de los libros contables, cuando de este modo se dificulte o impida de forma relevante la comprensión de su situación patrimonial o financiera.
   7.ª Oculte, destruya o altere la documentación que el empresario está obligado a conservar antes del transcurso del plazo al que se extiende este

deber legal, cuando de este modo se dificulte o imposibilite el examen o valoración de la situación económica real del deudor.

8.ª Formule las cuentas anuales o los libros contables de un modo contrario a la normativa reguladora de la contabilidad mercantil, de forma que se dificulte o imposibilite el examen o valoración de la situación económica real del deudor, o incumpla el deber de formular el balance o el inventario dentro de plazo.

9.ª Realice cualquier otra conducta activa u omisiva que constituya una infracción grave del deber de diligencia en la gestión de asuntos económicos y a la que sea imputable una disminución del patrimonio del deudor o por medio de la cual se oculte la situación económica real del deudor o su actividad empresarial.

2. La misma pena se impondrá a quien, mediante alguna de las conductas a que se refiere el apartado anterior, cause su situación de insolvencia.
3. Cuando los hechos se hubieran cometido por imprudencia, se impondrá una pena de prisión de seis meses a dos años o multa de doce a veinticuatro meses.
4. Este delito solamente será perseguible cuando el deudor haya dejado de cumplir regularmente sus obligaciones exigibles o haya sido declarado su concurso.
5. Este delito y los delitos singulares relacionados con él, cometidos por el deudor o persona que haya actuado en su nombre, podrán perseguirse sin esperar a la conclusión del concurso y sin perjuicio de la continuación de este. El importe de la responsabilidad civil derivada de dichos delitos deberá incorporarse, en su caso, a la masa.
6. En ningún caso, la calificación de la insolvencia en el proceso concursal vinculará a la jurisdicción penal.

Artículo 259 bis.

Los hechos a que se refiere el artículo anterior serán castigados con una pena de prisión de dos a seis años y multa de ocho a veinticuatro meses, cuando concurra alguna de las siguientes circunstancias:

1.ª Cuando se produzca o pueda producirse perjuicio patrimonial en una generalidad de personas o pueda ponerlas en una grave situación económica.

2.ª Cuando se causare a alguno de los acreedores un perjuicio económico superior a 600.000 euros.

3.ª Cuando al menos la mitad del importe de los créditos concursales tenga como titulares a la Hacienda Pública, sea esta estatal, autonómica, local o foral y a la Seguridad Social.

Artículo 260.

1. Será castigado con la pena de seis meses a tres años de prisión o multa de ocho a veinticuatro meses, el deudor que, encontrándose en una situación de insolvencia actual o inminente, favorezca a alguno de los acreedores realizando un acto de disposición patrimonial o generador de obligaciones destinado a pagar un crédito no exigible o a facilitarle una garantía a la que no tenía derecho, cuando se trate de una operación que carezca de justificación económica o empresarial.
2. Será castigado con la pena de uno a cuatro años de prisión y multa de doce a veinticuatro meses el deudor que, una vez admitida a trámite la solicitud de concurso, sin estar autorizado para ello ni judicialmente ni por los administradores concursales, y fuera de los casos permitidos por la ley, realice cualquier acto de disposición patrimonial o generador de obligaciones, destinado a pagar a uno o varios acreedores, privilegiados o no, con posposición del resto.

Artículo 261.

El que en procedimiento concursal presentare, a sabiendas, datos falsos relativos al estado contable, con el fin de lograr indebidamente la declaración de aquel, será castigado con la pena de prisión de uno a dos años y multa de seis a 12 meses.

Artículo 261 bis.

Cuando de acuerdo con lo establecido en el artículo 31 bis una persona jurídica sea responsable de los delitos comprendidos en este Capítulo, se le impondrán las siguientes penas:

a) Multa de dos a cinco años, si el delito cometido por la persona física tiene prevista una pena de prisión de más de cinco años.
b) Multa de uno a tres años, si el delito cometido por la persona física tiene prevista una pena de prisión de más de dos años no incluida en el inciso anterior.
c) Multa de seis meses a dos años, en el resto de los casos.

Atendidas las reglas establecidas en el artículo 66 bis, los jueces y tribunales podrán asimismo imponer las penas recogidas en las letras b) a g) del apartado 7 del artículo 33.

CAPÍTULO VIII

De la alteración de precios en concursos y subastas públicas

Artículo 262.

1. Los que solicitaren dádivas o promesas para no tomar parte en un concurso o subasta pública ; los que intentaren alejar de ella a los postores por medio de amenazas, dádivas, promesas o cualquier otro artificio ; los que se concertaren entre sí con el fin de alterar el precio del remate, o los que fraudulentamente quebraren o abandonaren la subasta habiendo obtenido la adjudicación, serán castigados con la pena de prisión de uno a tres años y multa de 12 a 24 meses, así como inhabilitación especial para licitar en subastas judiciales entre tres y cinco años. Si se tratare de un concurso o subasta convocados por las Administraciones o entes públicos, se impondrá además al agente y a la persona o empresa por él representada la pena de inhabilitación especial que comprenderá, en todo caso, el derecho a contratar con las Administraciones públicas por un período de tres a cinco años.
2. El juez o tribunal podrá imponer alguna o algunas de las consecuencias previstas en el artículo 129 si el culpable perteneciere a alguna sociedad, organización o asociación, incluso de carácter transitorio, que se dedicare a la realización de tales actividades.

CAPÍTULO IX

De los daños

Artículo 263.

1. El que causare daños en propiedad ajena no comprendidos en otros títulos de este Código, será castigado con multa de seis a veinticuatro meses, atendidas la condición económica de la víctima y la cuantía del daño.
   Si la cuantía del daño causado no excediere de 400 euros, se impondrá una pena de multa de uno a tres meses.

2. Será castigado con la pena de prisión de uno a tres años y multa de doce a veinticuatro meses el que causare daños expresados en el apartado anterior, si concurriere alguno de los supuestos siguientes:
   1.º Que se realicen para impedir el libre ejercicio de la autoridad o como consecuencia de acciones ejecutadas en el ejercicio de sus funciones, bien se cometiere el delito contra funcionarios públicos, bien contra particulares que, como testigos o de cualquier otra manera, hayan contribuido o puedan contribuir a la ejecución o aplicación de las Leyes o disposiciones generales.
   2.º Que se cause por cualquier medio, infección o contagio de ganado.
   3.º Que se empleen sustancias venenosas o corrosivas.
   4.º Que afecten a bienes de dominio o uso público o comunal.
   5.º Que arruinen al perjudicado o se le coloque en grave situación económica.
   6.º Se hayan ocasionado daños de especial gravedad o afectado a los intereses generales.

Artículo 264.

1. El que por cualquier medio, sin autorización y de manera grave borrase, dañase, deteriorase, alterase, suprimiese o hiciese inaccesibles datos informáticos, programas informáticos o documentos electrónicos ajenos, cuando el resultado producido fuera grave, será castigado con la pena de prisión de seis meses a tres años.
2. Se impondrá una pena de prisión de dos a cinco años y multa del tanto al décuplo del perjuicio ocasionado, cuando en las conductas descritas concurra alguna de las siguientes circunstancias:
   1.ª Se hubiese cometido en el marco de una organización criminal.
   2.ª Haya ocasionado daños de especial gravedad o afectado a un número elevado de sistemas informáticos.
   3.ª El hecho hubiera perjudicado gravemente el funcionamiento de servicios públicos esenciales o la provisión de bienes de primera necesidad.
   4.ª Los hechos hayan afectado al sistema informático de una infraestructura crítica o se hubiera creado una situación de peligro grave para la seguridad del Estado, de la Unión Europea o de un Estado Miembro de la Unión Europea. A estos efectos se considerará infraestructura crítica un elemento, sistema o parte de este que sea esencial para el mantenimiento de funciones vitales de la sociedad, la salud, la seguridad, la protección y el bienestar económico y social de la población cuya perturbación o

destrucción tendría un impacto significativo al no poder mantener sus funciones.

5.ª El delito se haya cometido utilizando alguno de los medios a que se refiere el artículo 264 ter.

Si los hechos hubieran resultado de extrema gravedad, podrá imponerse la pena superior en grado.

3. Las penas previstas en los apartados anteriores se impondrán, en sus respectivos casos, en su mitad superior, cuando los hechos se hubieran cometido mediante la utilización ilícita de datos personales de otra persona para facilitarse el acceso al sistema informático o para ganarse la confianza de un tercero.

Artículo 264 bis.

1. Será castigado con la pena de prisión de seis meses a tres años el que, sin estar autorizado y de manera grave, obstaculizara o interrumpiera el funcionamiento de un sistema informático ajeno:
   a) realizando alguna de las conductas a que se refiere el artículo anterior;
   b) introduciendo o transmitiendo datos; o
   c) destruyendo, dañando, inutilizando, eliminando o sustituyendo un sistema informático, telemático o de almacenamiento de información electrónica.

Si los hechos hubieran perjudicado de forma relevante la actividad normal de una empresa, negocio o de una Administración pública, se impondrá la pena en su mitad superior, pudiéndose alcanzar la pena superior en grado.

2. Se impondrá una pena de prisión de tres a ocho años y multa del triplo al décuplo del perjuicio ocasionado, cuando en los hechos a que se refiere el apartado anterior hubiera concurrido alguna de las circunstancias del apartado 2 del artículo anterior.
3. Las penas previstas en los apartados anteriores se impondrán, en sus respectivos casos, en su mitad superior, cuando los hechos se hubieran cometido mediante la utilización ilícita de datos personales de otra persona para facilitarse el acceso al sistema informático o para ganarse la confianza de un tercero.

Artículo 264 ter.

Será castigado con una pena de prisión de seis meses a dos años o multa de tres a dieciocho meses el que, sin estar debidamente autorizado, produzca, adquiera para su uso, importe o, de cualquier modo, facilite a terceros, con la intención de facilitar la comisión de alguno de los delitos a que se refieren los dos artículos anteriores:

a) un programa informático, concebido o adaptado principalmente para cometer alguno de los delitos a que se refieren los dos artículos anteriores; o
b) una contraseña de ordenador, un código de acceso o datos similares que permitan acceder a la totalidad o a una parte de un sistema de información.

Artículo 264 quater.

Cuando de acuerdo con lo establecido en el artículo 31 bis una persona jurídica sea responsable de los delitos comprendidos en los tres artículos anteriores, se le impondrán las siguientes penas:

a) Multa de dos a cinco años o del quíntuplo a doce veces el valor del perjuicio causado, si resulta una cantidad superior, cuando se trate de delitos castigados con una pena de prisión de más de tres años.
b) Multa de uno a tres años o del triple a ocho veces el valor del perjuicio causado, si resulta una cantidad superior, en el resto de los casos.

Atendidas las reglas establecidas en el artículo 66 bis, los jueces y tribunales podrán asimismo imponer las penas recogidas en las letras b) a g) del apartado 7 del artículo 33.

Artículo 265.

El que destruyere, dañare de modo grave, o inutilizare para el servicio, aun de forma temporal, obras, establecimientos o instalaciones militares, buques de guerra, aeronaves militares, medios de transporte o transmisión militar, material de guerra, aprovisionamiento u otros medios o recursos afectados al servicio de las Fuerzas Armadas o de las Fuerzas y Cuerpos de Seguridad, será castigado con la pena de prisión de dos a cuatro años si el daño causado excediere de mil euros.

Artículo 266.

1. Será castigado con la pena de prisión de uno a tres años el que cometiere los daños previstos en el apartado 1 del artículo 263 mediante incendio, o provocando explosiones, o utilizando cualquier otro medio de similar potencia destructiva o que genere un riesgo relevante de explosión o de causación de otros daños de especial gravedad, o poniendo en peligro la vida o la integridad de las personas.

2. Será castigado con la pena de prisión de tres a cinco años y multa de doce a veinticuatro meses el que cometiere los daños previstos en el apartado 2 del artículo 263, en cualquiera de las circunstancias mencionadas en el apartado anterior.
3. Será castigado con la pena de prisión de cuatro a ocho años el que cometiere los daños previstos en los artículos 265, 323 y 560, en cualquiera de las circunstancias mencionadas en el apartado 1 del presente artículo.
4. En cualquiera de los supuestos previstos en los apartados anteriores, cuando se cometieren los daños concurriendo la provocación de explosiones o la utilización de otros medios de similar potencia destructiva y, además, se pusiera en peligro la vida o integridad de las personas, la pena se impondrá en su mitad superior.
   En caso de incendio será de aplicación lo dispuesto en el artículo 351.

Artículo 267.

Los daños causados por imprudencia grave en cuantía superior a 80.000 euros, serán castigados con la pena de multa de tres a nueve meses, atendiendo a la importancia de los mismos.

Las infracciones a que se refiere este artículo sólo serán perseguibles previa denuncia de la persona agraviada o de su representante legal. El Ministerio Fiscal también podrá denunciar cuando aquélla sea menor de edad, persona con discapacidad necesitada de especial protección o una persona desvalida.

En estos casos, el perdón del ofendido o de su representante legal, en su caso, extingue la acción penal sin perjuicio de lo dispuesto en el segundo párrafo del número 5º del apartado 1 del artículo 130 de este Código.

CAPÍTULO X

Disposiciones comunes a los capítulos anteriores

Artículo 268.

1. Están exentos de responsabilidad criminal y sujetos únicamente a la civil los cónyuges que no estuvieren separados legalmente o de hecho o en proceso judicial de separación, divorcio o nulidad de su matrimonio y los ascendientes, descendientes y hermanos por naturaleza o por adopción, así como los afines en primer grado si viviesen juntos, por los delitos patrimoniales que se causaren entre sí, siempre que no concurra violencia o intimidación, o abuso

de la vulnerabilidad de la víctima, ya sea por razón de edad, o por tratarse de una persona con discapacidad.
2. Esta disposición no es aplicable a los extraños que participaren en el delito.

Artículo 269.

La provocación, la conspiración y la proposición para cometer los delitos de robo, extorsión, estafa o apropiación indebida, serán castigadas con la pena inferior en uno o dos grados a la del delito correspondiente.

B. Auszug aus der Constitución Española:

33. 1. Se reconoce el derecho a la propiedad privada y a la herencia.
2. La función social de estos derchos delimitará su contenido, de acuerdo con las leyes.
3. Nadie podrá ser privado de sus bienes y derechos sino por causa justificada de utilidad pública o interés social, mediante la correspondiente indemnización y de conformidad con lo dispuesto por lsa leyes.

46. Los poderes públicos garantizarán la conservación y promovarán el enriquesimiento del patrimonio histórico, cultural y artístico de los pueblos de España y de los bienes que lo integran, cualquiera que sea su régimen jurídico y su titularidad. La ley penal sancionará los atentados contra este patrimonio.

C. Auszug aus dem Código Civil:

1267. Hay violencia cuando para arrancar el consentimiento se emplea una fuerza irresistible.

Hay intimidación cuando se inspira a uno de los contratantes el temor racional y fundado de sufrir un mal inminente y cónyuge, decendientes o ascendientes.

Para calificar la intimidación debe atenderse a la edad y a la condición de la persona.

El temor de desagradar a las personas a quienes se debe sumisión y respeto no anulará el contrato.

www.ingramcontent.com/pod-product-compliance
Ingram Content Group UK Ltd.
Pitfield, Milton Keynes, MK11 3LW, UK
UKHW021126041026
8980IPUK00026B/722

9 783631 789919